国家社科基金
GUOJIA SHEKE JIJIN HOUQI ZIZHU XIANGMU
后期资助项目

嵌入生态产权要素的寡头博弈研究

Oligopoly Games with Ecological Property Rights

辛宝贵　著

中国财经出版传媒集团

经济科学出版社
Economic Science Press

国家社科基金后期资助项目
出版说明

后期资助项目是国家社科基金设立的一类重要项目，旨在鼓励广大社科研究者潜心治学，支持基础研究多出优秀成果。它是经过严格评审，从接近完成的科研成果中遴选立项的。为扩大后期资助项目的影响，更好地推动学术发展，促进成果转化，全国哲学社会科学工作办公室按照"统一设计、统一标识、统一版式、形成系列"的总体要求，组织出版国家社科基金后期资助项目成果。

全国哲学社会科学工作办公室

前　　言

　　资源环境约束已成为我国经济社会可持续发展的重要瓶颈制约，亟待通过生态文明制度建设进行破解，以此进一步加强资源集约节约利用和生态环境保护，维护国家生态安全。为了破解资源环境瓶颈约束，提高环境保护效率，许多国家已经着手建立健全包括用能权、水权、排污权和碳排放权等在内的生态产权要素交易市场。就本质而言，生态保护的行为主体追求公益，而传统寡头企业等行为主体则追求个体私益，嵌入生态产权要素的寡头博弈系统恰恰可以让这两类原本相悖的价值理念有机融合在一起，搭建好连接经济行为和环境行为之间的桥梁。因而，嵌入生态产权要素的寡头博弈模型是一个有研究价值的关键科学问题。

　　生态资源资产化不仅有利于实现生态产权的增值性和可流转性，而且还有利于寡头企业将用能权、水权、排污权和碳排放权等生态产权要素考虑进其博弈过程之中。本书通过将经济行为和环境行为连接在一起，分别构建了嵌入用能权的寡头差分博弈模型、嵌入水权的寡头微分博弈模型、嵌入排污权的寡头双边匹配博弈模型、嵌入碳排放权的寡头随机微分博弈模型和嵌入碳排放权的跨界寡头微分博弈模型等五个模型，揭示嵌入生态产权要素的寡头博弈的复杂性演化规律，研究将因企业生产所造成的生态环境破坏的外部性成本内化为企业生产成本，倒逼寡头企业走洁净生产和绿色发展之路，有效推进生态保护、资源节约和污染减排，集成设计合理的生态市场与产品市场机制，协调好企业生产与生态文明建设之间的结构性关系，从而促进整个国家的经济结构转型升级。

　　本书的第一、第四、第五、第七、第九章由辛宝贵撰写，第二、第三章由辛宝贵和武志恒撰写，第六章由辛宝贵和刘丽撰写，第八章由辛宝贵、彭伟和孙明和撰写。我真诚希望本书能够为推动博弈论的研究做出自己的贡献，为国家生态文明建设的政策制定发挥一定作用，为博弈论研究者提供更多的启发，让更多的人喜欢生态产权和博弈论等相关研究领域。

辛宝贵

2019 年 8 月

目　录

第一章　绪论 ………………………………………… 1

　　第一节　选题背景与意义 ………………………… 1

　　第二节　国内外研究现状 ………………………… 2

　　第三节　主要研究内容 …………………………… 35

　　第四节　主要创新 ………………………………… 36

　　第五节　技术路线 ………………………………… 37

　　第六节　研究方法 ………………………………… 37

第二章　寡头博弈理论基础 ……………………… 39

　　第一节　博弈论 …………………………………… 39

　　第二节　差分动态博弈 …………………………… 41

　　第三节　微分博弈 ………………………………… 45

　　第四节　随机微分博弈 …………………………… 48

　　第五节　匹配理论概述 …………………………… 52

第三章　生态产权理论 …………………………… 56

　　第一节　用能权 …………………………………… 57

　　第二节　用水权 …………………………………… 60

　　第三节　排污权 …………………………………… 64

　　第四节　碳排放权 ………………………………… 68

第四章　嵌入用能权的寡头博弈：差分博弈的视角 … 73

　　第一节　引言 ……………………………………… 73

　　第二节　建模 ……………………………………… 74

　　第三节　稳定性分析 ……………………………… 77

　　第四节　数值仿真 ………………………………… 78

　　第五节　本章小结 ………………………………… 88

第五章 嵌入水权的寡头博弈：微分博弈的视角 …………… 89

第一节 引言 ………………………………………………… 89

第二节 文献评述 …………………………………………… 90

第三节 建模 ………………………………………………… 93

第四节 静态纳什均衡 ……………………………………… 96

第五节 开环纳什均衡 ……………………………………… 97

第六节 无记忆闭环均衡 …………………………………… 101

第七节 反馈均衡 …………………………………………… 104

第八节 社会福利优化均衡 ………………………………… 106

第九节 数值模拟 …………………………………………… 113

第十节 本章小结 …………………………………………… 123

第六章 嵌入碳排放权的寡头博弈：双边匹配博弈的视角 …… 125

第一节 引言 ………………………………………………… 125

第二节 符号约定与问题设定 ……………………………… 126

第三节 约束条件与竞争匹配可行性分析 ………………… 128

第四节 双寡头碳减排技术自投资的匹配决策研究 ……… 131

第五节 双寡头碳减排技术投资外包的匹配决策研究 …… 141

第六节 双寡头碳减排技术投资自营和外包两种

匹配结果对比 ……………………………………… 148

第七节 本章小结 …………………………………………… 149

第七章 嵌入排污权的寡头博弈：随机微分博弈的视角 …… 152

第一节 引言 ………………………………………………… 152

第二节 模型的建立 ………………………………………… 154

第三节 无穷区间随机微分博弈解 ………………………… 157

第四节 固定区间随机微分博弈解 ………………………… 161

第五节 数值仿真 …………………………………………… 166

第六节 本章小结 …………………………………………… 181

第八章 嵌入碳排放权的跨界寡头博弈：微分博弈的视角 …… 182

第一节 引言 ………………………………………………… 182

第二节 文献评述 …………………………………………… 183

第三节 建模 ………………………………………………… 186

第四节 非合作微分博弈 …………………………………… 188

第五节 合作微分博弈 ……………………………………… 192

第六节　数值仿真 ·· 194

第七节　博弈收益的讨论 ······································ 211

第八节　本章小结 ·· 214

第九章　研究结论与政策建议 ······························ 216

第一节　研究结论 ·· 216

第二节　政策建议 ·· 217

参考文献 ·· 221

人名译名对照表 ·· 258

第一章 绪 论

嵌入生态产权要素的寡头博弈研究涉及微分博弈（Xin & Sun，2018）、差分博弈（Xin & Chen，2011）、匹配博弈（Hirata & Kasuya，2017）、随机微分博弈（Yu & Xin，2013）和生态产权理论（徐双明，2017）等领域的相关知识。本章首先介绍选题的背景、意义、国内外研究现状和主要研究内容，然后给出本书主要创新点、技术路线和研究方法。

第一节 选题背景与意义

一、选题背景

随着经济的发展，生态环境问题不断凸显，人类活动对生态环境破坏问题成为人们关注的焦点。生态环境问题已经成为重要的研究课题，人们积极努力寻找控制环境污染、实现经济可持续发展的解决途径。研究生态环境污染问题主要有政府调控和市场调节两方面，政府可以通过制定相关环境标准和环境保护税等方式控制企业的生产活动，可以有效控制环境污染的程度；市场调节可以通过收费、产权交易制度等方式控制环境污染的总量，产权是市场调节的重要方式。面对生态环境污染如此重大的难题，在政府调控下发挥市场的作用显得尤为关键。

自工业革命以来，工业化发展成为众多国家发展的必经之路。在此发展过程中，自然资源的需求量不断增加，煤炭、石油等不可再生资源在发展过程中被大量消耗，总量越来越少；水资源、土地资源、海洋资源以及气候资源等可再生资源在发展过程中也付出了很大代价，面临资源更加稀缺甚至枯竭的难题。一些国家在发展经济的过程中忽视发展对环境的影响，采用落后的、高污染的发展方式促进经济的发展，影响了经济、社会的可持续发展以及人类的身心健康。日益严重的环境污染如大气污染、水体污染、土壤污染等问题具有明显的外部性，这些问题需要市场充分发挥调节作用，以价格为手段调节经济发展与环境污染之间的关系。

采用经济学的理论研究环境污染问题，充分发挥市场的调节作用涉及自然资源"所有权"问题。对于有些自然资源，如石油、矿产等资源来说，产权的界定比较简单，但是对于公共资源或者气候资源等开放资源，产权的界定就显得非常困难。生态产权主要包括用能权、用水权、排污权、碳排放权四种，这四种产权的研究对调节环境保护和经济发展之间的关系，保护经济、社会全面协调可持续发展具有重要作用。生态产权的研究过程中，博弈论是一种有效的工具方法，可以根据环境关联等特性，构建博弈模型，优化相关决策，有效缓解环境污染等问题。由于环境随着时间的变化而不断变化，并且存在明显的不确定性，建立随机微分博弈等动态优化模型研究生态产权问题也是一个有效途径。

二、选题意义

随着工业化进程的不断向前推进，环境污染和经济发展之间的矛盾逐渐凸显。本书尝试将用能权、用水权、排污权和碳排放权等生态产权要素分别嵌入到差分博弈、微分博弈、匹配博弈和随机微分博弈之中，建立多个考虑生态产权问题的寡头动态博弈模型，宏观调控用能权、用水权、排污权和碳排放权的总量，为国家或者地区之间的可持续发展提供相关理论依据。

第二节　国内外研究现状

一、生态产权研究现状

（一）用能权（刘明明，2017）

《生态文明体制改革总体方案》指出"推行用能权和碳排放权交易制度，结合重点用能单位节能行动和新建项目能评审查，开展项目节能量交易，并逐步改为基于能源消费总量管理下的用能权交易。建立用能权交易系统、测量与核准体系。"中共十八届五中全会提出"建立健全用能权、用水权、排污权交易、碳排放权初始分配制度"。《中共中央关于制定国民经济和社会发展第十三个五年规划的建议》明确，要"建立健全用能权、用水权、排污权、碳排放权初始分配制度，创新有偿使用、预算管理、投融资机制，培育和发展交易市场。推行合同能源管理和合同节水管理。"

用能权是一个新概念，有关用能权的研究刚刚起步，研究文献数量非常少，仅限于少量报道。王尔德和杨伟民（2015）分析了"十三五"规划发展用能权、用水权、排污权和碳排放权交易市场，指出用能权是相对较新的概念，是指企业在一年内，经确认可消费各类能源（包括电力、原煤、蒸汽、天然气等）量的权利。王尔德和杨伟民（2015）指出，建立健全"四权"初始分配制度，是生态文明建设方面的一项重大改革，是用市场化机制激励节能减排减碳的一项基础制度，同"双控"行动是相配套的。

王莹（2015）指出2014年浙江省兰溪市经信局专门编制《兰溪市重点用能企业产能及用能现状核查技术指南》，根据该标准对年耗能3000吨标煤（标煤是标准煤的简称，是能源的度量单位）以上的52家重点用能企业进行确权，进行用能确权的分析校对和登记，并指出还将开展年耗能3000吨标煤以下用能企业的确权。

王力中（2015）分析了浙江省德清县企业资源要素配置市场化问题，指出用能权有偿使用和交易平台的启动，是德清县要素市场化配置改革的七项重大举措之一。该县实行的差别化收费政策，除了热电联产、垃圾焚烧、污水处理等公共事业项目外，今后凡是列入交易范围的企业，所有新增用能项目和其他新增年耗1000吨标煤或年耗200万千瓦时（含）以上项目，均要实行核定配额使用、新增量有偿申购、超限额差别收费制度。

陈栋（2015）指出2015年6月浙江省湖州市制定了《湖州市推进用能交易的实施意见》，德清县是湖州市首个建立企业用能权有偿使用和交易平台的试点县区。据统计，湖州市已完成19个项目、4万余吨标煤的用能权交易，合计金额达到450万元左右。

杨枝煌和易昌良（2015）提出用能权指在能源消费总量控制的背景下，用能单位包括个人经核定或交易取得的、允许其使用和投入生产的年度能源消费总量指标，用能权不仅是碳排放权，更是使用定量或超额能源的权利，定量用能权无偿由国家分配，超额用能权则通过交易平台有偿获得，每个单位或个人都可以通过交易平台转让用能额度。全面推进能源管理体制改革要从以下六个方面着手：建立适合中国国情的能源监管委员会、建立国内能源企业对外采购联盟、推动建立亚洲能源交易中心、建立用能权许可交易体系、建立健全能源认证体系、建立能源法制体系。彻底实现能源企业脱胎换骨改革需要从以下三方面着手：建立中国能源资本运营管理公司、加快推进现有能源企业的兼并重组、新组建专业化能源企业。

胡学萃（2015）指出"用能权"概念提出的大背景，是能源消费总量控制。国家能源局给出的定义是：用能权是指企业年度直接或间接使用各类能源（包括电力、煤炭、焦炭、蒸汽、天然气等能源）总量限额的权利。用能权有偿使用，是指企业在能源消费总量预算化管理的前提下，依法取得用能权指标，并按规定一次性缴纳用能权指标有偿使用费的行为。浙江省用能权交易走在我国的前列，浙江省的做法是：第一步，由各地区节能主管部门或委托地方节能审核机构核定企业初始用能权，其中分为存量用能权和增量用能权两类核定标的；第二步，企业通过缴纳使用费或通过交易获得用能权，用能权折合成标准煤来计算，用能权在规定期限内进行抵押和出让；第三步，企业发生转移、破产、淘汰、关闭等变更行为时，有偿获得的用能指标配额由各级政府制定的交易机构进行回购。

宋阳（2016）提出我国浙江省的嘉兴、海宁等地区已经开始推行用能权改革，嘉兴地区主要是差别化用能倒逼转型升级，用能总量指标有偿使用和交易倒逼企业转型；海宁地区主要是在科学平衡各方利益诉求的基础上进行用能总量指标的使用和交易，指出节能降耗是大趋势，未来用能指标会更稀缺。

刘畅和顾春（2016）分析了浙江省海宁市推行用能权改革的基本思路是总量指标分类核定，新增用能有偿申购、超额用能差别收费、节约用能上市交易，在推行用能权改革的过程中如何统筹兼顾，达成各方都愿意遵守的行动共识，考验的是政府制定规则的智慧。

（二）用水权

狭义的"一权说"认为，用水权简称为水权。随着经济的不断发展，人们逐渐改变对水资源"用之不尽，取之不竭"的看法，有关水权界定、建立水权交易制度等议题已经成为众多学者研究的对象。《生态文明体制改革总体方案》提出"推行水权交易制度，结合水生态补偿机制的建立健全，合理界定和分配水权，探索地区间、流域间、上下游、行业间、用水户间等水权交易方式。研究制定水权交易管理办法，明确可交易水权的范围和类型、交易主体和期限、交易价格形成机制、交易平台运作规则等。开展水权交易平台建设。"

1. 水权界定

葛雷克（Gleick，1989）提出水权一般指对水资源的使用权，即在特定的时间和地点用水主体对水资源的使用权。莱托斯等（Laitos et al.，1989）提出水权不是对水的所有权，拥有水权的人受保护的是水资源的使用权而不包括所有权的相关权益。

目前，水权的概念尚不明确，各研究领域和学者没有给出明确的、统一的水权概念。沈满洪（2002）认为水权概念自产权概念延伸而来，提出关于水权概念的四种观点："一权说""二权说""三权说"和"四权说"。黄锡生（2004）提出"水权"只是一个法学概念，而不是法律概念，目前我国学界对水权的内涵和外延并没有取得一个一致的意见，并将水权概念的研究分为三种学说："一权说""二权说"和"多权说"。曹明德（2004）指出，目前民法、环境资源法学者之间尚未形成共识，甚至存在重大分歧，他总结了有关水权界定的三种观点。第一种观点：水权指水资源所有权、水资源使用权、水产品与服务经营等与水资源稀缺条件下人们有关水资源的权利的总和；第二种观点：水权是指水资源的使用权或者收益权，不包括水资源的所有权；第三种观点：水权有广义和狭义之分，广义的概念与第一种观点相同，狭义的概念也分为两种观点。刘嘉（2012）指出，法学界和经济学界对水权有不同的概念体系，并从水权的物权说及其体系和水权的产权说及其体系两方面分析了水权的概念。下面我们从"一权说""两权说"和"多权说"三个方面介绍国内学者对水权概念的界定，如表1-1所示。

表1-1 水权概念的代表性研究成果

水权界定	作者	研究成果
一权说	裴丽萍（2001）	水权是独立于水资源所有权的一项法律制度，是水资源非所有人依法律规定或合同约定享有对水的使用权或收益权
	崔建远（2002）	水权是独立于水资源所有权的一种权利，也是一项法律制度，从财产权体系内部的位阶关系、水权制度和《中华人民共和国水法》三方面进行解释
	傅春和胡振鹏等（2001）	水权即为依法获取的对水资源的使用权，包括保护和治理水环境的各种权益
	刘斌（2003）	水权是建立在水资源国家或公众所有的基础上的他物权，是水资源所有权与使用权分离的结果
	王浩和王干（2004）	水权概念不应该包括水资源所有权，水权重点是使用权

续表

水权界定	作者	研究成果
一权说	马国忠（2007）	水权是水利用者按照法律的规定或约定获取水并使用的权利，是取水权和使用权的统一
	孟戈和邱元峰（2009）	我国水资源所有权归国家所有，水权主要讨论水的使用权及其相关权利
	曹可亮（2009）	水权是对流淌于天然通道的江河、湖泊、溪流、潜水、地下含水层等公共水体的权利，不包括所有权只是指使用以上水体的权利
二权说	关涛（2002）	与土地权利相对应，大陆法系民法中的水权也包括水资源所有权和用益物权
	姚国金和匡民等（2001）	水权是产权渗透到水资源领域的产物，主要指水资源的所有权和使用权
	李燕玲（2003）	水权即水资源产权，包括水的所有权及使用权
	汪恕诚（2001）	水权是指水资源的所有权与使用权，只有在存在使用权的前提下，才可以讨论经营权
	刘文和黄河（2001）	水权包括两方面含义：水资源所有权和使用权
多权说	姜文来（2000）	水权是指在水资源稀缺条件下人们对有关水资源的权利的总和（包括自己或他人受益或受损的权利），可以总结为所有权、经营权和使用权
	马晓强（2002）	水权不仅是权利，而且是权利束，由一系列的权利构成，如所有权、使用权、配水量权、让渡权、交易权等
	沈菊琴和陆庆春（2003）	水权权属类型主要有：所有权以及有所有权派生出的分配权、使用权、经营权、质押权
	曹明德（2004）	水权是以水资源所有权为基础的权利（权利束或权利簇）
	王学渊和韩洪云等（2004）	水权是产权在水资源领域的反映，应该包括水资源的所有权、使用权、收益权、转让权
	窦明等（2014）	水权是一组权利的集合体，并从行政管理的角度提出水权至少包含所有权、使用权、分配权和交易权等权利

　　"一权说"认为水权是独立于水所有权存在的，主要指水的使用权；"二权说"主要指水权由所有权和使用权组成；"多权说"将水权看作一组权利束，包含所有权、使用权、经营权、收益权等一系列权利。现在我

国法学界学者对"多权说"的认可程度逐渐上升。本书主要采用狭义的"一权说"，即用水权即为水权，不包括水所有权。

2. 水权市场

随着全球学者对水资源的关注以及水资源稀缺问题的不断凸显，除了明确水权的内涵，从市场的角度提高水资源分配、使用的效率，建立水权市场也是一个重要的研究方面。国内外学者关于水权市场的研究成果十分丰富，国外学者主要从水权市场建立以及水权市场的影响进行了大量研究，国内学者主要研究了水权市场建立和水权市场的分类。

已经有很多国外学者研究并分析了建立水权市场、水权交易对水资源使用效率、市场参与者等方面的作用。沃思和霍伊特（Vaux & Howitt，1984）通过非线性数学模型分析了农业和工业、城市之间的水权转让会带来可观的经济收益。贝克尔（Becker，1995）在研究以色列农业水权时引入线性规划数学模型，并通过该模型分析了水权市场的建立有利于提高水利用效率。加里多（Garrido，2000）以西班牙南部的灌区为例，通过三组相互关联的数学规划模型模拟了水权市场中水权的交易与使用，并提出建立农业水权市场是提高水资源利用率的主要解决方法。泰坦伯格和刘易斯（Tietenberg & Lewis，2005）提出水权交易会使水资源流向边际净收益高的用户，促进水资源利用率的提高。卡拉特拉瓦和加里多（Calatrava & Garrido，2002）提出水资源获取的不确定性会减少农户的收益，但是水权市场的建立有利于农户减少这种风险。

水权市场的建立有益于提高水资源的利用效率，促进水资源流向使用效率高的地方，减少农户的风险等，但是建立水权市场需要结合各国的实际情况而定。国外很多学者对水权市场建立的条件和阻碍进行了研究。玛丽诺和肯珀（Marino & Kemper，1999）以巴西、西班牙和美国科罗拉多州为例，提出通过建立水权市场进行有效的水资源管理需要几个前提条件：第一，基于用户的管理方式；第二，清晰界定、可测量、可执行的用水权；第三，可交易水量的充足信息等。豪和戈德曼（Howe & Goemans，2003）分析了不同的制度安排和经济环境对水权市场的影响，提出了水权市场的利弊。布伦南（Brennan，2006）通过总结维多利亚州周期性水权市场的经验教训，提出周期性水权交易市场的限制来源于水文条件。

在水权市场发展的历程中，随着不同国家的资源情况和经济发展情况形成了各种不同的水权制度。苏青（2002）指出，同一个国家的地理、自然条件不同，经济发展水平不同，其水权管理体系也不应当一样。根据国内外众多学者的研究，我们可以总结各国水权制度（李燕玲，2003；汪恕诚，2001；温伯格等，1993；布拉杰和马丁，1990；史蒂文斯，1980；张勇和常云昆，2006；柴方营等，2005；沙景华等，2008；陈海嵩，2011；王小军，2011；李梦，2014；朱玮，2007；安新代和殷会娟，2007；杨向辉，2006；张明星，2012；孟志敏，2001），如表 1 - 2 所示。

表 1 - 2　　　　　　　　　　　　　主要水权制度

水权制度	采用地区或国家	主要特点
占有优先原则	美国西部 日本	核心是"优先权"，不承认用户对水体的占有权，只承认对水的用益权，包含三方面法则：一是先用权优先，遵循历史性，实行水权谁先占谁使用原则；二是有益用途，水权转换必须建立在能够提供经济价值的基础上；三是不用即废
河岸所有原则	美国东部 澳大利亚 英国	水权属于沿岸的土地所有者，河岸权无论使用与否都具有延续性，也不会因为使用的时间先后而建立优先权，适用于水资源丰富地区
平等用水原则	智利某些地区 墨西哥某些地区	所有用户拥有平等用水权，缺水时，大家以相同比例削减用水量
公共托管原则	美国西部	政府有管理某些自然资源并维护公共利益的义务，是对优先使用原则的弥补，增加优先使用原则的灵活性
条件优先权原则	日本	在一定条件基础上，用户具有优先用水权
惯例水权原则	世界大多数 国家和地区	没有明确水权制度，依靠惯例形成各种分配形式

国内学者对水权市场主要集中在水权市场性质、水权市场建立条件以及水权市场建立实践三方面。

汪恕诚（2001）指出，水市场不是一个完全意义上的市场，而是一个"准市场"，主要有四个原因：一是水资源交换受时空等条件的限制；二是多种水功能中只有发挥经济效益的部分才能进入市场；三是资源水价不可能完全由市场竞争来决定；四是水资源的开发利用和经济社会发展紧密相连。胡鞍钢和王亚华（2000）提出水资源的分配是一种利益的分配，水权市场应是一种不同于"指令配置"也不同于"完全市场"的"准市场"。焦爱华和杨高升（2001）指出，水资源的稀缺性及其不可或缺性迫切需要通过建立水市场来优化配置水资源，水权市场的健康发展和发挥作用需要政府统一管理和宏观调控，水资源的多重特性决定了水市场是一个"准市场"。石玉波（2001）认为，水市场只是在不同地区和行业部门之间发生水权转让行为的一种辅助手段，我们所谓的水市场或水权市场是一种"准市场"。王亚华（2005）认为，纯粹的市场方式和行政方式只是分配的极端情况，现实中的制度安排往往是两种方式在某种程度上的混合，"准市场"是水权市场上两种方式的混合。

除了关于水权市场性质的研究，很多国内学者对水权市场建立的条件进行了研究。唐曲（2008）指出，我国水权市场建立的前提和关键是明晰初始水权，主要包括水权分配原则、水权优先位序设置及初始水权分配模型。石玉波（2001）指出，水权配置应体现以下原则：优先考虑水资源基本需求和生态系统需求原则、保障社会稳定和粮食安全原则、时间优先原则、地域优先原则、承认现状原则、合理利用原则、留有余量原则以及公平与效率兼顾、公平优先原则。刘斌（2003）提出了初始水权界定的三个原则：一是尊重历史，尊重取水许可制度的成果和历史上用水许可涵盖的习惯用水；二是维持现状，保护大多数用水者的合法权益；三是微观协商调整，在前两个原则的基础上，对极少数不合理的地方进行适当微调。崔传华（2005）提出了初始水权分配的八项原则：生存性原则、地域原则、平衡原则、效益性原则、转移性原则、先用所有原则、以供定需原则、民主协商原则。

很过国内学者在提出水权分配原则的基础，通过建立量化的数学模型研究水权分配，并结合水权分配的实际案例验证了模型的有效性。郑剑锋等（2006）采用有效性原则、公平性原则、可持续性原则作为水权分配指标，建立了基于满意度决策理论的水权分配模型，并采用该模型和方法对玛纳斯河水权进行分配研究。李刚军等（2007）在建立水权初始分配指标体系时采用了有效性原则、公平性原则、可持续性原则，并构建了层次结构图，将模糊层次分析法引入初始水权分配领域，并对宁夏灌区水权进行分配研究。张丽（2008）等运用熵值理论与模糊物元建模方法构建了水权分配模型，并将该模型应用于黄河流域水权分配的研究。吴丽等（2009）以保障基本生活用水原则、尊重现状原则、公平性原则、高效性原则和可持续发展原则，建立外调水水权分配的多目标优化模型，并将该模型应用于大连市外调水水权分配研究之中。陈继光（2011）基于乘性加权集结算子迭代法，将初始水权分配中各利益相关群体引入分配决策中，获得了初始水权分配群决策一致化的计算模型。王宗志等（2010）提出二维水权概念，建立以水资源系统和谐度最大为目标的流域初始二维水权分配模型，并以北江流域为背景进行了实例研究。肖淳等（2012）提出初始水权分配友好度的概念，并以粮食安全保障原则、生态用水保障原则、尊重历史与现状原则、公平性原则、高效性原则以及环境保护原则作为初始水权按分配的原则，构建了以初始水权分配系统友好度最大为目标的水权分配模型，并将该模型应用到湖北省环河流域水权分配研究之中。吴丹和王亚华（2013）基于人的基本生活用水优先原则、保障社会稳定和粮食安全原则、重视生态和保护环境原则、经济效益原则和产业结构合理原则，建立区域再生水水权分配的目标规划模型。杨芳等（2014）对流域初始水权分配提出了投影寻踪混沌优化模型，为流域初始水权分配提供新的方法，并通过东江流域的实例，研究证明了该模型的可行性。张璇和朱玮（2015）提出基于相对关联度的流域初始水权分配群决策模型，对初始水权方案进行排序择优，并以辽宁省太子河为例验证了该模型的有效性。

3. 水权定价

国内学者对水权定价方法的研究主要集中在成本定价法、影子定价法、博弈定价法和实物期权法。本节只介绍成本定价法、影子定价法和实物期权法的相关研究，博弈定价法相关研究会在下文的"生态产权与博弈"中进行评述。

沈满洪（2004）从交易成本的角度指出，水权交易成本主要由七个部分组成：搜寻信息的成本、讨价还价的成本、签订合约的成本、水权计量的成本、监督对方是否违约的成本、对方违约后寻求赔偿的成本、保护水权以防第三者侵权的成本。陈洁和郑卓（2008）认为水权交易成本主要包括工程成本、风险补偿成本、生态补偿成本和经济补偿成本，在此基础上采用完全成本定价法对水权进行定价研究。谢文轩和许长新（2009）认为，水权定价的成本主要包括工程成本、风险补偿成本、生态补偿成本、经济补偿成本，并将成本定价法和影子定价法结合给出水权定价的综合定价模型。

施熙灿和徐霞（1996）给出了作为投入物和产出物的水的影子价格，并认为当水资源得到优化开发商品水供需平衡时，两者影子水价理论上应趋于相等。张志乐（1999）给出了水作为产出物的影子价格的几种测算方法：最优等效替代措施法、均衡价格法、间接法、供水的边际效益核定法、经验法等。李海红和王光谦（2005）认为，水资源影子价格可以反映水资源稀缺程度和经济发展水平，分析了水权交易中水资源影子价格递减、递增效应。刘秀丽等（2009）以我国九大流域水利投入占用产出表为基础，建立线性规划模型计算了1999年生产用水和工业用水的影子价格，并采用回归分析法建立影子价格的两个非线性模型。刘秀丽和邹璀（2014）以全国九大流域水资源投入占用产出表为基础，通过线性规划模型计算了 2002 年各类水资源的影子价格，在此基础上建立了各类用水影子价格的非线性回归模型。郭洁（2006）认为，水权的实物期权定价法应当充分考虑水权交易的不确定性，有利于优化水资源的配置，可以提高水资源利用效率。杨彩霞等（2006）运用实物期权的思维方法，建立水资源投资决策树，得出基于期权定价理论的水权价值公式。水权的成本定价法、影子定价法、博弈定价法和实物期权法各有利弊，定价方法的选择要紧密结合实际的资源和经济状况。

（三）排污权

《生态文明体制改革总体方案》中指出，推行排污权交易制度，在企业排污总量控制制度的基础上，尽快完善初始排污权核定，扩大涵盖的污染物覆盖面。在现行以行政区为单元的层层分解机制的基础上，根据行业排污水平，逐步强化以企业为单元进行总量控制、通过排污权交易获得减排收益的机制。在重点流域和大气污染重点区域，合理推进跨行政区排污权交易。扩大排污权有偿使用和交易试点，将更多条件成熟地区纳入试点，加强排污权交易平台建设，制定排污权核定、使用费收取使用和交易价格等规定。

1. 排污权理论基础

国外学者关于排污权（李冬冬和杨晶玉，2017）理论的研究比较早，理论发展比较成熟。庇古（Pigou，1920）的"庇古税"方案是指，环境污染具有外部性，可以根据污染造成的危害程度对排污者征税，用税收来弥补排污者生产的私人成本和社会成本之间的差距。科斯（Coase，1960）指出经济行为具有相互性，传统的解决办法并不具有帕累托最优，明确产权制度是解决外部性问题的基础。达莱斯（Dales，1968）明确了"排污权"的概念并阐述了排污权交易理论，认为可以采用可交易的排污许可证治理污染。鲍莫尔和奥茨（Baumol & Oates，1971）在系统研究排污权交易理论的基础上，提出了许可证交易体系。蒙哥马利（Montgomery，1972）通过构建数学模型，证明排污权交易系统比传统的环境政策更有优势，可以节约环境治理成本。哈恩（Hahn，1984）通过分析传统的排污权交易系统，证明排污权交易系统在成本节约上与指令控制系统相比没有明显的优势。泰坦伯格（Tietenberg，1985）认为，在很多方面，排污权交易比指令体系具有更加明显的优越性，排污权交易市场的活跃性是影响排污权交易系统能否节约大量成本的关键因素。米利曼和普林斯（Milliman & Prince，1991）认为，直接控制、排污补贴、排污税、排污税免费分配以及拍卖分配对厂商治理污染的投资和厂商技术的提高具有促进作用。帕里等（Parry et al.，2003）运用数学模型，证明了排污交易有利于促进厂商治理污染的投资和技术创新的提高。

我国关于排污权理论的研究尚处于初期阶段，还需要进一步系统深入地开展研究。袁持平（2004）在分析外部性问题传统解的基础上给出了新的解法，认为引起外部性的原因是外部性竞争市场的缺乏，通过构建外部性市场和补偿机制使外部性内在化，可以有效解决外部性问题。李寿德和王家祺（2004）通过分析排污权交易的外部性理论、所有权与环境产权理论、公地悲剧理论、稀缺资源理论、市场失灵理论和政府失灵理论，认为排污权交易制度框架下厂商的排污权等于拥有了一定量的使用环境净化能力的权利，这种权利的总量应当有限。胡民（2006）认为，降低市场交易成本是排污权交易制度有效实施的前提，其中交易成本是由外生交易成本和内生交易成本组成，二者呈现此消彼长的关系。姚闯和栾敬东（2008）比较了排污权交易制度和政府征收排污费制度，认为排污权交易制度可以使企业真正成为排污和治污的主体，同时提出排污权有利于企业以最小的成本解决排污问题。武普照和王倩（2010）认为排污权的实行是市场经济发展的一个必然结果和趋势，排污权交易有利于在环境总容量一定条件下实现环境资源的优化配置，有利于公众参与、有利于促进企业技术进步、有利于环境保护和经济的可持续发展。赵文会和侯建朝（2010）认为，在寡头垄断市场中排污权交易的效率会因垄断效应而降低，若不考虑寡头企业的边际生产成本的差异，则指令控制对行业总产量基本不产生影响。涂正革和谌仁俊（2015）认为影响我国排污权市场实现波特效应的两个因素是市场建设和环境规制，我国排污权交易没有激发波特效应的原因是：低效运转的市场还不足以支撑排污权交易的"完美"运行，整体较弱的环境规制也不能与排污权交易机制的"完美"运行相匹配。

我国很多学者也在研究国外排污权交易机制理论的基础上，对我国的排污权交易实践路径提出很多可行的建议。陈忠（2004）从经济学的角度分析了排污权交易在环境治理中的作用，认为我国可以在经济基础好、法治较为健全、执法力度强的发达地区实施排污权制度，积累经验后再逐步扩大范围推广实施。李寿德（2003）在分析排污权交易理论和美国等发达国家的排污权交易实践的基础上，找出了我国排污权交易条件、功能和存在的问题。魏圣香和王慧（2013）认为，排污权交易机制能够以最低的成本实现最高的环境绩效，但是在实施过程中会面临很多挑战。于杰等（2014）梳理了我国排污权领域对国外排污权理论的引进历程，认为完善我国排污权交易制度首先要完善排污权交易管理体制，再者要健全排污权交易市场机制，最后要完善排污权交易法律体系。

2. 初始排污权分配

随着排污权理论的提出，初始排污权分配问题已经成为国内外学者的主要研究对象。国外学者关于初始排污权分配的研究起步较早，研究较为全面。科斯（Coase，1960）认为，在市场交易成本为零的前提下，初始排污权分配不会影响整个排污权交易市场的均衡，也就是说不会影响资源的配置情况。福尔默和加贝尔（Folmer & Gabel，2000）提出了初始排污权分配在排污权交易中的重要性，认为初始排污权分配对排污权交易以及环境政策的制定具有决定性的作用。帕尔米萨诺（Palmisano，1996）通过研究排污权交易理论，发现初始排污权分配交易问题从政治的角度看是一个难题。海勒（Heller，1998）也阐述了排污权的重要性，认为初始排污权分配问题不仅仅是一个环境问题或者经济问题，也是政治方面的问题。博伊斯（Boyce，2002）认为，初始排污权分配问题的福利分析需要将政治方面的决策、谈判等方面的交易成本考虑在内。沃德曼（Woerdman，2000）认为排污权交易后续实施后果是评价初始排污权分配效果的标准，在初始排污权分配和后续实施问题上，经济学家和政治学家都可以提供非常有效的方法。

在研究初始排污权分配理论的基础上，国外很多学者也对初始排污权分配方法进行了研究。米利曼（Milliman，1991）分析了初始排污权拍卖分配方式的优点，认为拍卖分配方式更有利于促进企业技术创新。鲍仁斯坦（Borenstein，1988）提出初始排污权免费分配方式是实现拍卖分配方式的过渡，在实现完全拍卖分配方式的过程中可以逐步减少初始排污权免费分配方式的比例。克维姆多克（Kvemdokk，1992）研究了初始排污权分配的方式，指出按照人口比例分配初始排污权是一种可行的办法。萨采塔基斯（Sartzetakis，2004）以不完全竞争的市场为研究对象，分析了两种初始排污权分配方案的区别，即制度分配和市场分配。

国内学者对初始排污权分配的研究主要集中于初始排污权分配的影响和初始排污权分配的方法。李寿德和王家祺（2003）研究了初始排污权在免费分配条件下进行交易，如果满足以下三个条件，则潜在进入者可成为产品市场的垄断者：一是当前厂商中都没预见到其排污权的购买者将限制产量；二是垄断者的产量小于有效产量；三是垄断者的利润与对所有排污权支付的差可以弥补其进入的成本。李寿德和王家祺（2004）研究了免费分配和拍卖分配下初始排污权交易对市场结构的影响，与初始排污权免费分配相比初始排污权的拍卖分配不会影响厂商的垄断性。陈德湖、李寿德和蒋馥（2004）研究了在产品市场寡头垄断的情况下，初始排污权分配对寡头垄断市场的影响。李寿德和黄桐城（2005）分析了初始排污权免费分配条件下不进行交易和进行交易时对产品市场结构的影响，指出当初始排污权免费分配后不进行交易时总产量会低于垄断产量，利润可能递减；当初始排污权免费分配后进行交易时，在产品市场和排污权交易市场处于完全竞争以及具有完全和完美信息的条件下，庇古税和排污权交易系统是等价的政策工具。赵文会（2008）认为对初始排污权进行分配时，公开拍卖比免费分配更具有分配效率，更有利于排污权市场的建立和完善，同时市场存在垄断力的情况下可以通过政府对排污权进行合理的初始分配来减少垄断行为造成的社会财富损失。林云华和严飞（2010）通过比较初始排污权的免费分配和有偿分配，认为免费分配更容易被企业接受、易于推广，而有偿分配在效率、公平性以及环境保护和市场交易中具有更大的优势。

关于初始排污权分配的方式，国内很多学者从数理经济学的角度做出了一系列研究。李寿德和黄桐城（2003）基于经济最优性、公平性和生产连续性原则，构建了初始排污权免费分配的多目标决策模型，提出该模型的最优解为初始排污权分配的最佳方案。赵文会等（2007）在考虑排污总量、经济最优原则、公平性以及各地经济、环境、社会发展等因素的情况下，建立了初始排污权分配的极大极小模型，该模型可以解决实际问题不可避免的不可微性。颜蕾和彭建华（2010）选择排放绩效法作为初始排污权分配的基本模式，结合经济密度因子和人口密度因子，研究了重庆市二氧化硫排放量初始分配问题，指出：这种分配模式有利于促进二氧化硫排放源企业地区布局的优化，有利于促进排污企业减排技术的进步和排污企业产品结构的优化。吕一冰等（2014）结合排污权管理机构和各排污者在排污权市场上的行为特征，构建了初始排污权分配和定价的多目标规划模型，并结合山西省晋城市的实例对模型进行了验证。

在研究初始排污权分配方式的过程中，我国很多学者选择了层次分析法。陈龙和李寿德（2011）基于效率与公平的原则，结合流域内各行政单元的社会、经济与环境因素，给出了流域初始排污权分配的层次分析法

（AHP），并提出层次分析法在构造判断矩阵时科学性不够，后续研究可以尝试模糊层次分析法。雷玉桃和周雯（2013）基于企业发展规模、企业对社会的贡献性、企业对环境的污染现状以及企业运用技术治理环境的投入共四个方面建立了二氧化硫初始排污权分配的层次分配模型，并以广州市火电行业为例证明了该方法的可行性和实用性。王艳艳等（2015）以和谐分配为原则，采用层次分析法对流域初始排污权进行初次分配，然后以流域和谐度为目标建立优化调控模型，实现对初始排污权的优化分配。

3. 排污权交易定价

国内外学者关于排污权定价的研究主要集中在定价方法的研究，定价方法主要包括：影子定价法、期权定价法和博弈定价法。博弈定价法将在下文的"生态产权与博弈"中进行介绍，本节仅是介绍排污权的影子定价法和期权定价法。

廖超宁等（Liao et al.，2009）提出了初始排污权定价的影子价格法，指出在经济模型中当所有变量是连续可微时，模型涉及目标和约束函数，与供求平衡约束相关的影子价格确定均衡价格；在决策变量不连续可微的经济模型中，当有关参与企业的成本结构和减排目标的某些条件得到满足时，排污权交易的平均影子价格是均衡价格。奥尼尔等（O'Neill et al.，2005）认为，在排污权交易问题中，公司行为与社会计划者计划一致时，影子价格可以看作均衡价格。扎斯卡拉基斯等（Daskalakis et al.，2009）基于对排污权交易市场的研究，发现排污许可银行对排污权交易价格有着重要的影响，并采用跳跃扩散模型估计了二氧化碳排放量的现货价格的随机行为。

胡民（2007）利用影子价格模型，分析了排污权交易市场中排污权的初始价格定价以及交易中的市场出清价格，认为影子价格可以为政府在初次分配排污权时寻求定价依据，交易时也可以利用影子价格为二级市场提供定价依据。林云华（2009）利用排污权影子价格模型分析了排污权影子价格的形成机制，指出排污权影子价格模型可以给我国排污权交易带来以下启示：一是需要从法律上确定排污权的财产权性质，二是影子价格可用于检验环境政策的有效性，三是需促进排污权交易市场的充分竞争，四是政府促进节能减排的激励措施能够促使企业强化减污意识。颜蕾和巫腾飞（2010）基于运筹学理论建立了排污权交易初始定价模型，得到的影子价格作为初始排污权的分配价格。施圣伟和黄桐城（2005）在排污权初始分配中引入期权机制模型，并采用 B－S 模型对排污权进行期权定价。王卫华等（2006）将期权理论引入发电行业排污权初始分配中，采用 B－S 模型对排污权期权定价。孙卫等（2007）应用实物期权理论建立了排污权期权价值评估模型，并提出当排污权的期权价格小于当前市场价格、排污权期权价值为零时，厂商会选择放弃购买排污权；当排污权的期权价格高于当前市场价格时，厂商会购买排污权，但其获得的排污权期权价值则取决于排污权的期权价格高于当前价格的程度。陈洁（2012）在分析排污权期权含义的基础上，给出了排污权期权的定价模型，指出我国风电企业排污权市场还不完善，排污权定价机制及交易的法律保障有待完善。汪姗姗等（2013）在排污权期权 B－S 定价模型基础上，对影响模型计算精确度的几个因素：无风险利率、波动率、单位和交易日的确定对排污权期权定价模型进行修改和完善。山敬宇和许振成（2014）基于期权理论对排污权的初始定价进行了讨论，并提出政府可以基于期权定价模型使用不同的排污权策略达到不同的政策效果。

（四）碳排放权

《京都议定书》是《联合国气候变化框架公约》的补充条款，该议定书的主要目标是将大气中的温室气体含量稳定在一个适当的水平，进而防止剧烈的气候变化对人类的伤害。2005 年 2 月 16 日，《京都议定书》正式生效，议定书允许采取以下减排方式：一是两个发达国家之间进行排放额度买卖的"排放权交易"，即难以完成削减任务的国家，可以花钱从超额完成任务的国家买进超出的额度；二是以"净排放量"计算温室气体排放量，即从本国实际排放量中扣除森林所吸收的二氧化碳数量；三是采用绿色开发机制，促使发达国家和发展中国家共同减排温室气体；四是采用"集团方式"，即欧盟内部的许多国家可视为一个整体，采取有的国家削减、有的国家增加的方法，在总体上完成减排任务。

《生态文明体制改革总体方案》中指出"推行用能权和碳排放权交易制度，深化碳排放权交易试点，逐步建立全国碳排放权交易市场，研究制定全国碳排放权交易总量设定与配额分配方案。完善碳交易注册登记系统，建立碳排放权交易市场监管体系。"

1. 碳排放权交易

国外学者关于碳排放权（崔也光和周畅，2017）交易的研究较早，在碳排放权交易没有正式展开时，大部分研究处于理论研究阶段。凯努玛和森田（Kainuma & Morita，1999）以整体评估模型研究了碳排放权交易，提出在碳排放权交易没有限制的情况下，碳排放权交易带来的碳排放的减少量占总碳排放减少量的大部分。布尼奥（Burniaux，2000）采用一般均衡模型分析了进行碳排放权交易、实现《京东议定书》目标的经济成本。可卡因（Considine，2000）研究了天气和碳排放权价格之间的关系，认为天气因素与碳排放权价格正相关，天气过冷或者过热对温室气体排放影响较大。坂田和科诺赫拉（Sakata & Konohira，2003）指出在排污权交易中，计算森林吸收和释放的二氧化碳量的方法有流量法和存量法，采用这两种方法可以分析高收益率的树木砍伐年龄与二氧化碳价格以及二氧化碳吸收和排放均衡的关系。兰扎、乔尔巴和保利（Lanza，Ciorba & Pauli，2001）以边际减排成本曲线为基础分析了碳排放权交易，并指出在没有任何交易成本的情况下，碳排放权交易市场可以减少个体以及总体的减排成本。博塞洛和罗森（Bosello & Roson，2002）通过模拟各种各样的碳排放权交易机制对温室气体排放减少，采用整体评估模型解释了不同可选择的碳排放权交易机制对碳排放分配结果的影响。斯利瓦和朱（Sliva & Zhu，2008）研究了违规污染者在国际市场中的二氧化碳排放权交易，分析了政策工具对违规污染者在国际市场中的行为影响。奥塔基（Otaki，2013）提出与碳排放权交易相比，通用比例碳税的均衡能够达到帕累托最优，同时通用比例碳税的单位二氧化碳排放量的价格比双边碳排放权交易高。尤恩西、哈辛和尼克尔（Younsi，Hassine & Ncir，2017）采用多区域可计算一般均衡模型研究了欧盟、美国、澳大利亚、新西兰以及中国碳价、碳排放量以及碳市场福利改变的影响。

我国学者关于碳排放权交易的研究起步较晚，主要在以国际碳排放交易为基础，研究我国碳排放权交易和实践方面，有关碳排放权的研究还需要进一步深入。陈文颖和吴宗鑫（1998）在确定碳权交易价格的基础上，对全球碳权交易情况进行了模拟，提出碳权交易较大收益者是那些具有较少的排放限额且边际减排成本较高，或者具有较多剩余排放权，或者边际减排成本较低的地区，而交易前减排率与优化减排率相差较小的地区受益较少，并进一步提出若中国也要承担减排温室气体的义务，那么参加碳权交易可缓解为实现减排目标而对经济产生的影响。于天飞（2007）研究了市场机制下碳排放权交易的制度构建，将期权机制引入碳排放权交易过程，通过对建立碳排放权交易机制进行可行性分析，认为我国已经具备碳排放权交易的基本条件。

很多学者以对国际碳排放交易体系的分析为基础，提出我国碳排放权交易市场体系的建设。周文波和陈燕（2011）在分析国际碳排放交易体系以及我国碳排放权交易市场发展现状的基础上，提出我国碳排放交易市场建设的主要对策有：保证初始分配的公平性、健全法律法规、发挥政府政策宏观导向作用、建立和规范碳排放权交易所、推广高新技术的应用和建立市场化的碳金融机制。郝海清（2012）在分析欧盟和美国强制性和自愿性碳排放权交易制度的基础上，阐述了我国碳排放权交易的现状和不足，给出了碳排放交易法律制度遵循的原则、制度设计以及责任追究及监管机制。张志勋（2012）在分析国际碳排放权交易模式的基础上，提出构建我国碳排放权交易体系的主要思路：一是模式上以清洁发展机制（CDM）为补充，以自愿减排为过渡，最终建立总量控制和配额交易的体系；二是加强碳排放权交易的立法，合理分配初始碳排放权，建立统一的碳排放权交易市场。魏东、岳杰和王景珉（2012）在已有审计准则的基础上，提出碳排放权交易的风险评估程序，并提出碳排放权交易对今后环境审计相关准则变化的影响。何晶晶（2013）提出我国现在的碳排放权交易市场不健全，碳排放权交易体系缺乏法律保障，并在研究欧美地区碳排放权交易法的基础上，提出构建我国碳排放权交易发的八项原则和九项碳排放权交易法的法律要素。八项原则主要是：逐步推进原则、激励与惩治相辅相成原则、集中与分散相结合原则、政府监管责任法律化原则、坚持适度原则、坚持社会公平原则、公开透明原则以及与国际接轨原则。

国内很多学者对我国碳排放权交易实践进行了分析。李志学等（2014）对我国七大碳排放权交易试点地区的市场成交额与成交量等交易状况进行了系统的分析，提出我国碳排放权交易市场发展相对缓慢的根本原因：国内的碳排放卖家没有良好的渠道获取相对公平的碳交易信息、七大试点地区的政策和技术没有实现互联等。庞韬等（2014）对我国碳排放权交易试点体系连接的必要性、可行性以及面临的主要障碍进行了分析，提出试点体系连接有利于我国碳市场的健康发展。

2. 碳排放权初始分配

建立碳排放权交易市场过程中，碳排放权初始配额分配问题不断凸显，国外学者关于碳排放权初始分配的研究起步较早，主要包括碳排放权初始分配方法和模型，以及初始分配定价。沃德曼（Woerdman，2000）指出碳排放权初始分配方式以及碳排放权定价对碳排放权交易市场影响很大，不合理的初始碳排放权分配会影响碳排放权交易市场的稳定发展。艾曼和泽特伯格（Aihman & Zetterberg，2005）分析了四种碳排放权分配方式：以排放量为基础的分配、特定排放因素的以生产为基础的分配、标杆管理的以生产为基础的分配以及以生产为基础的最有效技术的方式。克兰顿和克尔（Cramton & Kerr，2005）研究了碳排放权初始分配方式，提出拍卖方式比免费分配方式的效率更高，更加体现了公平、公正的原则。魏斯哈尔（Weishaar，2007）将碳排放权分配机制放到碳排放权交易系统的框架中进行研究，主要分析了在静态和动态经济模型中各种分配机制怎样解决碳排放权价格、分配效率和环境因素问题，认为当存在市场势力和交易成本的时，碳排放权的免费分配方式比拍卖分配方式和有偿购买方式更有效。戈里等（Goeree et al.，2009）认为，对历史排放量较多的排放者来说，免费分配方式会使该排放者获得较多的排放配额，这些配额会在二级市场中利用市场势力提高排放权的价格。福利（Fowlie，2010）采用简单的分析模型研究了排放权分配设计选择和短期生产决策之间的关系，提出了排放权的可升级免费分配模式，生产者可以根据排放权的价格变动自己的短期生产决策。沃克等（Wrake et al.，2010）以实验分析的方式研究了排放权免费分配方式的机会成本问题，构建了可升级免费分配方式。泽特伯格等（Zetterberg et al.，2012）认为，碳排放权的拍卖分配方式带来的可观收入可以再次用于刺激经济发展和减少环境规制成本，但是拍卖分配实际实施过程中依然有很多阻碍，碳排放权的免费分配方式会影响碳排放权的价格。格林和伊利耶娃（Grimm & Ilieva，2013）提出尽管拍卖方式和免费分配方式在其他因素不变情况下交易后带来的分配效率一样，免费初始排放权的分配方式比拍卖分配方式的减排成本要高很多。

国外的很多学者，例如，阿加瓦尔（Agarwal）、纳兰（Narain）、爱泼斯坦（Epstein）、古普塔（Gupta）、史密斯（Smith）、詹森（Janssen）、罗特曼（Rotmans）和贝纳塔德（Beneatad）等，对碳排放权的分配模型进行了大量研究。具有代表性的分配模型如表1－3所示（魏东、岳杰和王景珉，2012；王陟昀，2012）。

表1－3　　　　　　　　　　碳排放权分配的代表性模型

分配模型	模型特点	研究学者
平等人均权力模型	以平等主义原则为基础，主要包括：当代人平等权利法、世代公平模型、过渡性平等主义分配模型	阿加瓦尔和纳兰（Agarwal & Narain，1991），爱泼斯坦和古普塔（Epstein & Gupta，1990），伯恩等（Byrne et al.，1998）
自然债务模型	碳排放权遵循的公平问题分为支付能力和基于累计人均排放的责任指数两部分	史密斯等（Smith et al.，1993）

续表

分配模型	模型特点	研究学者
基于文化观点的分配模型	将各地区二氧化碳排放的历史责任和分配未来排放权的政策目标相结合，基于文化观点的不确定性分析评价不同文化对排放的影响	詹森和罗特曼（Janssen & Rotmans，1995）
能源需求模型	以平等主义原则和差别原则以及纠正不当的不公平原则为基础，提出与碳排放权分配过程中发达国家的历史责任和我们对于后代的责任、对于环境的责任都需要考虑在内	贝纳塔德（Beneatad，1994）

　　随着我国对环境问题关注度不断增大，关于碳排放分配的研究也成为我国学者研究较多的课题。关于碳排放权初始分配的研究主要集中在碳排放权分配方法和分配方法的影响因素上。徐玉高等（1997）提出全球气候变化不是当前温室气体排放的结果，而是历史排放的累计效果，将历史排放的指标引入碳排放权分配机制进行了分析。陈文颖和吴宗鑫（1998）提出以人均碳排放量分配碳排放权对发展中国家有利，以 GDP 碳排放强度为指标分配碳权受到了发达国家的支持，综合考虑人均碳排放量和 GDP 碳排放强度的混合分配机制更容易被发展中国家和发达国家所接受。张红亮（2009）研究了国内外碳排放权初始分配方式，提出对于我国的碳排放权初始分配方式来说，尽管拍卖方式能够最大程度上降低社会管制成本和提高经济效率，但在当前的经济环境下基于历史免费分配排放许可也许是行业反应最小、最容易被企业接受的分配方式。李凯杰和曲如晓（2012）在分析免费分配、拍卖分配和混合分配三种碳排放权初始分配方式的基础上，研究了碳排放权初始分配对碳排放交易市场运行效率的影响以及碳排放权初始分配的最优机制设计。吴静（2011）认为，我国当前碳排放权初始分配采取的是无偿获得方式，初始配额的无偿分配大多采用"祖父原则"，这种方式对新建企业不公平，容易引起企业零成本套利，碳排放权分配有失公正。付强和郑长德（2013）分析碳排放权初始分配方式后认为，"祖父原则"虽然可以补偿受管制企业因实施碳总量控制而引起的成本上升，但是该方法违反了污染者付费原则且执行成本高易导致激励扭曲；标杆法在一定程度上解决了激励扭曲问题，体现了对早期行动者的支持，但是该方法对数据要求较高；拍卖方式效率高，过程更公平、更透明，但可能减弱受管制企业的市场竞争力；我国试点期间宜采取标杆法分

配初始碳排放权。王江和王逸阳（2014）分析了欧盟和美国碳排放权交易和初始碳排放权分配方式，认为北京市应效仿欧盟实行阶段性混合初始分配方式，进行分区治理，清洁企业剩余的碳排放权可以保留使用或者拍卖，拍卖份额与拍卖价格也可以分区确定。

除了对上述碳排放权初始分配方式的研究，我国学者还研究了分配方式选择的影响因素问题。高广生（2006）认为碳排放权分配是关系各国社会经济发展以及人民生活、生存权的问题，在分析气候资源和碳排放权基本属性以及碳排放权分配方式的基础上，提出影响碳排放权分配的重要因素除了累计排放和人均累计排放之外，还包括以下因素：地理和气候条件的影响、能源资源禀赋对二氧化碳排放的影响、产业结构和技术水平对二氧化碳排放的影响、国际分工和贸易的影响。冯亮明和肖有智（2007）从企业的角度研究了碳排放权的需求问题，分析了使用价值、使用数量、生产技术水平等三个内生变量对企业碳排放权需求的影响，以及利益集团影响力、替代能源、交易价格和碳税等四个外生变量对企业碳排放权需求的作用机制。郑玮（2011）认为初始排放权分配方式的合理设定是环境效益实现和碳排放权交易顺利展开的关键，通过研究一个基于总量控制的"祖父原则"分配模型，得出如下结论：在开放和封闭的体系中，使用企业历史产出作为参照因子永远不是最优的；使用企业历史排放量作为因子，只是在封闭经济的一些限制条件较强的情况下可能达到最优；使用与企业产出、排放无关的外生因子，在开放和封闭体系中均可达到社会最优均衡。赵云芬和朱琳（2012）从区际正义与人际正义两个维度探讨了温室气体排放权分配的理论，并提出以人均累积排放为基础，综合考量区域差异进行温室气体排放权的分配方式。

3. 碳排放权交易定价

国外学者关于碳排放权交易定价的研究主要集中在碳排放权定价影响因素及模型上。古根等（Guegan et al.，2010）通过主成分分析对碳排放权价格进行研究，发现影响碳排放权价格主要因素有：石油价格、天然气、煤炭和股票指数。古玛等（Kumar et al.，2012）通过对清洁能源指数数据进行分析，认为碳排放权价格与清洁能源公司股票价格之间关系不显著。阿托拉等（Aatola et al.，2013）通过研究四个区域六个市场的电力价格，发现电力价格与碳排放权价格之间有正向的但不均衡的关系。

国外学者对碳排放权定价模型的研究最早的是信息份额模型（IS）和永久短暂模型（RT），除此之外还有 GARCH 模型等。贝利（Baillie，2002）

通过 IS 模型和 RT 模型研究了市场对碳排放权价格发现的贡献。奔驰和亨格尔布鲁克（Benz & Hengelbrock，2008）在比较了欧洲气候交易所（ECX）和北欧电力交易所（Nord Pool）这两个主要碳排放权交易平台的流动性与价格的基础上，研究了年轻的碳排放权交易市场的发展，并分析了欧洲碳排放权交易数据。塞汀和凡楚埃（Cetin & Verschuere，2009）建立了碳排放权交易即期价格（本年末价格）和远期价格（下一年价格）之间的函数关系，并说明碳排放权交易进入第二阶段后交易价格更加合理。宝莱拉和塔奇尼（Paolella & Taschini，2008）分析了欧洲的二氧化碳排放权交易市场和美国二氧化硫排放权交易市场，并采用 GARCH 模型研究了排放权的交易价格，提出可以采用金融衍生品的形式进行排放权交易。奔驰和储克（Benz & Truck，2009）建立动态模型对碳排放权交易短期现货价格行为进行了分析，并提出可以建立一个切实有效的模型预测碳排放权交易价格。保罗等（Paul et al.，2009）通过对欧洲碳期权定价研究提出可以用正态非高斯分布过程分析碳权价格变动。

国内学者对于碳排放权交易定价的研究起步较晚，也是主要集中在碳排放权价格的影响因素和定价模型两方面。洪涓和陈静（2009）在构建我国碳交易价格函数的基础上，从国际碳排放权市场需求、我国碳排放供给、我国政府限价以及国际碳排放权市场四个方面研究了我国碳交易市场价格的影响因素。黄平和王宇露（2010）运用交易成本理论和议价能力理论，分析我国清洁发展机制（CDM）项目中碳排放权价格偏低的现象，提出交易成本和供需市场买卖双方的议价能力是影响清洁发展机制项目中碳排放价格的关键因素，并进一步分析了我国清洁发展机制项目中碳排放权交易的价值网对碳排放权价格的影响。赵捧莲（2012）分析了影响国家碳价格走势的外部因素，包括：能源价格和碳价格的相关性、异质性环境对碳价格的影响、碳排放权的可储存性对碳价格的影响以及政府限价对碳价格的影响。徐国卫和徐琛（2012）通过对碳排放权特性的研究，引入基于期限结构理论的期货定价模型，利用期货的价格发现功能解决碳排放权的定价问题。王宇露和林健（2012）把影响碳排放权定价的因素分为供给和需求两方面，提出影响我国碳排放权供给的主要因素是碳排放权的免费发放额度，影响我国碳排放权需求的主要因素是国际碳排放权需求、能源价格、碳排放密集产业的产量以及政府和企业对待节能减排的态度。韩国文等（2014）通过对欧盟 2005～2011 年碳排放权交易价格、碳价值、煤炭和石油价格的数据进行分析，研究发现：除了受碳排放权自身价格的影响外，碳价值对碳排放权价格的影响最大。

陈晓红和王陟昀（2010）以欧洲碳排放权交易体系为对象，研究了碳排放权交易价格形成机制，通过初步分析两阶段的欧盟碳排放配额（EUA）价格走势及其成因，建立了碳排放权交易价格模型。文章提出 EGARCH（1，1）适用于对欧盟碳排放配额价格形成机制的研究，能够较好地估计和预测减排前两阶段的欧盟碳排放配额价格。何梦舒（2011）将期权引入碳排放权的初始分配中，基于一系列严格假设使用 B－S 期权定价模型对碳期权的初始分配定价进行了研究。张建清等（2012）在分析我国碳排放权弱的原因，并通过我国的实例验证了 B－S 模型在我国的适用性。朱志强（2012）参照普通商品期货合约的期限结构理论和协整理论对碳交易市场中的单期合约和跨期合约从静态和动态两个方面进行分析，静态分析主要指从时间序列的平稳性、与现货价格的协整性以及格兰杰检验三个角度进行设计分析，动态分析指在静态分析的基础上引入持有成本模型和改进二因素期货定价模型对两阶段中的单期合约和跨期合约的期限结构进行分析。杜清燕（2013）通过建立超越对数生产函数模型，给出我国碳排放影子价格计算公式，并进一步对我国碳排放要素价格扭曲程度进行了测算。陈立芸等（2014）运用方向距离函数模型测算天津市 2000～2015 年的边际碳减排成本，在此基础上运用非参数线性规划对方向距离函数（DDF）值进行计算，由利润函数和距离函数之间的关系推导出碳的期望产出和非期望产出的影子价格。沈剑飞和伊静（2015）构建了基于内在价值的碳排放权定价模型，并选择以我国火电企业为例进行了定价模型的应用分析，在此研究基础上对于完善我国碳排放权交易定价机制提出了政策建议。

二、动态博弈研究现状

（一）国外动态博弈研究

国外学者较早开展微分博弈方面的研究，伊萨克斯（Isaacs，1965）出版的《微分博弈》具有很强的引领作用，自此国外关于微分博弈的研究也就逐步展开，近些年取得了较快发展。

很多学者在研究微分博弈之初，都对时间一致性概念进行了阐述。豪丽（Haurie，1976）研究了微分方程的纳什均衡的拓展问题，提出了非零和微分博弈纳什谈判解求解方法，并提出了时间一致性概念。彼得罗（Petrosjan，1977）研究了多人参与的微分博弈求解问题，对时间一致性的概念下了定义。卢科亚诺夫和雷斯海托娃（Lukoyanov & Reshetova，

1998）研究了泛函博弈问题，在微分博弈中研究了高维度功能系统的冲突控制问题，在该问题中将运动的历史作为策略信息。伊万诺夫（Ivanov，1998）研究了固定时间间隔下，一类具有椭圆形收益函数的对抗性线性微分博弈问题。

托尔温斯基等（Tolwinski et al.，1986）研究了微分博弈的合作均衡问题，提出在均衡策略中引入威胁，但其他参与者不根据协议控制系统时，某个参与者可以利用该威胁达到系统合作控制的目的。彼得罗和扎库（Petrosjan & Zaccour，2003）研究了合作均衡问题，在分析污染成本减少的问题上，提出了时间一致的夏普利值求解方法。

线性二次微分方程作为微分方程的重要部分，大量学者关注了该类型的微分方程研究。线性二次微分方程的研究较多，具有较强的理论基础，易于求解，易于和实际问题相结合。奥兹冈纳和佩尔金斯（Özgüner & Perkins，1977）研究了线性二次微分方程的反馈里卡提（Riccati）解法。帕帕瓦西洛普洛斯（Papavassilopoulos，1979）提出如果线性二次微分博弈的博弈参与者策略定义为初始系统状态和时间的函数，那么该有限时长的线性二次微分博弈具有唯一的纳什均衡策略。英格尔达（Engwerda，1998）研究了标量线性二次微分博弈的反馈纳什均衡，并提出微分博弈可以应用于大量实际的经济问题。卢科亚诺夫（Lukoyanov，2000）研究了微分博弈中具有遗传信息的控制问题的哈密顿—雅可比—贝尔曼（HJB）方程，提出微分方程的鞍点值是哈密顿—雅可比—贝尔曼方程的极小化极大解。蔡和塔克（Choi & Tahk，2005）将神经网络机制引入追逃模型进行微分博弈的分析，在分析过程中将神经网络制导率、范围率、视线转率以及航向误差作为输入变量。

随机微分博弈作为微分博弈重要的一个方面，国外大量学者对随机微分博弈的求解进行了研究。弗莱明和麦肯尼（Fleming & Mceneaney，1992）研究了随机微分博弈中非线性系统的风险敏感随机控制问题，将对数变换应用于最优成本函数，运用非线性偏微分方程的粘性解方法，证明了值函数的收敛性。阿奎罗（Kun，2000）研究了线性和非线性微分系统的最优控制和动态博弈理论，给出了随机线性二次微分博弈的非合作开环均衡解的求法。布洛克（Broek，2002）研究了参与者具有反馈信息的非零和连续性微分博弈问题，提出了博弈的纳什均衡以及微分博弈的解。布洛克（Broek，2003）研究了动态博弈的均衡问题，给出了随机线性二次微分博弈的非合作反馈均衡解的求法。

（二）国内动态博弈研究现状

与国外的微分博弈研究相比，我国的研究起步也是比较晚的，还主要是在外国研究成果的基础上开展对微分博弈的研究。我国较早开展对微分博弈理论研究的学者也比较多，例如，张嗣瀛（1987）以现代控制理论为基础，提出了双边微分博弈的定量极值原理和定性极值原理；李登峰（2000）运用数学语言，对微分博弈问题进行描述和分析。

国内很多学者对线性二次微分博弈问题进行了研究。张成科和王行愚（2002）研究了小波逼近分析方法的收敛性问题，对线性时变二次微分对策纳什（Nash）策略问题，证明了纳什策略的小波逼近解收敛于精确解，并基于小波逼近的多尺度多分辨特性，给出了误差估计的阶数。王光臣（2007）研究了一类由经典的随机最优控制问题产生的正倒向随机系统的卡尔曼—布西滤波问题，以及部分可观测的递归最优控制问题和风险敏感最优控制问题，最后分析了一类部分可观测的线性二次非零和微分对策问题，结合分离原理和正倒向随机微分方程理论得出了显式的可观测的纳什均衡点。张海燕等（2007）在控制系统的所有系数包含控制变量且控制域为凸集的假定下，得到了部分可观测的完全耦合正倒向随机控制系统的最大值原理。田双亮等（2011）基于楔形基函数构造了一种新的求解微分博弈两点边值问题的数值方法，给出了解的存在唯一性，并通过算例验证了算法的可行性，为鞍点策略的近似解的求解提供了一种有效的方法。邱志鸿等（2011）基于 T - S 模糊建模思想，利用 T - S 模糊建模方法，将一类双人非线性非合作微分博弈问题的模型转化为一个局部线性、整体非线性的 T - S 模糊系统，最后根据模型的局部线性求出原问题的纳什均衡解。李文强等（Lou & Li，2013）研究了倒向线性二次最优控制和非零和微分博弈问题，利用着正倒向随机微分方程得到线性二次最优控制问题的显式解以及非零和微分博弈的开环纳什均衡解。孙景瑞（2014）研究了一类线性二次二人零和随机微分对策问题，分别给出了开环鞍点和闭环鞍点的存在性刻画，提出：一是对于时间有限情形，开环鞍点存在的前提性是性能指标满足某种凸—凹性条件，闭环鞍点的存在性则等价于某个里卡蒂（Riccati）微分方程的正则解的存在性；二是对于时间无限的情形，鞍点的存在性有着类似的刻画，此时的线性正倒向随机微分方程定义在无线区间上，而里卡蒂微分方程变成了代数里卡蒂方程，解的正则性变成了某种特定的条件。王光臣等（Wang et al.，2014）研究了具有非对称信息的倒向线性二次非零和微分博弈问题。史和娣（2013）以有限时间多维不确定线性二次最优控制问题为基础，给出了最优控制唯一存在的充要条件，提出在无限时间不确定线性二次最优控制模型在系统完全能控的前提下，能找到最优控制使得性能指标最小。

除了研究正则系统中线性二次微分博弈问题，很多学者将研究扩展到连续或者离散奇异系统。吴同新（2009）主要研究了连续奇异系统和离散奇异系统在无穷时间情形下的线性二次微分对策问题，得出：一是两个分别用一组耦合的代数里卡蒂方程组和不等式组来寻找连续奇异系统的纳什均衡点和鞍点均衡点的充分条件，和满足非零和微分对策以及零和微分对策的具体控制策略；二是对非零和微分对策给出了用一组耦合的代数里卡蒂方程组和不等式组来寻找离散奇异系统的纳什均衡点的充分条件以及满足非零和微分对策的具体控制策略，对零和微分博弈用一组耦合的代数里卡蒂方程组和不等式组来寻找离散奇异系统的鞍点的充分条件和零和微分对策的具体控制策略。杜振华等（2013）利用摄动法，从可解性的必要条件出发，描述了用牛顿 DPF 算法来求解线性系统的奇异性二次型最优控制问题的方法。

广义系统中的微分对策问题也是我国学者研究的重要内容。唐万生和李光泉（1991）研究了广义系统的二人非零和微分对策问题，给出了纳什解存在的必要条件。唐万生等（1996）利用动态规划法研究了广义系统二人零和微分对策问题，给出了鞍点策略存在的条件，将正则系统推广到广义系统。张成科和王行愚（1998）研究了线性二次广义系统中具有多个非合作随从者的斯塔克尔伯格（Stackelberg）诱导策略，在多个非合作随从者采取纳什非合作策略的假设下，对有限时间和无限时间两种情形得到了诱导策略存在的充分性条件。张成科（2003）研究了广义状态系统中线性二次型微分对策鞍点策略的数值求解问题，提出了基于多贝西（Daubechies）小波多尺度多分辨逼近特性的数值求解新方法。张锋（2009）研究了使用输出反馈来求解线性定常系统、不确定连续系统以及不确定离散系统的二次型次优控制问题；使用动态补偿器的方法对线性定常系统的二次型次优控制问题进行了分析，并将上述研究推广到广义系统线性二次型次优控制问题。周海英（2015）以最优控制理论和随机微分博弈理论为基础，利用动态优化理论中的最大值原理、动态规划法等，系统研究了离散时间随机线性马尔可夫（Markov）切换系统、连续时间广义随机线性系统的非合作微分博弈理论。

随着微分博弈的不断发展，我国很多学者对随机微分博弈方面的问题进行了研究。于志勇（2008）利用马利亚万（Malliavin）随机变分技术，得出了无马尔可夫性的一类随机非零和微分博弈的纳什均衡点的显式表达，同时研究了倒向随机微分方程的线性二次对策问题。许晓明（2010）研究了带随机违约时间的倒向随机微分方程（BSDE）、超前 BSDE 以及推广的超前 BSDE 及其相关结果。朱怀念（2013）在已有马尔可夫切换系统最优控制理论和随机微分博弈理论的基础上，利用动态优化理论中的极大值原理、动态规划原理、里卡蒂方程法等，系统研究了线性马尔可夫切换系统的非合作随机微分博弈理论。朱怀念等（2014）研究了具有马尔可夫跳跃线性系统的随机纳什微分博弈问题，通过里卡蒂方程等方法研究了纳什均衡策略存在性的充分条件。侯婷等（Hou et al.，2013）研究了带有乘性噪声的离散时间马尔可夫跳跃系统的控制问题，从一个新的视角研究了非零和纳什博弈。朱怀念等（2012）研究了一类连续时间不定仿线性二次型随机微分博弈的鞍点均衡问题，在伊藤积分的意义下，通过引入一个广义里卡蒂微分方程，证明了该广义里卡蒂微分方程（GRDE）的可解性是相应随机微分博弈问题均衡策略存在的一个充分必要条件，同时给出了最优策略闭环形式的显式解以及最优性能指标值。朱怀念等（2013）研究了一类连续时间带马尔可夫切换参数的线性二次零和随机微分博弈问题，在广义伊藤积分的意义下，引入了一个广义的里卡蒂微分方程，证明了该广义里卡蒂方程的可解性是相应随机微分博弈问题均衡策略存在的一个充分必要条件，同时给出了最优策略闭环形式的显式解以及最优性能指标值。

我国很多学者将动态博弈应用于日常问题的分析，包括投资、企业竞争战略、广告、供应链等方面。

郑士源（2006）以系统动力学为基础通过模拟的方法求解完全信息和不完全信息情况下的微分博弈的均衡策略，为两厂商投资问题提出了新的分析方法。杨鹏和林祥（2013）采用线性二次控制理论研究了负债情形下投资者与市场之间的随机微分博弈，并在投资者具有指数效用和幂效用下，求得最优投资组合策略、最有市场策略和值函数的显示解。杨鹏（2014）利用线性二次控制的理论，研究了具有再保险和投资的随机微分博弈，指导保险公司在市场出现最坏情况时选择恰当的再保险和投资策略。万谦和孟卫东（2011）基于微分博弈理论研究了技术创新扩散补贴机制问题，发现：在采用时间定量补贴的微分博弈中纳什反馈均衡和斯塔克尔伯格反馈均衡相同，先行动者没有先动优势，补贴机制没有达到目标；

在改进的采用投入比例补贴机制中，存在唯一的斯塔克尔伯格反馈均衡，领导者是先采用者，跟随者是后采用者，博弈具有先动优势，补贴机制达到目标。罗琰和刘晓星（2015）通过二人零和随机微分博弈研究了存在模型风险的最优投资决策问题，通过求解最优控制问题对应的哈密顿—雅可比—贝尔曼—伊萨克斯（HJBI）方程，在完备市场和存在随机收益流的非完备市场模型下得到了投资者最优投资策略。王丽霞和李双东（2015）运用微分博弈的理论，研究了不确定市场环境下带有负债的保险公司和市场的二人零和随机微分博弈风险模型，同时应用线性二次控制方法，在指数效用下，给出了保险公司的最优投资策略、市场策略以及最优策略下终值财富的值函数。

洪江涛和陈俊芳（2007）基于微分博弈理论，建立了对称信息条件下的双寡头企业竞争战略选择的微分博弈模型，分析了两家企业在博弈均衡状态下的战略选择，并对我国制造业企业动态竞争战略的实践进行指导。马如飞和王嘉（2011）建立了双寡头的微分博弈模型分析动态研发竞争和合作问题，研究了两家企业在技术溢出和技术更新的环境下从事研发活动，每家企业在研究阶段进行研发竞争和合作，在产出阶段进行竞争的问题。

叶荣等（2011）通过微分博弈理论研究了电力系统中众多控制器动态协调的难题，并以一次、二次调频间的协调为例，建立了该问题的微分博弈模型并求得开环纳什均衡。叶荣等（2013）基于微分博弈理论研究了两区域自动发电控制协调方法，解决区域间功率支援但又不愿意付出过多调节代价的问题，并求解了博弈的非合作反馈纳什均衡。于伟和辛宝贵（2013）运用随机微分理论对固定期限内的机床行业产品质量控制非合作均衡策略问题建立了非合作随机微分博弈模型，并计算出该模型的反馈纳什均衡，指出该反馈纳什均衡解具有子博弈一致性。张旭和李玲等（2015）基于微分博弈研究了多机器人追逃策略研究，并通过仿真说明在无障碍区的追逃过程中微分对策的纳什均衡解对于追逃者双方都是最优的。

除了上述微分博弈的应用外，我国其他学者还将该理论应用到在线社交网络易传播恶意程序、选择旅游方案等方面。沈士根等（2015）针对在线社交网络易传播恶意程序的现状，提出了描述在线社交网络恶意程序的微分方程模型，并利用微分博弈建立了能反映防御者和恶意程序交互过程的在线社交网络"恶意程序防御微分博弈"模型，当恶意程序动态改变其最优控制策略时，为防御者给出最优动态控制策略。张智勇等（2014）在微分博弈理论的基础上研究了在制造商开通网上和零售渠道的情形下，供应链成员的广告合作和成本分担对双渠道协调的影响，提出无论零售商的广告对品牌形象产生何种影响，制造商分担零售商的部分广告费用均能使得双方的利润优于分散决策的情形。夏兆敏和孙世民（2014）运用微分博弈方法研究了由一生猪屠宰加工企业和单一超市构成的二级猪肉供应链质量行为协调机制，比较了纳什非合作博弈、斯塔克尔伯格主从博弈以及协同合作博弈情形下屠宰加工企业和超市的最优质量行为决策。邬玮玮和史小珍（2014）利用一类非线性零总随机的微分博弈对旅游最优策略的选择进行了研究，主要采用统计技术线性化求解非线性随机微分博弈，以达到最优的旅游方案。陈正义和赖明勇（2011）将寡头电信企业之间的价格竞争博弈刻画为微分博弈模型，通过研究发现寡头电信企业的价格策略存在唯一的鞍点均衡路径，否则很难实现均衡状态，虽然寡头电信企业的价格处在动态调整中，但市场份额会相对稳定的维持在某一均衡状态下。

（三）生态产权与博弈

1. 国外生态产权与博弈分析

国外学者关于生态产权与博弈的相关研究较少，在水权和碳排放权交易方面，主要是建立相关博弈模型求解均衡解，找出水权、碳排放权或者排污权的分配方法，分析相关博弈方之间的关系。

加拉斯（Galaz，2004）建立了关于水权的博弈模型，在该博弈模型中有两个博弈方（一组农户和一个城市水公司），两个用水者对于水的使用有协定，分析了在一个博弈方违背协定的情况下，另一个博弈方是否接受这种违约的问题，提出智利水权市场明显侵犯了社会地位低下用户的水权。金特等（Günther et al.，2012）提出一种运用合作博弈理论和数学最优方法，研究分配水资源系统中不同使用者之间的水资源服务成本，在此基础上分析了水权价格。哈米德等（Hamed et al.，2012）采用一种新的博弈方法研究了共享水资源的农业区域中的水权和排污权分配问题，这种方法主要包括四步：一是初始水权和排污权分配；二是定义可能的联合和能够使参与者在联合中增加他们总净收益的最优水权和排污权的再分配；三是通过利用合作博弈理论中一些策略达到公平利益再分配；四是通过极小极大后悔值法辨别系统中最优的水权和排污权权分配策略。

麦肯齐等（Mackenzie et al.，2009）通过研究排污权分配，建立了不完全信息博弈模型，在求解该模型均衡的基础上，讨论了博弈各方的收益，给出了排污权分配的最优策略。

秋本等（Akimoto et al.，2015）通过建立合作博弈模型分析了碳排放权交易问题，假设在碳排量减少的前提下存在七个世界区域作为参与者，研究发现了博弈中联合政府的核，以及最初能量供给和二氧化碳影子价格的可计算性。维盖尔等（Viguier et al.，2006）通过采用博弈理论建立两层博弈模型，研究了欧盟不同国家之间碳排放分配问题，根据模型求解均衡解，提出了碳排放权分配的具体方法。伯纳德等（Bernard et al.，2008）通过建立动态博弈模型，研究了《京都议定书》下俄罗斯与发展中国家（主要是中国）之间的策略竞争，提出允许发展中国家介入国际碳排放权交易市场的影响是可评估的。刘娜等（Liu et al.，2009）运用博弈论双向拍卖理论研究碳排放权交易问题，建立了碳排放权交易的博弈模型，分析了碳排放权交易市场的分配效率和模型的纳什均衡，给中国的碳排放权交易提供了理论依据。本庄（Honjo，2015）运用夏普利值研究了碳排放权交易中买方卖方的讨价还价能力，发现：碳排放权主要取决于买方希望支付的价格以及供方的议价能力；买方的议价能力大于等于供方的议价能力。《京东议定书》增加了买方的议价能力，促进了买方在碳排放权交易市场中的主导地位。

2. 国内生态产权与博弈分析

（1）水权与博弈分析。

许多学者运用博弈相关理论研究了水权分配、水权交易、水权制度、水权定价相关内容。

水权初始分配是水权交易的基础，通过博弈方法研究水权初始分配可以有效提高水资源利用效率。孔珂等（2005）以博弈论为基础研究了如何利用初始水权分配和水资源费对水市场进行有效的宏观调控，建立了以水资源总效益最大化为目标的两阶段动态博弈模型，求解了子博弈精炼纳什均衡条件下市场参与者的行动策略方法。彭祥和胡和平（2006）采用博弈论研究了不同水权模式下流域水资源配置中参与人用水行为问题：第一，对于公共水权模式下的流域水资源配置，依据哈定（Hardin）模型建立相应博弈模型；第二，对于平均水权模式下流域水资源配置，依据古诺寡头竞争模型建立相应博弈模型；第三，对于初始水权不完善模式下流域水资源配置，依据斯塔克尔伯格寡头竞争模型建立相应博弈模型。刘妍和郑丕谔（2007）在对水市场上水权交易一般模式研究的基础上，建立博弈模型研究了初始水权分配问题，并通过进一步改进模型，得出我国相关政府部门在进行水权初始分配的管理时可以制定适当合理的奖励和处罚政策，以提高水资源利用率。陈艳萍和吴凤平（2010）将流域中的区域分成弱势群体和强势群体，通过建立流域初始水权分配中强、弱势群体间的演化博弈模型，分析了各群体的复制动态和演化稳定策略。姜国辉等（2012）通过建立序贯博弈模型分析了水市场存在条件下初始水权和水资源税的博弈分析，采用倒退法求解了子博弈精炼纳什均衡，得出初始水权分配方式和水资源税征收数额，通过宏观调控水市场实现流域水资源的优化配置。

我国很多学者运用博弈理论研究水权交易中水权交易双方以及政府之间的关系。尹松云等（2004）通过建立流域内不同地区间水权交易的古诺双寡博弈模型和纳什讨价还价模型，分析了在水权总量不足情况下，具有不同节水成本的流域内不同地区水权交易的行为特征。李长杰和王先甲等（2007）依据水权交易市场最常见的买卖双方具有多人的双边交易形式，建立了不完全信息下的水权交易双方叫价拍卖的贝叶斯博弈模型，进而设计了水权交易双方叫价拍卖机制。胡晓寒等（2010）基于优化和博弈理论对农业用户间水权交易进行分析，得出：一是根据各种作物的经济灌溉定额和种植面积，可以计算最佳分配水量；二是在用水量合理调配的水权交易中，交易价格应该以机会成本为基础；三是在优化模型和博弈模型互相结合的基础上，运用合作型博弈模型进行农业用水户间的水权交易，能够达到水资源优化配置的目的。戴天晟等（2011）建立了水权交易下的企业博弈模型，利用完全信息静态博弈论的方法对水权交易下企业关于产量、节水量、需要购买水权数量以及水权初始价格等问题进行了分析，最后求出了企业产量和节水量的纳什均衡以及水权均衡价格。吴丽和周惠成（2012）通过建立水权交易的合作博弈模型，分析了准市场下水权交易双方的出价策略和收益，并以大连市为例证明了行业间的水权交易可以带来显著的经济效益。刘玒玒等（2014）以博弈论为基础建立了市场经济与宏观调控相结合的基于蚁群算法的水资源配置博弈模型，并用该模型分析了黑河流域各县的用水情况及水权交易博弈。张建斌和刘清华（2014）从不完全信息动态博弈的角度，研究了政府在水权交易中应该采取的经济政策，主要包含强化水资源费的征收管理、健全水权储备政策、完善水权政府采购政策和建立水权交易差别价格政策。

李良序和罗慧（2006）在比较传统行政模式和市场模式下水权管理不同特征的基础上，从静态和动态两个角度以及水量和水质两个维度分析了两种模式下的水用户博弈特征，提出中国水资源管理需要把水量和水质、政府管制与市场机制两种配置的方式相结合。张文军和唐德善（2007）以博弈论为基础研究了水权制度建立以及实施过程中政府的效用问题，通过风险决策均衡模型、完全信息动态模型确定了博弈中政府与各博弈方的收益函数及罚金的数额。夏朋和倪晋仁（2007）从水权制度运行的微观层面出发，对政府管理者和用水户之间的行为进行了博弈分析，研究了在不同政策下二者的行为变化对水权制度所产生的影响，认为政府可以通过降低检查成本、加强内部管理、提高超额罚金以及对不同类型的用水户进行差别对待等方式，使用水户降低超额取水的频率，以实现全流域水资源优化配置的制度目标。

陈洪转等（2006）结合水权交易双方的效用函数，利用博弈原理及方法建立了水权交易准市场阶段和水市场阶段的水权博弈定价模型，并对水市场定价模型的纳什均衡解进行了分析，提出水权交易双方存在利益冲突，准市场阶段水权交易定价相对较低，水市场阶段水权交易定价相对较高。陈洪转等（2006）基于交易双方的效用函数，从博弈的角度分别建立了水权交易准市场阶段和正式水市场阶段的水权交易定价博弈模型，讨论了定价中有关要素的相关关系，从博弈角度分析了水权交易定价决策机理。冯文琦和纪昌明（2006）提出了一种把水权和排污权相结合的水市场交易方案，通过建立完全信息动态博弈模型得出了水权和排污权的转让价格。郑志来（2015）分析了缺水地区农用水权置换涉及置出方与置入方双方博弈，借助鲍弗瑞和罗森塞尔模型对农户间是否愿意配合农用水权置换项目进行分析，并通过鲁宾斯坦非合作博弈理论对置出方与置入方讨价还价能力进行博弈分析。

（2）排污权与博弈分析。

我国许多学者通过建立不同的博弈模型，分析了排污权分配、排污权交易、排污权定价的相关问题。

肖江文等（2001）以一级密封价格拍卖方式为基础，建立了初始排污权分配的不完全信息静态博弈模型，提出初始排污权的竞标拍卖方式是一种合理的分配方式，但如果在所有情况下都对初始排污权进行拍卖可能会增加实施排污权交易制度的阻力。马国顺和冯华（2013）基于三角形分布的一级密封价格拍卖模型的原理为基础，建立了排污权交易市场中政府与企业的演化博弈模型，认为分配排污权的主要目的是提高企业遵从环保政策的意愿，对政府而言排污权初始分配的目的在于控制污染物排放。陆海曙等（2014）针对初始排污权分配问题建立了一个一般性的异质性寡头博弈模型，分析了厂商的均衡产出和排污权交易市场价格的变化规律。张为程等（2015）以区域污染物总量控制的前提下，从公平的角度建立了初始排污权分配的利益博弈模型，研究了初始排污权分配主体间的利益博弈，并提出了初始排污权分配策略。

肖江文和赵勇等（2003）建立了寡头垄断条件下的排污权交易博弈模型，通过研究排污权许可证交易的寡头垄断市场，说明允许排污权许可证交易不一定有益。李寿德和薛耀文（2005）建立了排污权交易下的厂商和环保部门之间的非合作博弈模型，证明理性厂商对不违规排污和违规排污的选择，取决于不违规排污和违规排污之间的成本—收益差异以及风险偏好态度。陈磊和张世秋（2005）通过建立排污权交易中企业行为的微观博弈模型，认为交易成本、污染排放权利的界定与分配、边际减排成本差异、排污权交易市场中参与企业的数量等是影响我国排污权交易制度能否有效实施的关键因素。李寿德和黄采金等（2007）运用期权博弈理论建立了排污权交易条件下领导厂商与跟随厂商污染治理新技术投资决策模型，通过将排污权市场预期价格和期权价值临界值进行比较，对厂商污染治理新技术投资或者等待进行决策。饶从军等（2008）基于排污权交易问题建立了贝叶斯博弈的排污权交易模型，给出了供给方和需求方在排污许可证交易中的最优报价问题的均衡策略。张小强（2009）认为污染排放权是一种可交易的权利，通过建立一个两阶段的动态谈判模型，证明集中统一行使排污权有利于提高企业生产效率。张晓亮（2009）研究了排污权交易中的中央和地方政府间利益关系的博弈问题，提出二者利益关系的博弈模型和协调方式，为完善排污权交易制度建设提供科学依据。木也色尔·阿布力米提（2012）建立了排污权交易的有限理性非线性结构成本函数的双寡头排污权博弈模型，将生产成本、污染治理成本、排污权交易价格的影响考虑进排污权交易的分析。李爱年和詹芳（2012）从排污权交易制度的角度，以博弈理论为基础分析了排污权交易与环境税的抉择，证明排污权交易比环境税更具有优越性。于羽（2014）研究了排污权交易机制下的寡头厂商动态博弈行为，将动态寡头博弈模型引入排污权交易市场，并对双寡头动态博弈的伯川德模型、斯塔克尔伯格模型和差异产品模型以及三寡头动态博弈的古诺模型的复杂性进行了较为细致的分析。张泽群（2014）通过建立存在产品差异性的双寡头垄断博弈模型，将污染排放与排污权交易机制引入保利（Bowley）寡头垄断产量竞争模型，并通过该模型研究了排污权交易制度的实施对保利 – 纳什（Bowley – Nash）均衡的影响。陈忠全等（2016）基于夏普利（Shapley）分配构造了排污权交易联盟博弈模型，认为排污权交易联盟博弈为凸博弈，排污权交易联盟博弈的建立有利于推动污水的分散治理向专业化、产业化、集中治理转变。

陈德湖（2006）以博弈论中一级密封价格拍卖原理为基础，建立了排污权交易市场中各排污企业的风险态度不同时企业的不完全信息竞价博弈模型，提出拍卖排污权过程中投标人越多，风险偏好系数越大，卖方的期望收益越高。范定祥和范晓阳（2010）以不完全信息博弈理论为基础，研究了暗标拍卖、政府指导价下的排污权交易和交易所进行的双方报价拍卖等三种典型拍卖交易模式的贝叶斯纳什均衡，提出交易所进行的双方报价拍卖模式更能提高排污权价格的实现效率。王珂等（2010）研究了排污权有偿使用政策的寻租博弈分析，对三种造成环境质量下降的逃避付费类寻租行为构建了政府、排污企业和公众的三方博弈模型，认为寻租行为必然导致社会总福利的下降。

（3）碳排放权与博弈分析。

博弈分析是研究碳排放权定价、碳排放权交易、碳排放权分配相关问题的有效工具，我国许多学者对此进行了大量研究。

刘娜等（2010）依据查特吉和萨缪尔森（Chatterjee & Samuelson，2001）双方叫价拍卖模型（Myerson & Satterthwaite，1981），研究了碳排放权交易双方叫价拍卖问题，并从买者和卖者最大获利的角度给出了报价策略。王月欣（2013）从动态博弈的角度采用鲁宾斯坦（Rubinstein，1982）轮流叫价谈判模型对碳排放权价格的形成进行了分析，认为碳排放权价格的唯一子博弈精炼纳什均衡结果取决于碳排放权买卖双方的耐心程度，并提出了改善我国碳排放权价格劣势地位的策略。聂力和王文举（2015）提出碳排放权的价格受市场多因素影响变化较大，建立了碳排放权价格的讨价还价博弈模型，认为：一是碳排放权谈判价格与买卖双方的预期正相关；二是碳排放权谈判价格与对方的贴现因子相关；三是碳排放权谈判最初报价与市场的透明度正相关；四是碳排放权谈判报价取决于首位出价者出价的高低。

王江和隋伟涛（2010）阐释了我国在碳排放权交易中面临的外部压力与发展机遇，并对我国在碳排放权博弈中的策略进行了总结和归纳。赵令锐等（2013）将改进的有限理性古诺模型引入碳排放权交易市场，建立了考虑碳排放权交易的有限理性双寡头博弈模型，发现企业进行碳排放权交易后，系统的稳定性会受到影响。丁胜红和周红霞（2014）以信号博弈理论为基础建立了动态方程，研究了完全市场中政府与企业为获得碳排放权的动态分离博弈均衡，并利用补贴法和随机微分方程分析了碳排放权最优边界。魏冉（2014）采用博弈模型分析了碳排放权交易中企业与政府的博弈关系，研究了企业对碳排放权交易采取适当会计确认的方法。王一涵和赵令锐（2015）建立了关于理性层次不同、非线性成本的进行碳排放权交易的两企业垄断产量博弈模型，认为该博弈系统的稳定性取决于有限理性企业的产量调整速度和适应性理性企业的产量调整速度，碳排放权交易价格提高会带来系统稳定性的增加。赵令锐和张骥骧（2016）采用演化博弈模型，对碳排放权交易中有限理性企业的减排行为的策略选择问题进行了研究，认为企业减排行为的策略选择与其单位碳减排成本密切相关，在两企业单位碳减排成本不断变化的情况下，会达到多种演化稳定均衡。

严明慧等（2014）以博弈理论为基础研究了碳排放权分配机制，建立了政府和两企业之间的主从斯塔克尔伯格博弈模型和企业之间的差异伯川德价格博弈模型，并将两者结合成一个二阶段博弈模型，对政府和企业的决策行为进行分析。卢艺芬（2014）以博弈论为基础，针对碳排放权分配激励机制，建立了三阶段动态博弈模型，研究了政府通过补贴和碳税机制促进企业进行设备更新与技术改造从而降低碳排放的问题。刘芳和刘琪（2015）基于对碳排放权交易制度的分析建立了碳排放权初始分配的拍卖机制，采用博弈论相关理论对我国碳排放权初始分配提出相应的对策和建议。

第三节　主要研究内容

本成果主要分为九章，内容结构安排如下：

第一章绪论，阐述了本书的选题背景和意义、国内外研究现状和研究内容，提出了本书研究的问题，以及本书主要的研究创新点、技术路线和研究方法，给出了本书总体结构安排。

第二章为本书中涉及的主要博弈研究理论的基础，简要地介绍了与本成果有关的博弈论的一般理论、差分寡头博弈、微分寡头博弈、随机微分寡头博弈、双向匹配寡头博弈等理论。

第三章介绍生态产权的基础理论，主要包括水权理论、排污权理论、碳排放权理论和用能权理论。

第四章主要是运用离散动力学的方法构建了一个嵌入用能权的寡头博弈模型，并研究了该博弈动力学模型的稳定性，最后从参数的吸引盆、分岔和混沌等角度进行了数值仿真。

第五章主要是运用微分博弈理论与方法研究了嵌入水权的寡头博弈问题，求得了静态纳什均衡、开环纳什均衡、无记忆闭环均衡、社会福利优化均衡等，并进行了数值仿真研究。

第六章主要是运用双边匹配博弈理论构建了一个嵌入碳排放权的寡头博弈模型，进行了阈值分析和边际均衡分析，最后进行了数值仿真，并提出了结论和相关建议。

第七章主要是运用随机微分博弈理论与方法构建了一个嵌入排污权的寡头博弈模型，并从无穷区间和固定区间两个方面分别求出它们的合作与非合作均衡解。

第八章主要是运用微分博弈理论与方法构建了一个嵌入碳排放权的跨界寡头博弈模型，分别求出无穷区间的对称与非对称情形下的合作解与非合作解。

第九章是研究结论与政策建议。

第四节　主　要　创　新

一、平衡生态环境公益与寡头企业私益的关系

就本质而言，生态保护的行为主体追求公益，而传统寡头企业等行为主体则追求个体利益，嵌入生态产权要素的寡头博弈模型恰恰可以让这两类原本相悖的价值理念有机融合在一起，搭建好连接经济行为和环境行为之间的桥梁，将因企业生产所造成的生态环境破坏的外部性成本内化为企业生产成本，倒逼寡头企业走洁净生产和绿色发展之路，有效推进生态保护、资源节约和污染减排。

二、多视角研究嵌入生态产权要素的寡头博弈

我们分别运用差分博弈、微分博弈、随机微分博弈和双向匹配博弈的理论与方法，从多个角度研究寡头企业考虑用能权、水权、碳排放权和排污权后的博弈机理，并运用数值仿真的方法演示嵌入生态产权要素的寡头

博弈的复杂性演化规律，进而集成设计更加合理的生态与产品市场机制，协调好企业生产与生态文明建设之间的结构性关系，从而促使整个国家的经济结构转型升级。

第五节　技　术　路　线

本书的主要研究内容、研究方法与技术路线如图1-1所示。

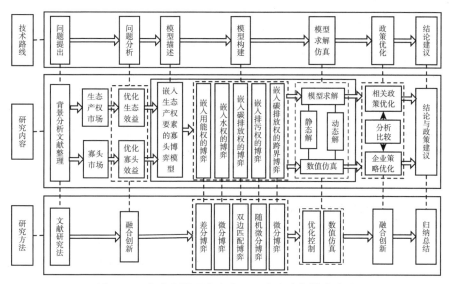

图1-1　本书主要研究内容、研究方法与技术路线

第六节　研　究　方　法

一、差分博弈研究方法

考虑到传统能源的不可再生性且新能源不断出现的威胁、能源价格与供应量均不连续、寡头企业的能源购买与消耗不一定同步以及寡头企业的能源购买量非连续这四个原因。确定采用差分博弈去抓住研究对象的本征，针对嵌入用能权的寡头博弈问题，进行建模、求解和数值仿真研究。

二、微分博弈的研究方法

（1）考虑到水资源是可以再生的、水的价格相对稳定且水权价格是近似连续的和寡头企业对水的购买与消耗一般是同步且连续的这三个原因。确定采用微分博弈去抓住研究对象的本征，针对嵌入水权的寡头博弈问题，进行了建模、求解和数值仿真研究。

（2）考虑到国际跨界污染问题是一个持续的连续时间问题、碳排放权的价格相对稳定且近似连续的这两个原因。确定采用微分博弈去抓住研究对象的本征，针对嵌入碳排放权的跨界寡头博弈问题，从无穷区间和固定区间两个方面进行了建模、合作解与非合作解的解析等方面的研究。

三、双边匹配博弈研究方法

主要考虑到寡头企业进行碳减排投资可以视为企业与技术的匹配问题，故运用双边匹配原理构建模型去抓住研究对象的本征。从理性决策的角度来看，寡头企业会趋向于选择最优的碳减排技术投资，同时碳减排技术供应商也会选择最优的合作者，从而会形成关于彼此的严格偏好序，根据 G－S 算法，可求得最佳匹配结果，形成稳定匹配。

四、随机微分博弈的研究方法

主要考虑到寡头企业的排污行为及排污权交易市场对其决策影响可以视为是连续的，并且也会受很多随机因素的影响。确定采用随机微分博弈去抓住研究对象的本征，针对嵌入排污权的寡头博弈问题，从无穷区间和固定区间两个方面进行了建模、合作解与非合作解的解析等方面的研究。

五、融合创新研究方法

将保护生态追求公益的主体行为与追求个体利益的主体行为融合为一体，将因企业生产所造成的生态环境破坏的外部性成本内化为企业生产成本，将寡头企业走洁净生产和绿色发展之路与有效推进生态保护、资源节约和污染减排融合在一起。

第二章　寡头博弈理论基础

本书所涉及的理论主要包括博弈论的相关理论、寡头博弈的相关理论、静态博弈的相关理论、动态博弈的相关理论等。博弈论是问题研究的方法和框架，在经济等众多领域有着广泛的应用，下面介绍一些本书用到的博弈论基本理论，主要来自伟和辛宝贵（Yu & Xin，2013），马洪宽（2015），傅登博格和吉恩（Fudenberg & Jean，1991），朱富强（2013），谢识予（1997），杨荣基、彼得罗相和李颂志（2007），张维迎（2012），罗斯（Ross，2006），冯·诺依曼（Von Neumann，1953），威布尔（Weibull，2009）等的文献。

第一节　博　弈　论

博弈即一些个人、队组或其他组织，面对一定的环境条件，在一定的规则下，同时或先后，一次或多次，从各自允许选择的行为或策略中进行选择并加以实施，并从中各自取得相应结果的过程。一个博弈需要涉及博弈方、策略（或行为）、次序、收益、规则和均衡六个方面。

博弈方也称博弈的参加者，是指博弈中选择行动以最大化自己效用的决策主体，可以是个人、企业、国家等。当这些群体或组织内部进行博弈时，就成为博弈方集，可以用 $I = \{1, 2, \cdots, n\}$ 来表示。有时引入"自然"作为"虚拟博弈方"，它在博弈的特定时点上以特定的概率随机选择行动。通常情况下，给定博弈方 i 之外的所有博弈方称为"博弈方的 i 的对手"，记为"$-i$"。

一般在博弈理论中假设博弈方选择策略或行为时是理性的。理性可分为完全理性和有限理性。如果一个博弈方有博弈所需要的一切分析能力，并且行为上不会犯失误等任何错误，称为该博弈方有完全理性。如果一个博弈方在分析、判断和行为上有任何一点失误，称这个博弈方存在有限理性（或称这个博弈方不是完全理性）。

在静态博弈中，策略和行为是相同的，因为作为博弈方行动的规则，策略依赖于博弈方获得的信息，因为在静态博弈中所有博弈方同时行动，没有任何人能获得他们行动的信息。在动态博弈中，策略和行为有一定的区别，策略是行动规则而不是行动本身。策略指博弈中存在博弈方给定信息集的情况下的特定行动规则，指导博弈方在博弈中每一阶段的行动。一般地，博弈方 i 每一个合乎规则的行动清单就是一个策略 s_i，博弈方 i 所有可选择的策略集合 $S_i = \{s_i\}$ 就称为博弈方 i 的策略空间；所有博弈方的一个策略所组成的有序集就称为一个策略组合或策略向量 $s = (s_1, s_2, \cdots, s_n)$，它是向量空间 $S = \Pi S_i$ 中的一点，后者称为策略组合空间。行为指博弈方在博弈的某个时点的决策变量。一般地，我们用 a_i 表示博弈方 i 的一个特定行动，博弈方 i 所有可选择的行动集合表示为 $A_i = \{a_i\}$，所有博弈方的行动的有序集合 $a = (a_1, a_2, \cdots, a_n)$ 称为"行动组合"。

次序在博弈中也是非常重要的一个要素，当存在多个独立决策方进行决策时往往涉及行动次序问题。如果博弈方同时选择行动称博弈是静态的，即静态博弈；如果博弈行动有先后，并且后行动者可以观察到前行动者的行动，并在此基础上采取对自己最有利的策略，就称为动态博弈。

收益指各博弈方每一种选择得到的策略组合所能带来的确定收益或者期望效用。博弈方 i 的收益记为 π_i，所有博弈方的收益组合就记为 $\pi = (\pi_1, \pi_2, \cdots, \pi_n)$。博弈方的收益不仅取决于自己的策略选择，也取决于其他所有博弈方的策略选择，因此博弈方 i 的收益可表示为 $\pi_i = \pi_i(s_1, s_2, \cdots, s_n)$。规定一个博弈必须对收益做出规定，收益可以是正值也可以是负值，它们是分析博弈的标准和基础。

规则是指博弈参与者、行动和博弈收益的总和。规则是一种人为的限制，对博弈参与者（行为主体）的限制，对行动空间（选择空间）的限制，并建立行动与结局（收益）之间的联系。

均衡是指所有博弈方选择最优策略所组成的一个策略组合，记为 $s^* = (s_1^*, s_2^*, \cdots, s_n^*)$，其中 s_i^* 是第 i 个博弈方在均衡情况下的最优策略。求解博弈，寻找博弈的均衡是博弈研究的重要内容，一个博弈可能存在一个均衡也可能存在多个均衡。

除了以上博弈的六要素之外，博弈还有一个重要的概念信息。信息是指博弈方所具有的博弈知识，特别是有关其他博弈方的特征和行动的知识。完美信息是指一个博弈方对其他博弈方（包括自然）的行动选择都有准确的了解，即每个信息集只包含一个值。完全信息是指自然不首先行动和自然的初始行动被所有博弈方准确观察到，即没有事前的不确定性。

第二节 差分动态博弈

一、古诺博弈

1838 年，古诺提出了"产量决策模型"，这是博弈论的一个早期数学模型，这个模型研究寡头市场。

（一）完全竞争的古诺模型

定义 2.1 一般情况下，我们将每个博弈方对其他博弈方所有策略的最佳反应构成的函数称为反应函数。

在该古诺模型中，每个厂商依据竞争对手既定产量选择最优产量。假设：

（1）在一个有 n 个竞争厂商的同质产品市场，市场反向需求函数为 $p(X)$；

（2）$X = \sum_{i=1}^{n} x_i$，x_i 是单个厂商的产量，厂商的成本函数为 $c_i(x_i)$；

（3）每个厂商在策略组合 $x = (x_1, x_2, \cdots, x_n)$ 下，相关利润函数为：
$$\pi_i(x) = x_i p(X) - c_i(x_i)$$

利润函数最大化：
$$\frac{\partial \pi_i(x)}{\partial x_i} = p(X) + x_i p'(X) - c_i'(x_i) = 0$$

$$\frac{\partial^2 \pi_i(x)}{\partial x_i^2} = 2p'(X) + x_i p''(X) - c_i''(x_i) \leq 0$$

由于 $X = \sum_{j \neq i} X_j + x_i$，因此 $\frac{\partial \pi_i(x)}{\partial x_i} = p(X) + x_i p'(X) - c_i'(x_i) = 0$ 可以视为 $\sum_{j \neq i} X_j = X - x_i$ 与 x_i 的隐函数，表示为 $x_i = R_i(X - x_i)$。该式表明任何厂商的最优产量都是其竞争对手的产量函数，称为反应函数。对于该博弈模型，联立反应函数求解，可得纳什均衡的产量。

在双寡头的模型中，企业 1 和企业 2 选择各自的产出水平 x_i，在市场出清价格 $p(X)$ 下售出产出，其中 $X = x_1 + x_2$。企业 i 的成本函数为 $c_i(x_i)$，企业 i 利润函数为 $\pi_i(x) = x_i p(X) - c_i(x_i)$。企业 2 的反应函数 $r_2(\cdot)$ 满足

$$p(x_1 + r_2(x_1)) + p'(x_1 + r_2(x_1))r_2(x_1) - c_2'(r_2(x_1)) = 0$$

两个反应函数 r_1 和 r_2 的交点是古诺模型的纳什博弈。

对于线性需求 $p(X) = \max(0, 1-X)$ 和对称成本 $c_i(q_i) = cq_i$，其中 $0 \leqslant c \leqslant 1$。企业 2 的反应函数为 $r_2(x_1) = \dfrac{1-x_1-c}{2}$；企业 1 的反应函数为 $r_1(x_2) = \dfrac{1-x_2-c}{2}$。纳什均衡满足 $x_2^* = r_2(x_1^*)$ 和 $x_1^* = r_1(x_2^*)$ 或 $x_1^* = x_2^* = \dfrac{1-c}{3}$。

（二）差异产品的古诺模型

在双寡头模型中，如果存在产品差异，但又能相互替代，两个企业面对的产品反向需求函数分别为

$$p_1(x_1, x_2) = \alpha_1 - \beta_1 x_1 - \gamma x_2$$
$$p_2(x_1, x_2) = \alpha_2 - \beta_2 x_2 - \gamma x_1$$

其中，α，β，$\gamma > 0$，共用一个 γ，表示交叉价格效应对两个厂商都是一样的。厂商的利润函数为

$$\pi_i(x_1, x_2) = x_i p_i(x_1, x_2) - c_i x_i$$

一阶条件为

$$\frac{\partial \pi_i}{\partial x_i} = p_i + x_i \frac{\partial p_i}{\partial x_i} - c_i'(x_1) = 0$$

代入需求函数，可求出 $x_i = A_i - B_i x_j$，$i = 1, 2$，$j \neq i$，其中，$A_i = \dfrac{\alpha_i - c_i}{2\beta_i} > 0$，$B_i = \dfrac{\gamma}{2\beta_i} > 0$。

两条反应曲线是向下倾斜的，两条反曲线的交点决定两厂商的产量

$$x_i^c = \frac{A_i - A_j B_i}{1 - B_i B_j}, \quad i = 1, 2, \ j \neq i$$

（三）不完全信息古诺模型

在不完全信息古诺模型中，我们假设厂商 1 的成本函数是共同知识，厂商 2 的成本函数只有自己知道；假设需求函数的逆函数为 $P = a - x_1 - x_2$，每个企业都有不变的单位成本。企业 i 的利润函数为：$R_i(x_1, x_2) = [(a - x_1 - x_2) - C_i]x_i$，$i = 1, 2$。

假设厂商 2 的成本函数具有两种可能性（高，低），其中高成本 C_H 的概率为 θ，低成本 C_L 的概率为 $(1-\theta)$，这些为厂商 1 所知。显然，厂商 2 在高成本时会选择低产量，在低成本时会选择高产量；而厂商 1 在做自己的产量决策时也会考虑到厂商 2 的这种行为。

高成本的厂商 2 的最佳产量 $x_2^*(C_H)$ 满足：$\max\limits_{x_2}[a - x_1^* - x_2 - C_H]x_2$；

低成本的厂商 2 的最佳产量 $x_2^*(C_L)$ 满足：$\max\limits_{x_2}[a - x_1^* - x_2 - C_L]x_2$；

厂商 1 的最佳产量 x_1^* 满足：$\max\limits_{x_1}\{\theta[a - x_1 - x_2^*(C_H) - C_1]x_1 + (1 - \theta)$ $[a - x_1 - x_2^*(C_L) - C_1]x_1\}$。

上述三个方程的最大化一阶条件为：

$$x_2^*(C_H) = \frac{a - x_1^* - C_H}{2}$$

$$x_2^*(C_L) = \frac{a - x_1^* - C_L}{2}$$

$$x_1^*(C_1) = \frac{1}{2}\{\theta[a - x_2^*(C_H) - C_1] + (1 - \theta)[a - x_2^*(C_L) - C_1]\}$$

以上三个方程联立方程组，解得：

$$x_2^*(C_H) = \frac{a - 2C_H + C_1}{3} + \frac{1 - \theta}{6}(C_H - C_L)$$

$$x_2^*(C_L) = \frac{a - 2C_L + C_1}{3} - \frac{\theta}{6}(C_H - C_L)$$

$$x_1^*(C_1) = \frac{a - 2C_1 + \theta C_H + (1 - \theta)C_L}{3}$$

以上为不完全信息下古诺模型的贝叶斯均衡。

如果 $C_H = C_L = C_2$，那么上述均衡也就是完全信息的古诺竞争的纳什均衡解。在完全信息下，有

$$x_i^*(C_i) = \frac{a - 2C_i + C_j}{3}$$

因此，在不完全信息下，高成本厂商的产量 $x_2^*(C_H)$ 要高于完全信息下的 $\dfrac{a - 2C_H + C_1}{3}$，而低成本厂商的产量 $x_2^*(C_L)$ 要低于完全信息下的 $\dfrac{a - 2C_L + C_1}{3}$。事实上，有

$$\frac{a - 2C_H + C_1}{3} < x_2^*(C_H) < x_2^*(C_L) < \frac{a - 2C_L + C_1}{3}$$

在不完全信息下，均衡解发生了变化，此时有表明产量与边际成本呈反向关系的公式如下：

$$x_2^*(C_L) - x_2^*(C_H) = (C_H - C_L)/2 > 0$$

二、伯川德博弈

寡头之间更多的是进行价格竞争，进行产量竞争的情况较少，当一个

厂商降低产品价格时，其他厂商如果不降低价格，则降低价格的厂商立刻就能吸引较多的顾客，占据加大的市场份额。伯川德（Bertrand）在 1883 年提出了另一个垄断竞争的模型。

（一）完全竞争的伯川德模型

伯川德模型的前提条件是每个厂商采取的是价格竞争。假设：存在 n 个市场同质产品的厂商，总需求函数为 $X = X(p)$，各厂商的向量为 $P = (p_1, p_2, \cdots, p_n)$，厂商 i 面对一个不连续的需求函数

$$x_i(p) = \begin{cases} X(p_i), & p_i < q_i \\ X(p_i)/k, & p_i = q_i \\ 0, & p_i > q_i \end{cases}$$

其中，$q_i = \min\{p_j \mid j \neq i\}$，$k$ 是定价为 q_i 的厂商个数。

如果厂商定的价格比其他所有对手都低，将获得全部市场；若与其他厂商共同制定市场最低价，将共同分享市场；而如高于其中一家厂商的价格，它的需求量就为零。

第一，各厂商具有相同的边际成本 c，那么纳什均衡就是 $p_i^* = c(i = 1, 2, \cdots, n)$，这也是伯川德—纳什均衡。因此，对市场上任一高于边际成本的价格 p'，任一厂商都可以以稍低于 p' 的价格获得整个市场；而对于市场上任一高于边际成本的价格 p''，都会使每个厂商亏损。

第二，考虑存在成本差异，假设 $c_1 < c_2 \leqslant \cdots \leqslant c_n$，那么根据厂商 1 的垄断价格（即在没有考虑其他竞争对手的情况下将制定的独占价格）p_1^m，纳什均衡将有所不同。

如果 $p_1^m \geqslant c_2$，则纳什均衡为：$p_1^* = c_2$，即以产量 $X(c_2)$ 占领整个市场，而其他厂商产量为零。因为，当 $p_1' < c_2$ 时，这时其他厂商无法参与竞争，因此厂商 1 可以提高价格以增加利润；当 $p_1' > c_2$ 时，则至少厂商 2 会加入竞争，两个厂商都有独占整个市场的动机，从而使价格下降到 c_2。

如果 $p_1^m \leqslant c_2$，则其他厂商无法与厂商 1 竞争，厂商 1 将制定一个利润最大化的价格 p_1^m。

（二）差异产品的伯川德模型

假设在双寡头模型中，存在产品差异，又能相互替代，那么它们面对产品的反需求函数分别为：

$$x_1(p_1, p_2) = a_1 - b_1 p_1 - \delta p_2$$
$$x_2(p_1, p_2) = a_2 - b_2 p_2 - \delta p_1$$

其中，a，b，$\delta > 0$。因此，利润函数为：$\pi_i(p_1, p_2) = p_i x_i(p_1, p_2) -$

$c_i(x_i)$。一阶条件为：$\dfrac{\partial \pi_i}{\partial p_i} = x_i(p_1,\ p_2) = p_i\dfrac{\partial x_i}{\partial p_i} - c_i'\dfrac{\mathrm{d}x_i}{\mathrm{d}p_i} = 0$，$c_i'$为边际成本。

代入需求函数，可求得反应函数：$p_i = E_i + F_i x_j$，$i = 1,\ 2$，$j \neq i$，其中，$E_i = \dfrac{a_i + b_i c_i'}{2b_i} > 0$，$F_i = \dfrac{\delta}{2b_i} > 0$。

反应曲线是向上倾斜的，意味着伯特兰德竞争厂商是策略互补关系。

两条反应曲线的交点决定两厂商的定价：$p_i^c = \dfrac{E_i + E_j F_i}{1 - F_i F_j}$，$i = 1,\ 2$，$j \neq i$。

在这种情况下寡头厂商得到的利润低于古诺均衡中的利润，因此它的竞争更加激烈。

第三节　微 分 博 弈

在一个 n 人微分博弈 $G(N,\ x(t),\ a(t))$ 中，任取 $i \in N$，博弈方 i 要使自己的收益最大，即

$$\max \int_{t_0}^{t} L_i(x(t),\ a_i(t),\ a_{-i}(t))\mathrm{d}t + g_i(x(T))$$

其中，$L_i(\cdot) \geq 0$，$g_i(\cdot) \geq 0$，且

$$\begin{cases} \dot{x} = f(t,\ x,\ a_1,\ a_2,\ \cdots,\ a_n) \\ x(t_0) = x_0 \end{cases}$$

定义 2.2　如果对于任意一个博弈方 $i(i = 1,\ 2,\ \cdots,\ n)$，任取 $a_{ij}(\cdot) \in S_i$ 有

$$\int_{t_0}^{T} L_i(x^*(t),\ a_i^*(t),\ a_{-i}^*(t))\mathrm{d}t + g_i(x^*(T))$$

$$\geq \int_{t_0}^{T} L_i(x_{ij}(t),\ a_{ij}(t),\ a_{-i}^*(t))\mathrm{d}t + g_i(x_{ij}(T))$$

$$\begin{cases} \dot{x}^* = f(t,\ x^*,\ a_i^*,\ a_{-i}^*) \\ x^*(t_0) = x_0 \end{cases}$$

$$\begin{cases} \dot{x}_{ij} = f(t,\ x_{ij},\ a_{ij},\ a_{-i}^*) \\ x_{ij}(t_0) = x_0 \end{cases}$$

则 $(a_1^*(t),\ a_2^*(t),\ \cdots,\ a_n^*(t))$ 为该微分博弈的一个均衡。

动态博弈中，时间区间 $[t_0,\ T]$ 里的任一时刻 t，博弈方都有可能得到状态信息，可以用时刻 t 的一个函数 $I^i(t)$ 表示。

定义 2.3　如果博弈方选择在博弈开始时就指定自己的策略路径，可认

为局中人的信息结构是开环型，即任取 $i \in N$，$I^i(t) = \{x_0\}$，$t \in [t_0, T]$。

在开环信息结构的博弈中，博弈方 i 的策略是时间 t 和初始状态 x_0 的函数 $a_i(t) = a_i(t, x_0)$，即只依赖博弈的初始状态和时间，不依赖其他因素。

定义 2.4　在开环型信息结构下，对 n 人微分博弈 $G(N, x(t), a(t))$，如果任取 $i \in N$，存在共态函数 $p_i(t)：[t_0, T] \to R^k$ 使得

$$a_i^*(t) = a_i^*(t, x_0)$$
$$= \arg\max_{a_i \in S_i} \{f[t, x^*(t), a_i(t), a_{-i}^*(t)] \cdot p_i(t)$$
$$+ L_i[t, x^*(t), a_i(t), a_{-i}^*(t)]\}$$
$$\begin{cases} \dot{x}^* = f(t, x^*(t), a^*(t)) \\ x^*(t_0) = x_0 \end{cases}$$
$$\dot{p}_i(t) = -\frac{\partial}{\partial x^*}\{f[t, x^*(t), a_i(t), a_{-i}^*(t)] \cdot p_i(t)$$
$$+ L_i[t, x^*(t), a_i(t), a_{-i}^*(t)]\}$$
$$p_i(t) = \frac{\partial}{\partial x^*}\{g_i[x^*(T)]\}$$

则策略组合 $(a_1^*(t), \cdots, a_n^*(t))$（其中 $a_i^*(t) = a_i^*(t, x_0)$）构成 n 人微分博弈 $G(N, x(t), a(t))$ 的一开环纳什均衡，$(x^*(t), t_0 \leqslant t \leqslant T)$ 为相应的均衡路径。

定义 2.5　如果博弈方的信息结构形式为：任取 $i \in N$，$I^i(t) = \{x_0, x(t)\}$，$t \in [t_0, T]$，这种形式称为无记忆完美状态（简记 MPS）。这时，博弈方 i 的策略路径是时间 ι、初始状态 x_0 以及目前状态 $x(t)$ 的函数 $a_i(t) = a_i(t, x_0, x(t))$。

定义 2.6　在无记忆完美状态信息结构下，对 n 人的微分博弈 $G(N, x(t), a(t))$，如果任取 $i \in N$，存在共态函数 $p_i(t)：[t_0, T] \to R^k$ 使得

$$a_i^*(t) = a_i^*(t, x_0, x^*(t))$$
$$= \arg\max_{a_i \in S_i} \{f[t, x^*(t), a_i(t), a_{-i}^*(t)] \cdot p_i(t)$$
$$+ L_i[t, x^*(t), a_i(t), a_{-i}^*(t)]\}$$
$$\begin{cases} \dot{x}^* = f(t, x^*(t), a^*(t)) \\ x^*(t_0) = x_0 \end{cases}$$
$$\dot{p}_i(t) = -\frac{\partial}{\partial x^*}\{f[t, x^*(t), a_i(t), a_{-i}^*(t)] \cdot p_i(t)$$
$$+ L_i[t, x^*(t), a_i(t), a_{-i}^*(t)]\}$$

$$p_i(t) = \frac{\partial}{\partial x^*}\{g_i[x^*(T)]\}$$

则策略组合 $(a_1^*(t), \cdots, a_n^*(t))$（其中 $a_i^*(t) = a_i^*(t, x_0, x^*(t))$）构成 n 人微分博弈 $G(N, x(t), a(t))$ 的一闭环无记忆纳什均衡，$(x^*(t), t_0 \leqslant t \leqslant T)$ 为相应的均衡路径。

定义 2.7 如果博弈方的信息结构形式为，任取 $i \in N$，$I^i(t) = \{x(t)\}$，$t \in [t_0, T]$，则这种形式称为闭环完美状态（简记 CLPS）。

定义 2.8 对具有 MPS 信息结构或 CLPS 信息结构的 n 人微分博弈 $G(N, x(t), a(t))$，如果对任一博弈方 $i(i = 1, 2, \cdots, n)$ 存在函数 $v_i(t, x): [t_0, T] \times R^k \to R$，有

$$v_i(t, x) = \int_t^T L_i(x^*(\tau), a_i^*(\tau), a_{-i}^*(\tau))d\tau + g_i(x^*(T))$$

$$\geqslant \int_t^T L_i(x_{ij}(\tau), a_{ij}(\tau), a_{-i}^*(t))d\tau + g_i(x_{ij}(T))$$

$$v_i(T, x) = g_i(x)$$

$$\begin{cases} \dot{x}^* = f(t, x^*, a_i^*, a_{-i}^*) \\ x^*(t_0) = x_0 \end{cases}$$

$$\begin{cases} \dot{x}_{ij} = f(t, x_{ij}, a_{ij}, a_{-i}^*) \\ x_{ij}(t_0) = x_0 \end{cases}$$

则 $(a_1^*(t), \cdots, a_n^*(t))$ 为该博弈的一个反馈纳什均衡（其中 $a_i^*(t) = a_i^*(t, x^*(t))$），反馈均衡只依赖目前的时刻和目前的状态。

定理 2.1 对于有 MPS 信息结构或 CLPS 信息结构的 n 人微分博弈 $G(N, x(t), a(t))$，如果对任一博弈方 $i(i = 1, 2, \cdots, n)$，存在连续可微的函数 $v_i(t, x): [t_0, T] \times R^k \to R$，使得

$$\frac{\partial}{\partial t}[v_i(t, x)] = \max_{a_i} \left\{ L_i(t, x^*(t), a_i(t, x), a_{-i}^*(t, x)) + \frac{\partial}{\partial x}[v_i(t, x)] \right.$$

$$\left. \cdot f(t, x^*(t, x), a_i(t, x), a_{-i}^*(t, x)) \right\}$$

$v_i(T, x) = g_i(x)$，则 $(a_1^*(t), a_2^*(t), \cdots, a_n^*(t))$ 为该微分博弈的一个反馈纳什均衡。

对于非合作微分博弈一般需求解开环纳什均衡或闭环无记忆纳什均衡抑或反馈纳什均衡。但是非合作微分博弈没有考虑社会整体最优，需要合作微分博弈来分析集体最优的合作问题。

定义 2.9 对于 $\langle N, v, x, t \rangle$ 为合作微分博弈，定义特征函数 $v(M,$

x, t) 为联盟 $M(M \subseteq N)$ 能获得的最大收益。如果向量 $\pi(x, t) = (\pi_1(x, t), \pi_2(x, t), \cdots, \pi_n(x, t))$ 满足

(1) $\pi_i(x, t) \geqslant v(\{i\}, x, t)$, $i \in N$;

(2) $\sum\limits_{i \in N} \pi_i(x, t) = v(N, x, t)$。

则称向量 $\pi(x, t)$ 为博弈 $\langle N, v, x, t \rangle$ 的一个分配，$\pi_i(x, t)$ 为博弈方 i 在这个分配中得到的量。博弈 $\langle N, v, x, t \rangle$ 的所有分配的全体构成该博弈的分配集，记为

$$I_v(x, t) = \{(\pi_1, \pi_2, \cdots, \pi_n) \mid \pi_i \geqslant v(\{i\}, x, t), i = 1, 2, \cdots, n;$$
$$\sum\limits_{i \in N} \pi_i = v(N, x, t)\}$$

定义 2.10　设向量 $\pi(x, t) = (\pi_1(x, t), \pi_2(x, t), \cdots, \pi_n(x, t))$ 和向量 $\mu(x, t) = (\mu_1(x, t), \mu_2(x, t), \cdots, \mu_n(x, t))$ 分别是博弈 $\langle N, v, x, t \rangle$ 的分配。如果存在联盟 M，使得

(1) $\pi_i(x, t) \geqslant \mu_i(x, t)$, $i \in M$;

(2) $\sum\limits_{i \in M} \pi_i(x, t) \leqslant v(M, x, t)$。

则称分配 $\pi(x, t)$ 关于联盟 M 优超分配 $\mu(x, t)$，记为 $\pi(x, t) \underset{M}{>} \mu(x, t)$。如果存在联盟 M 使得 $\pi(x, t) \underset{M}{>} \mu(x, t)$，但是不存在联盟 M，使得 $\mu(x, t) \underset{M}{>} \pi(x, t)$，则称分配 $\pi(x, t)$ 优超分配 $\mu(x, t)$，记为 $\pi(x, t) > \mu(x, t)$。

定义 2.11　在博弈 $\langle N, v, x, t \rangle$ 中，如存在分配 $\varphi^v(x, t) = (\varphi_1^v(x, t), \varphi_2^v(x, t), \cdots, \varphi_n^v(x, t))$，其中

$$\varphi_i^v(x, t) = \sum\limits_{M \in N-\{i\}} \frac{(n-|M|-1)! \, |M|!}{n!} [v(M \cup \{i\}, t, x)$$
$$- v(M, t, x)], i = 1, 2, \cdots, n$$

则称 $\varphi_i^v(x, t)$ 为博弈方 i 的夏普利值。

第四节　随机微分博弈

在一个 n 人随机微分博弈 $G(N, x(t), a(t))$ 中，任取 $i \in N$，博弈方 i 要使自己的收益最大，即要

$$\max \int_{t_0}^{t} L_i(x(t), a_i(t), a_{-i}(t)) \mathrm{d}t + g_i(x(T))$$

其中，$L_i(\cdot)\geq 0$，$g_i(\cdot)\geq 0$，且

$$\begin{cases} \dot{x} = f(t, x, a_1, a_2, \cdots, a_n) + \sigma(t, x, a_1, a_2, \cdots, a_n) \\ x(t_0) = x_0 \end{cases}$$

定义 2.12　称 $H(t, x(t), a(t), p(t)) = -L(t, x(t), a(t)) + p(t) \cdot f(x(t), a(t))$ 为哈密尔顿函数，方程组

$$\begin{cases} \dot{p} = -\dfrac{\partial H}{\partial x} \\ \dot{x} = \dfrac{\partial H}{\partial p} \end{cases}$$

称为哈密顿正则方程组。

定义 2.13　值函数 $v(x, t)$ 是在时刻 t，点 x 开始的可能的最大收益，即

$$v(x, t) = \max_{a(\cdot)} u_{x,t}[a(\cdot)]$$

则值函数 $v(x, t)$ 有终点条件 $v(x, T) = g(x)$。当值函数 $v(x, t)$ 是 (x, t) 的连续可微函数时，其终点条件为 $v(x, T) = g(x)$ 的非线性偏微分方程的解，非线性偏微分方程如下

$$v_t(x, t) + \max_{a \in A}[f(x, a)\nabla_x v(x, t) + L(x, a)] = 0$$

该方程称为哈密顿—雅克比—贝尔曼方程，简记为 HJB。

对于双寡头的随机微分博弈模型，存在两个博弈参与人记为 i，即寡头企业 1 和寡头企业 2，在建立模型前进行如下假设：

（1）$q_i(t)$ 是博弈方 $i(i=1, 2)$ 在时间 $t \in [0, T]$ 的产量，$e_i(t) = h_i(q_i(t))$ 是博弈方 $i(i=1, 2)$ 在产量 $q_i(t)$ 时不合规的产量，$r_i(q_i(t))$ 为博弈方 $i(i=1, 2)$ 产量为 $q_i(t)$ 时的净收入。

（2）$h_i(q_i(t))$ 是严格递增函数，即 $\dfrac{\mathrm{d}(h_i(q_i(t)))}{\mathrm{d}q} > 0$，因此可以记 $r_i(q_i(t)) = r_i(h_i^{-1}e_i(t))$ 以及 $R_i(e_i(t)) = r_i(h_i^{-1}e_i(t))$。

（3）$R_i(e_i(t))$ 是关于 $e_i(t)$ 递增的凹函数，即 $R_i'(e_i) \geq 0$，$R_i''(e_i) \geq 0$，$R_i(0) = 0$。$D_i(s(t))$ 是关于 $s(t)$ 的严格递增凸函数，$s(t)$ 是不合规产量市场存量，$D_i(s(t))$ 是 $s(t)$ 给博弈方 i 带来的成本。

（4）$\mu \geq 0$ 是常数，表示两个寡头企业不合规产量的边际影响，$\varepsilon > 0$ 是自然损耗率，$\sigma \geq 0$ 为常数，代表了不可预知因素的影响，$W(t)$ 表示维纳过程。

（5）博弈双方在没有达成协议的情况下，博弈方 i 会单独采取行动以实现自己的期望收益最大化。

根据以上假设，可以得出固定期限内双寡头企业关于不合规产量的随机微分博弈模型。非合作微分博弈模型如下：

$$J_i = \max_{e_i} E\{\int_0^\infty e^{-rt}(R_i(e_i(t)) - D_i(s(t)))\mathrm{d}t\}, i = 1, 2$$

$$\text{s. t.}\begin{cases} \mathrm{d}s(t) = (\mu(e_1(t) + e_2(t) - \varepsilon s(t))\mathrm{d}t + \sigma s(t)\mathrm{d}B(t)) \\ s(0) = s_0 \end{cases}$$

其中，s_0 是时刻 $t=0$ 时最初的不合规产量存量，r 为贴现率，e^{-rt} 是贴现因子。我们把上式构成的非合作随机微分博弈记为 $\Gamma(s_0, \infty - 0)$，并把与上式结构相同，开始时间为 $\tau \in [0, \infty)$，开始状态为 $s(\tau) = s_\tau \in S$ 的非合作微分博弈记为 $\Gamma(s_\tau, \infty - \tau)$。博弈双方在没有达成协议的情况下，博弈方 i 会单独采取行动以实现自己的期望收益最大化，表示如下：

$$J_1 = \max_{e_1} E(\int_0^\infty e^{-rt} R_1(e_1(t))\mathrm{d}t)$$

$$J_2 = \max_{e_2} E\{\int_0^\infty e^{-rt}(R_2(e_2(t)) - D_2(s(t)))\mathrm{d}t\}$$

合作微分博弈模型如下：

$$J_1 + J_2 = \max_{e_1 + e_2} E\{\sum_{i=1}^2 \int_0^\infty e^{-rt}(R_i(e_i(t)) - D_i(s(t)))\mathrm{d}t\}$$

$$\text{s. t.}\begin{cases} \mathrm{d}s(t) = (\mu(e_1(t) + e_2(t) - \varepsilon s(t))\mathrm{d}t + \sigma s(t)\mathrm{d}B(t)) \\ s(0) = s_0 \end{cases}$$

上式构成的合作随机微分博弈记为 $\Psi(s_0, \infty - 0)$，并把与上式结构相同，开始时间为 $\tau \in [0, \infty)$，开始状态为 $s(\tau) = s_\tau \in S$ 的合作微分博弈记为 $\Psi(s_\tau, \infty - \tau)$。

一、非合作随机微分博弈求解

定义 2.14　当状态变量 $s(t) = s_t$，非合作随机微分博弈 $\Gamma(s_\tau, \infty - \tau)$ 的纳什均衡的值函数，即博弈方 i 在时间 $[t, \infty)$ 内期待收益的实值函数如下：

$$V^{(\tau)i}(s, s_t) = E\{\int_t^\infty e^{-r(y-\tau)}(R_i(e_i(y)) - D_i(s(y)))\mathrm{d}y\},$$

$$\tau \in [0, \infty), t \in [\tau, \infty), i = 1, 2$$

定理 2.2　如果存在连续方程 $V_i(s): R \to R$，$i = 1, 2$ 以及连续导数 $V_i'(s)$，$V_i''(s)$，$i = 1, 2$ 满足下列哈密顿—雅克比—贝尔曼方程：

$$rV_i(s) - \frac{\sigma^2 s^2}{2}V_i''(s) = \max_{e_i}\{a_i e_i(t) - \left(\frac{1}{2}\right)e_i^2(t) - \left(\frac{1}{2}\right)\beta_i s^2(t)$$

$$+ V_i'(s)(\mu(e_i(t) + \phi_j^*(t)) - \varepsilon s(t))\}$$

则策略组合 $\{\phi_1^*(t), \phi_2^*(t)\}$ 是博弈 $\Gamma(s_0, \infty - 0)$ 的反馈纳什均衡。其中，$\phi_j^*(t)$，$j = 1, 2$ 是博弈方 j 的最优控制。

定理 2.3 如果上述条件都满足，该博弈的反馈纳什均衡为

$$e_1^N(t) = \alpha_1$$

$$e_2^N = \alpha_2 + \mu V_2'(s) = \alpha_2 + (A_2 s + B_2)$$

其中，

$$A_2 = \frac{(r + 2\varepsilon - \sigma^2) - \sqrt{(r + 2\varepsilon - \sigma^2)^2 + 4\beta_2 \mu^2}}{2\mu^2} < 0$$

$$B_2 = \frac{(\alpha_1 + \alpha_2)\mu A_2}{r + \varepsilon - \mu^2 A_2} < 0$$

非合作随机微分博弈中每个参与者的收益表示为

$$W_1^N = V_1(s_0) = \alpha_1^2 / 2r$$

$$W_2^N = V_2(s_0) = (1/2) A_2 s_0^2 + B_2 s_0 + C_2$$

其中，$C_2 = \dfrac{\alpha_2^2 + 2\mu\alpha_1 B_2 + 2\mu\alpha_2 B_2 + \mu^2 B_2^2}{2r}$。

定理 2.4 非合作随机微分博弈反馈纳什均衡下期待存量和极限满足

$$Es(t) = s_0 e^{(\mu^2 A_2 - \varepsilon)t} + \frac{\mu\alpha_1 + \mu\alpha_2 + \mu^2 B_2}{\varepsilon - \mu^2 A_2}(1 - e^{(\mu^2 A_2 - \varepsilon)t})$$

$$\lim_{t \to \infty} Es(t) = \frac{\mu\alpha_1 + \mu\alpha_2 + \mu^2 B_1}{\varepsilon - \mu^2 A_2}$$

二、合作随机微分博弈求解

定理 2.5 如果存在连续方程 $W_i(s)$：$R \to R$，$i = 1, 2$ 以及连续导数 $W_i'(s)$，$W_i''(s)$，$i = 1, 2$ 满足下列哈密顿—雅克比—贝尔曼方程：

$$rW(s) - (\sigma^2 s^2 / 2) W''(s) = \max_{e_1, e_2} \left\{ \sum_{i=1}^{2} (\alpha_i e_i(t) - \frac{1}{2} e_i^2(t) - \frac{1}{2} \beta_i s^2(t)) \right.$$

$$\left. + W'(s)(\mu(e_i(t) + \varphi_j^*(t)) - \varepsilon s(t)) \right\}$$

则策略组合 $\{\varphi_1^*(t), \varphi_2^*(t)\}$ 是博弈 $\Psi(s_0, \infty - 0)$ 的帕累托最优解。

定理 2.6 合作随机微分博弈 $\Psi(s_0, \infty - 0)$ 的帕累托最优解如下

$$e_i = \alpha_i + \mu W'(s) = \alpha_i + \mu(as + b), \quad i = 1, 2$$

其中，

$$a = \frac{(r + 2\varepsilon - \sigma^2) - \sqrt{(r + 2\varepsilon - \sigma^2)^2 + 8\mu^2(\beta_1 + \beta_2)}}{4\mu^2} < 0$$

$$b = \frac{\mu(\alpha_1 + \alpha_2)a}{r + \varepsilon - 2\mu^2 a} < 0$$

合作微分博弈的值函数为 $W^C(s) = (1/2)as^2 + bs + c$，其中

$$c = \frac{(\alpha_1 + \mu b)^2 + (\alpha_2 + \mu b)^2}{2r} > 0$$

定理 2.7　合作随机微分博弈 $\Psi(s_0, \infty - 0)$ 帕累托下最优解下的存量和极限满足

$$Es^C(t) = s_0 e^{(2\mu^2 a - \varepsilon)t} + \frac{\mu\alpha_1 + \mu\alpha_2 + 2\mu^2 a}{\varepsilon - \mu^2 a}(1 - e^{(2\mu^2 a - \varepsilon)t})$$

$$\lim_{t \to \infty} Es^C(t) = \frac{\mu\alpha_1 + \mu\alpha_2 + 2\mu^2 b}{\varepsilon - 2\mu^2 a}$$

第五节　匹配理论概述

双边匹配起源于婚姻稳定匹配（Lauermann & Nöldeke，2014）、大学录取问题（Gale & Shapley，1962）和市场共同利益与冲突问题（Roth，1985）。双边匹配在社会实际中应用广泛，例如，婚姻匹配问题（Lauermann & Nöldeke，2014）、医学院毕业生与医院的匹配问题（Roth，1986）、电子中介在电子商务交易中的匹配问题（蒋忠中等，2010；Jung & Jo，2000）、二手房买卖市场中匹配问题（梁海明和姜艳萍，2015；樊治平和陈希，2009）、风险投资中的匹配问题（Sørensen，2007）等。

一、阈值理论

阈值原意为临界值，是指在两个相关的经济要素中，一个经济要素对另一个经济要素能够产生影响或变化所需的最小变化量或变化幅度。从经济学角度讲，一个经济要素的确定，通常是与多种与之相关的要素之间相互作用、相互影响的结果，而这种结果通常表现为一种均衡状态。受外界环境等影响，要素会发生变化，当其中一种要素的变化幅度不足以打破这种均衡时，均衡便会维持现状，而打破原有均衡所需要的最小变化量，我们称之为"阈值"。打破均衡状态所产生的效应称为阈值效应。经济学家在运用数学方法分析经济问题时，常会分析多种经济要素之间的相互关

系，并建立某种函数关系，用数学概念表示为：设经济要素 y 为 x 的函数，如果 $\Delta x < \Delta x^*$ 时，y 值不变；只有当 $\Delta x \geq \Delta x^*$ 时，y 值才有相应的变化量 Δy，则 Δx^* 定义为 x 影响 y 变化的阈值。以此为基础，建立各种数学模型并对其进行求解分析，以便找出其中的内在联系和规律。

假设市场上存在两个生产制造商 A_1，$A_2 \in A$，同时竞争几项投资项目 $\{B_j\}$，$j = 1, 2, \cdots, n$，并且每个制造商的投资项目数不少于 1 个，且 $n \geq 2$。在生产时间间隔 $T = \{T_1, T_2, \cdots\}$ 内，给出阈值约束 $\Gamma_i \in [0, 1]$，生产制造商的最大产能范围 $S_i \in [0, 1]$。根据两制造商序值偏好与阈值关系得出如图 2-1 所示关系图（Azevedo，2014）。

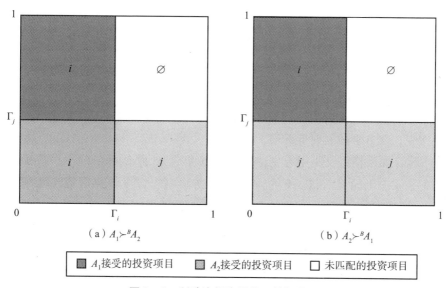

（a）$A_1 \succ^B A_2$　　　　（b）$A_2 \succ^B A_1$

| ■ A_1接受的投资项目 | ■ A_2接受的投资项目 | □ 未匹配的投资项目 |

图 2-1　制造商投资阈值—偏好关系

图 2-1 中，符号 $\succ^B$ 表示偏好。图 2-1（a）中 $A_1 \succ^B A_2$ 表示偏好于制造商 A_1 的投资项目，图 2-1（b）中 $A_2 \succ^B A_1$ 表示偏好于制造商 A_2 的投资项目。横坐标、纵坐标分别表示制造商 A_1、A_2 投资可能性。

在均衡状态下，制造商 A_1 的产能和阈值 Γ_i，Γ_j 的关系可用函数表示为：$S_i = \Gamma_i(2 - \Gamma_j)$。其中，如图 2-1（a）中"■"阴影部分面积 $1 \cdot \Gamma_i$ 表示偏好于制造商 A_1 同时被制造商 A_2 接受的投资项目；如图 2-1（b）中"■"阴影部分面积 $\Gamma_i(1 - \Gamma_j)$ 表示偏好于制造商 A_2 但被制造商 A_1 接受的投资强项目。上式表示在市场出清状态下，存在与产能 S_i 相关的唯一确定的阈值 Γ_i，从而根据双边匹配原理（基本原理在下文中给出）可得稳定匹配的存在性。

二、G‐S算法理论

G‐S算法是一种"请求—响应"的循环算法，也称为延迟接受算法。为了便于研究，先定义基本符号：在匹配过程中会存在两组互不相交的组合，设甲方主体集合为 $A = \{A_1, A_2, \cdots, A_m\}$，$m \geqslant 2$，且 $A_i(i = 1, 2, \cdots, m)$ 表示第 i 个甲方主体；乙方主体集合为 $B = \{B_1, B_1, \cdots, B_n\}$，$n \geqslant 2$，且 $B_j(j = 1, 2, \cdots, n)$ 表示第 j 个乙方主体。为便于研究，假设 $m \leqslant n$，记 $M = \{1, 2, \cdots, m\}$，$N = \{1, 2, \cdots, n\}$。假设双方主体均会对彼此产生严格偏好序，甲方主体 A_i 关于乙方主体 B 的偏好序值向量集合用 $R_i = \{r_{i1}, r_{i2}, \cdots, r_{in}\}$ 表示，其中，$r_{ij}(r_{ij} \in N)$ 表示甲方主体 A_i 把乙方主体放在第 r_{ij} 位；同理，乙方主体 B_j 关于甲方主体 A 的偏好序值向量集合用 $T_{ij} = \{t_{1j}, t_{2j}, \cdots, t_{mj}\}$ 表示，$t_{ij}(t_{ij} \in M)$ 表示乙方主体 B_j 把甲方主体放在第 t_{ij} 位。则 G‐S算法的基本执行过程如下：

S_1：甲方主体 A_i 按偏好序集合 R_i 向乙方主体提出匹配的请求，则受到请求的乙方主体会根据其偏好序集合 T_{ij} 选择接受或者拒绝甲方请求。如果接受，双方形成暂时匹配对。

S_2：如果拒绝，则甲方主体按偏好序集合 R_i 降低标准向下一位提出匹配请求，上轮没有被拒绝的甲方主体向同一乙方主体再次提出匹配请求。收到超过一份匹配请求的乙方主体从收到的甲方主体中选择其所偏爱的，拒绝其他的。

……

S_n：到最后，所有甲方主体都可以按其偏好序找到其匹配对象，从而形成稳定匹配，算法结束。

双边匹配原理如图 2‐2 所示。虚线表示匹配双方可能存在的所有匹配情况，实线表示其最优匹配结果。

三、双边匹配理论（Azevedo，2014；Teo et al.，2001）

结合 G‐S算法中给出的关于甲乙双方主体的符号定义，界定双边匹配为一一映射 μ：$A \cup B \rightarrow A \cup B$，且对于 $\forall A_i \in A$，$\forall B_j \in B$ 满足以下条件：

（1）对 $\forall A_i \in A$，$\exists \mu(A_i) \in B$，表示甲方主体 A_i 与 B 中的某一乙方主体 B_j 匹配；

（2）对 $\forall B_j \in B$，$\exists \mu(B_j) \in A \cup \{B_j\}$，表示乙方主体 B_j 与某一甲方主体或者自身相匹配，其中 $\mu(B_j) \in B$ 表示 B_j 未完成匹配；

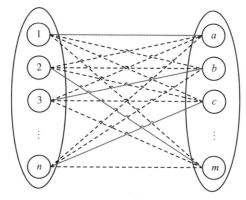

图 2 - 2 双边匹配原理

说明：图中实线部分表示稳定匹配对，虚线部分表示所有可能的不稳定匹配对。

（3）当且仅当 $\mu(A_i) = B_j$ 时，有 $\mu(B_j) = A$，表示稳定匹配状态下存在一致性条件，即在匹配规则 μ 下，A_i 与 B_j 完成匹配，此时，称（A_i, B_j）为 μ—匹配主体对。

由于信息不对称，可能会出现非最优匹配组合的现象，称之为阻碍匹配对（李铭洋等，2013；Azevedo & Leshno，2016）。

定义 2.15 甲乙双方主体匹配对（A_i, B_j），表示在某一经济体下，甲方主体 A_i 更偏好于乙方主体 B_j 的匹配状态。

（1）$\mu(A_i) = B_k$，$B_k \in B$，且 $r_{ij} < r_{ik}$，表示对甲方主体 A_i 来说，与之匹配的乙方主体 B_k 不是最优的。

（2）$\mu(A_l) = B_j$，$A_l \in A$，且 $t_{lj} < t_{lk}$，表示对乙方主体 B_j 来说，与之匹配的甲方主体 A_l 不是最优的。

若以上两点存在，则构成阻碍匹配对。阻碍匹配对意味着一旦出现能够使任何一方获得更高收益的对象，那么原匹配将存在被拆散的风险，是极不稳定的匹配现象。

第三章　生态产权理论

本章主要是梳理在本书中需要用到的一些关于生态产权的相关基础理论，主要来自郑忠萍（2005）、吴丹（2013，2016）、曹文婷（2007）、罗慧（2007）、宋国君（2004）、沈满洪（2009）、金帅（2013）、孙鹏程（2017）、王素凤（2014）、支海宇（2014）、陈德湖（2014）、夏梓耀（2016）、李炯（2016）、聂力（2015）、齐绍洲（2016）、张清华（2017）、李东英（2007）、杨骞（2016）、艾琳（2010）、裴庆冰（2017）等的文献。

我们一般将产权定义为，产权不是指人与物之间的关系，而是指由物的存在及关于它们的使用所引起的人们之间的相互认可的行为关系。产权安排确定了每个人相应于物时的行为规范，每个人都必须遵守它与其他人的关系，或承担不遵守这种关系的成本。产权是一系列用来确定每个人相对于稀缺资源使用时的地位的经济和社会关系。从产权的角度，可以将外部性分为两种基本类型：有效产权条件下产生的外部性；无产权或产权不明条件下（或称产权关系残缺条件下）产生的外部性。产权不明或产权关系残缺时，与产权相关的费用或效益的归属问题不清楚，在资源的利用过程中会出现无偿的价值转移，从而出现外部性。产权明晰时，外部性存在的原因是交易成本的存在。容量资源相关的外部性属于产权不明确所致的外部性。

"科斯第一定理"指出，交易费用为零的情况下，无论初始权利如何界定，都可以通过市场交易达到资源的最佳配置。"科斯第二定理"指出，在交易费用为正的情况下，不同的权利初始界定，会带来不同效率的资源配置。科斯定理说明：生态产权交易政策的重点，一是解决权利初始分配和交易费用大小的关系，二是解决权力监督与维护的问题；生态产权设计的重点是初始分配权的优化、交易费用的设定、生态产权的监督维护成本等。

第一节 用 能 权

下面主要从用能权市场经济学的理论基础、用能权的分配方式、用能权交易的经济分析、用能权定价方式等几个方面介绍本书用到的用能权相关理论。用能权的文献非常少，本部分的内容主要还是借鉴其他生态产权的相关文献。

一、用能权市场理论

（一）用能权的一般理论

用能权是指一系列与能源相关的权利，包括能源资源所有权、使用权、经营权、支配权和收益权等，用能权独立于能源所有权，是能源所有人依照法律的规定或合同的规定所享有的能源的使用或收益权。用能权与水权同样具有六个方面的特征，各个特性相互关联，相互影响，主要内容如下：

（1）排他性。从法律的角度看，用能权具有排他性，能源通过一级或者二级市场分配给用户之后，用能权的排他性特征会非常明显地表现出来。

（2）可分割性。从用能权主体的角度来讲，用能权可以进一步划分，用能效率可能因主体不同而不同。

（3）可转让性。用能权可以在不同主体之间进行有偿的、自愿的流转和交易，用能权充裕者可以出售用能权，用能权短缺者可以购买用能权。

（4）可储存性。用能权主体可以将未使用的、剩余的或者节余的用能权根据相关法律规定储存至"用能权银行"等部门，待日后需要时再取出使用。

（5）行使性。拥有用能权的主体可以有效行使、实施、保护与用能权相关的各项权利。

（6）限定性。用能权的限定性主要体现在两个方面：一是用能权的客体是能源，能源受到时间、空间等方面的限制；二是能源具有独特的经济属性，用能权在实施中，用能权的内容和影响都受到影响。

用能权转移的过程主要包括两次分配、三个阶段：一是初始用能权配置，即政府代表国家将用能权分配给各行业、各单位和用户；二是用户取得使用权，完成能源所有权和使用权的分离，实现用能权的初始分配；三是用能权中使用权的转让，这一阶段是用能权的再分配。

（二）用能权市场一般理论

与其他生态产权市场类似，用能权市场也可以分为两类：一级市场，即行政或者司法干预下的公共部门的能源使用政策，实现用能权从政府部门向市场主体的转移；二级市场，即通过用能权交易转移用能权，是真正的用能权交易市场。在一级市场中，国家掌握能源的使用和分配，具有垄断性和使用上的不公平性，主要包括用能权的初始分配和确认。二级用能权交易市场是用户在取得用能权的基础上，对用能权进行分配的市场。二级用能权市场主要有三个特点：市场决定用能权的价格、遵循效率优先原则、政府监管交易。

用能权市场的作用主要体现在以下七个方面：

（1）提供能源买卖和用能权有偿转让的场所及途径。

（2）在政府宏观指导下，根据能源的紧缺程度和交易成本，逐步形成能源买卖和用能权交易的市场价格。

（3）通过调剂余缺，调节能源供求关系。

（4）运用市场机制和经济杠杆，促进节能减排，提高能源使用效率。

（5）通过能源的买卖和用能权的交易，缓解能源使用的竞争，减少纠纷。

（6）通过碳排放和处理领域的市场化，加大环境保护力度。

（7）通过能源开采、供给、使用、节能减排等领域的市场化，在全社会增强能源是战略性经济资源的意识和能源有偿使用、用能权有偿取得和有偿转让的观念。

用能权供给主要是卖方所表现出来的用能权让渡意愿和条件。在用能权一级市场上，用能权供给的主体是国家。在二级市场上，用能权的供给主体是用能权的持有者、生产用能者和用能权投机者。消费用能用户不能成为用能权的供给者，生产用能用户以实现经济效益最大化为目标，将节约的用能量在用能权市场上进行交易，投机者会在适当的条件下卖出用能权。

二、用能权分配模式

与其他生态产权市场类似，不同的用能权分配模式会产生不同的经济效益，在现实实施过程中，用能权分配模式主要有人口分配模式、产值分配模式、混合分配模式、现状分配模式和市场分配模式等。

（一）人口分配模式

人口分配模式主要建立在人人平等的思想上，在用能权分配时，把可分配的能源总量按照人口分配给各用户。各用户可得用能权数量如下式：

$$ER_i = \frac{P_i}{P}ER,\ i = 1,\ 2,\ \cdots,\ n$$

其中，P 为该区域或部门人口总量；P_i 为该使用能源户的人口数量；ER 为可分配的用能权总量，ER_i 为该能源使用户的用能权量。

这种分配模式显示出了资源分配的公平性，但是这种分配模式忽视了用户之间的差异性，没有结合能源空间情况、能源质量以及用户性质进行能源分配。

（二）产值分配模式

产值分配模式是指按照地区的 GDP 分配用能权，该模式下用能权分配公式如下：

$$ER_i = \frac{GDP_i}{GDP}ER,\ i = 1,\ 2,\ \cdots,\ n$$

其中，GDP 代表使用能源辖区或部门的国内生产总值；GDP_i 是用户的国内生产总值指标；其他同上。

产值分配模式较人口分配模式具有明显的可行性，可以优化能源的配置，使能源流向经济效益更高的区域或部门。但是这种分配模式不利于区域或部门间的共同发展，会增加区域或部门间的两极分化，导致发展失衡，影响可持续发展。

（三）混合分配模式

混合分配模式是指综合人口分配模式和产值分配模式两种模式，结合能源的实际情况给两种模式一定权重，计算用户水权分配量，公式表示如下：

$$ER_i = \left(W_1 \cdot \frac{P_i}{P} + W_2 \cdot \frac{GDP_i}{GDP} \right)ER,\ i = 1,\ 2,\ \cdots,\ n$$

其中，W_1 和 W_2 表示两种分配模式的权重，其他同上。权重的确定是混合分配方式的重点，大小主要取决于相关各方的谈判能力和决策者的偏好。

（四）现状分配模式

现状分配模式是指在承认用户使用现状的基础上，以现有的用能量为标准，按照"溯往原则"进行用能权分配。这种模式一般是在用能权市场不完善、用能权交易制度不健全的情况下使用，有利于结合区域或部门的实际情况逐步完善用能权交易制度，具有较好的可操作性。但是这种方式缺乏公平与效率上的科学性，不利于能源的优化配置。

（五）市场分配模式

市场分配模式指在用能权的初始分配中，通过公开拍卖的方式对用能权进行分配。一般情况下，通过这种方式获得的用能权价格高于其他方式的价格，竞拍者一般是能源边际收益较高的行业。这种方式可以将能源引向收益更高的行业，提高了能源的使用效益。但是这种模式同样会使用能权由少数竞拍者控制，影响能源的配置效率，不利于高效能源市场的建立。

三、用能权定价方式

（一）完全成本定价模型

与其他生态产权的定价类似，完全成本定价法是指用能权交易的各项成本和补偿计算在内的用能权交易价格。用能权交易过程中成本主要包括：工程成本、风险补偿成本、生态补偿成本和经济补偿成本。

（二）实物期权定价模型

常用的期权定价模型分为两类：一是"二叉树"期权定价模型，主要以动态规划方法为基础对标的资产的价值变化进行一系列处理；二是 B－S 期权定价模型。第一种方法比较直观，具有很大的灵活性，第二种方法假设条件严格，不符合实际，但是在用能权定价的研究中应用较为广泛。

实物期权的标的资产是实物资产而不是金融资产，因而具有和金融期权不同的特性，如非独占性、先占性、关联性、期权所有者的主动灵活性。

第二节　用　水　权

在狭义上，用水权简称水权。下面主要从水权市场经济学、水权分配方式、水权交易的经济分析、水权定价方式等几个方面梳理本书用到的水权相关理论。本部分的内容除了本章开始所列出的文献外，还有部分内容来自张明星（2012）、谢文轩和许长新（2009）、庇古（Pigou，1920）、科斯（Coase，1960）、孟格（Munger，1988）、哈斯和戴尔斯（Hass &

Dales，1968)、刘文祥（2001）、高而坤（2007）、卢晓敏（2010）、段兆昌（2011）、李浩（2012）、胡继连等（2005）、单以红（2007）、梁素贤（2005）、李磊（2004）等的文献。

一、水权市场理论

（一）水权一般理论

科斯等学者认为，产权不明是导致负外部性问题的主要原因，通过产权的明确界定将外部成本内部化，借助市场机制本身就可以解决由外部性问题所造成的市场失灵。产权理论对水权及水权交易的影响在于，水资源产权的研究首先需要明确界定水权。明确的水权包括明确的水权主体、水权客体和水权权利内容，明确的水权是水权交易的前提，是有效分配水资源的基础，是保证水权交易顺利进行的保障。

广义的水权是指一系列与水资源相关的权利，包括水资源所有权、使用权、经营权、支配权和收益权等，狭义的水权独立于水资源所有权，是水资源所有人依照法律的规定或合同的规定所享有的水资源的使用或收益权。水权具有跟用能权类似的六个方面的特征，各个特性相互关联，相互影响。

（二）水权市场一般理论

跟其他生态产权市场类似，水权市场也可以分为两类：一级市场，即行政或者司法干预下的公共部门的用水政策，实现水权使用权从政府部门向市场主体的转移；二级市场，即通过水权交易转移水权，是真正的水权交易市场。在一级市场中，国家掌握水资源的使用和分配，具有垄断性和使用上的不公平性，主要包括水权初始分配和确认。二级水权交易市场是用户在取得水资源使用权的基础上，对水权进行分配的市场。二级水权市场主要有三个特点：市场决定水权价格、遵循效率优先原则、政府监管交易。

水权的需求是指买方所表现出的水权购买要求和能力。水权的需求主要分为三类：一是生产用水需求，包括工业生产用水、农业灌溉用水等，特点是将水资源作为一种必需的生产资料，这种需求可以从一级市场或者二级市场得到满足。水权需求的主体不仅有现有用水者，也会有新进入的用水者。二是投机需求，这类需求是以赚取溢价或水权升值为目的，主要交易的方式是低价买入，高价卖出，需求主体是投资者。第三是消费用水需求，比如居民生活用水、生态用水以及环境用水等，这类需求和人民的生活以及国家的可持续发展息息相关，主要通过一级市场进行分配。水权供给主要是卖方所表现出来的水权让渡意愿和条件。在水权一级市场上，水权供给的主体是国家。在二级市场上，水权的供给主体是水权的持有者，生产用水用户或者投机者。消费用水用户不能成为水权的供给者，生产用水用户以实现经济效益最大化为目标，将节约的用水量在水权市场上进行交易，投机者会在适当的条件下卖出水权。

二、水权分配模式

不同的水权分配模式会产生不同的经济效益，在现实实施过程中，水权分配模式主要有人口分配模式、面积分配模式、产值分配模式、混合分配模式、现状分配模式和市场分配模式等。

（一）人口分配模式

类似于用能权，人口分配模式主要建立在人人平等的思想上，在水权分配时，把可分配的水量按照人口分配给各用户。各用户可得水权数量如下式：

$$WR_i = \frac{P_i}{P} WR, \ i = 1, \ 2, \ \cdots, \ n$$

其中，P 为该区域或部门人口总量；P_i 为该使用水源户的人口数量；WR 为可分配的水权总量，WR_i 为该水资源使用户的水权量。

（二）面积分配模式

面积分配模式是按照水资源所在区域周围面积进行水权分配，该模式下水权分配量如下：

$$WR_i = \frac{M_i}{M} WR, \ i = 1, \ 2, \ \cdots, \ n$$

其中，M 为水资源辖区的面积；M_i 为用户辖区面积；其他同上。这一分配模式与国外的河岸水权制度类似，但是这一模式忽视了水资源辖区面积与生产土地面积不仅仅是简单的线性关系，同时对于严重缺水的地区不具有可行性。

（三）产值分配模式

类似于用能权，产值分配模式是指按照地区的 GDP 分配水权，该模式下水权分配公式如下：

$$WR_i = \frac{GDP_i}{GDP} WR, \ i = 1, \ 2, \ \cdots, \ n$$

其中，GDP 代表水资源辖区的国内生产总值；GDP_i 是用户的国内生产总值指标；其他同上。

（四）混合分配模式

类似于用能权，混合分配模式是指综合人口分配模式、面积分配模式以及产值分配模式三种分配模式，结合水资源的实际情况给三种模式一定权重，计算用户水权分配量，公式表示如下：

$$WR_i = \left(W_1 \cdot \frac{P_i}{P} + W_2 \cdot \frac{M_i}{M} + W_3 \cdot \frac{GDP_i}{GDP} \right) WR, \quad i = 1, 2, \cdots, n$$

其中，W_1，W_2，W_3 表示三种分配模式的权重，其他同上。权重的确定是混合分配方式的重点，大小主要取决于相关各方的谈判能力和决策者的偏好。该模式综合了三种模式，具有更强的适应性和可行性。

（五）现状分配模式

类似于用能权，现状分配模式是指在承认用户用水现状的基础上，以现有的用水量为标准，按照"溯往原则"进行水权分配。

（六）市场分配模式

类似于用能权，市场分配模式指在水权的初始分配中，通过公开拍卖的方式对水权进行分配。

三、水权定价方式

完全成本定价法是将水权交易的各项成本和补偿计算在内的水权交易价格。水权交易过程中成本主要包括工程成本、风险补偿成本、生态补偿成本和经济补偿成本。根据水权交易过程中各项成本以及水权交易政策因素，完全成本定价法的经典水价计算公式如下：

$$P(Q) = \frac{C(Q) \cdot T \cdot (1 + \alpha) \cdot (1 + \beta)}{Q}$$

其中，$C(Q)$ 为水权交易的各项成本，T 为水权交易期限，Q 为水权交易量，α 为政策调整系数，β 为利益调整系数。

（1）当 $T \leq T_s$ 时，即水权交易期限不大于节（输）水工程的使用寿命，T_s 指节（输）水工程的使用寿命。这种情况下，水权交易涉及的总成本为：

$$\begin{aligned} C(Q) &= [C_E(Q) + C_{EO}(Q)] + C_R(Q) + C_B(Q) + iC_P(Q) \\ &= [C_{EC}(Q) + C_{EM}(Q) + C_{EI}(Q) + C_{EO}(Q)] + C_R(Q) \\ &\quad + C_B(Q) + iC_P(Q) \end{aligned}$$

其中，$C_E(Q)$ 为节（输）水工程成本；$C_{EO}(Q)$ 为工程成本中节（输）水工程以外的其他工程成本；$C_{EC}(Q)$ 为节（输）水工程建设成本；

$C_{EM}(Q)$ 为节（输）水工程的更新改造总成本现值；$C_P(Q)$ 为经济补偿成本；$C_R(Q)$ 风险补偿成本；$C_B(Q)$ 为生态补偿成本；i 为系数，节水工程 $i=0$，输水工程 $i=1$。

节（输）水工程的更新改造费用与水权交易期限有关，假设在节（输）水工会策划那个寿命结束时工程的价值为零，则：

$$C_{EI}(Q) = C_{EC}(Q) \cdot \frac{T}{T_s}$$

因此，水权交易价格可以表示为：

$$P(Q) = \frac{\left\{ C_{EC}(Q) \cdot \dfrac{T}{T_s} + \left[C_{EM}(Q) + C_{EO}(Q) + C_R(Q) + C_B(Q) + iC_P(Q) \right] \cdot T \right\}}{Q / ((1+\alpha) \cdot (1+\beta))}$$

（2）当 $T \leqslant T_s$ 时，即水权交易期限大于节（输）水工程的使用寿命，节（输）水工程成本 $C_E(Q) = C_{EC}(Q) + C_{EM}(Q) + C_{EI}(Q)$，节（输）水工程建设费用降成倍增加，节（输）水工程将建设的次数为 $\dfrac{T}{T_s}$ 的整数部分。超出整数的交易期限部分随着交易期限的延长均匀增加，由此可知 $C_{EI}(Q)$ 为：

$$C_{EI}(Q) = C_{EC}(Q) \cdot \left[\left\lfloor \frac{T}{T_s} \right\rfloor + \frac{T - T_s \cdot \left\lfloor \dfrac{T}{T_s} \right\rfloor}{T_s} \right]$$

其中，$\lfloor \ \rfloor$ 为取整数。水权交易价格 $P(Q)$ 表示为：

$$P(Q) = \frac{C_{EC}(Q) \cdot \left[\left\lfloor \dfrac{T}{T_s} \right\rfloor + \dfrac{T - T_s \cdot \left\lfloor \dfrac{T}{T_s} \right\rfloor}{T_s} \right] \cdot (1+\alpha) \cdot (1+\beta)}{Q}$$
$$+ \frac{\left[C_{EM}(Q) + C_{EO}(Q) + C_R(Q) + C_B(Q) + i \cdot C_P(Q) \cdot T \right]}{Q}$$
$$\cdot (1+\alpha) \cdot (1+\beta)$$

第三节　排　污　权

下面主要从环境容量相关理论、资源配置产权理论、资源配置市场理论、排污权交易的政策框架、排污权交易的费用效果分析以及排污权定价模型几个方面梳理与本书相关的排污权理论。除了用到本章开始所列文献外，部分内容来自科斯（Coase，1960）、胡民（2007）、宋国君（2004）、孟格（Munger，1988）、泰坦伯格（Tietenberg，1990，1992）、吴健（2005）、康芒斯（1962）、宋国君（2000）、马中和杜丹德（1999）、姚恩全等（2012）、王宇雯（2007）等的文献。

一、资源配置产权理论

排污权交易机制通过国家对个体单位的授权，为容量资源建立明确的私有产权，并建立产权流通的机制，资源使用者为追求容量资产价值最大化进行交易，并产生价格，价格进一步引导容量资源流向价值最大的用途，从而实现资源最优配置。

容量资源的产权界定应包含两个层次的权利界定：首先，大气环境容纳功能使用者和其他功能使用者之间的权利界定，目的是确定可供使用的容量资源的总量，明确各自的生产性权利和生存性权利，防止其他功能使用者的权利受到容纳功能使用者权利的侵害，保障容纳功能使用者的生产性和经济性权利；其次，容纳功能使用者之间的权利界定，目的是为容量资源这种环境物品建立有效的产权结构，避免公共消费所带来的外部性，并为实现环境物品的商品化奠定产权制度基础，使得能利用市场机制实现容量资源的高效率配置。

市场是不同权利主体通过交易谋求福利改善的途径，市场交易的实质是产权的交易，市场是实现权利转让和重新组合的有效形式。有效产权是市场机制正常作用的基本和前提条件，也是实现资源最优配置的一个制度结构条件。建立有效的产权制度后，通过降低交易费用减少外部性是市场的重要问题。

交易费用对于研究环境资源的配置问题同样重要，对于排污权交易政策来说，交易费用的存在会影响排污权交易的政策效果。排污权交易政策的设计者必须对政策方案的交易费用给予充分重视，研究者必须始终关注交易费用对政策效率和效果的影响，并始终围绕降低交易费用来设计政策方案。

二、排污权交易框架

排污权交易的政策体系主要包括总量控制、许可证和排污权交易、总量控制与排污权交易的政策体系。

总量控制是将某控制区域（如行政区、流域、环境功能区等）作为一个完整的系统，根据区域的环境质量目标，确定该区域所有污染源在一定时间内允许排放的总量，并采取措施将排入这一区域内的污染物控制在允许排放的总量之内，以满足该区域的环境质量要求。在确定总量控制的情况下，政府根据一定的规则，将区域允许排放的总量分解并以排污许可证的形式合理分配到各个污染源，作为各污染源允许排放的总量。在满足环境要求的条件下，可以建立合法的排污权利交易市场，允许排污权利像商品那样被买入和卖出，以此来进行污染物的排放控制，并通过市场实现容量资源的优化配置的任务。

排污总量规定了一定时间和区域内可供使用的容量资源的总量或上限，主要包含两个方面内容：一是决定了大气容量资源的权力配置，界定了不同使用主体对大气环境资源所享有的权利；二是从经济学意义上明确了容量资源的稀缺性，建立容量资源保护的目标。容量总量控制是根据环境容量确定总量控制目标的一种总量控制方法，它依据区域环境质量目标，通过科学研究的成果计算出环境容量，据此确定最大容量排污量。目标总量控制是根据环境目标来确定总量控制目标的总量控制方法，由环境保护行政主管部门依据历史统计资料、根据环境保护目标要求与技术、经济水平来确定污染物排放总量。

政府以排污许可证的形式对经济个体规定容量资源的使用权，获得排污许可的企业就意味着拥有了相应的、使用容量资源的权利，这种分配过程通过向各污染源分配许可排放量，明确企业对容量资源的使用权，实现容量资源产权的初始配置。容量资源产权的初始分配并不等于最优分配，除非管理者清楚知道每个企业的污染物边际削减成本曲线，因而再分配是容量资源优化配置的必要途径。

排污权交易政策下，排污权的再分配是通过市场机制实现的。在排污权交易市场中，法律决定排污权的初始分配，市场决定排污权的最终配置。排污权被分配到对它支付意愿最高者的手中，排污权的生产则由最低成本的生产者提供，容量资源实现了高效率的配置。排污权的交易使排污权成为一种经济物品，并事实上建立了这种物品交换的市场。

排污权交易政策体系以产权为制度基础、市场为运行机制，通过明晰容量资源的产权建立了环境物品的市场，并通过市场的运行实现环境资源的有效配置。排污权交易政策体系的效率主要得益于排污权市场的建立，在排污权交易市场上排污权可以在不同的所有者之间流动，还可以调动多种资源参与问题的解决。总量控制与排污权交易构成了一个政策体系，既包括明确的目标，也包括实施手段。排污权交易是有效实施总量控制的手段，排污权交易又必须以总量控制为前提。排污权市场由供求关系决定排污权的配置，但是排污权交易作为一项公共政策要满足经济和公共政策的双重目标。面对不同政策目标，排污权市场面临的约束条件也不同。

三、排污权定价模型

影子价格法是研究资源定价的经典方法，排污权定价也可以按照这种方法来计算。

模型假设：

（1）假设某一地区市场上仅有两个生产同类无差异产品、排放相同污染源的企业（企业1与企业2）。排污份额总量是根据一定原则事先确定，假设排污总量界定为 Q^*，两个企业的排污指标分别为 Q_1^* 和 Q_2^*。

（2）假设企业1和企业2生产的产品产量分别为 q_1 和 q_2，在产品市场上，逆需求函数为 $P_p = a - q_1 - q_2$；该地区生产总量为 $Q_x = q_1 + q_2$；排污权的初始价格界定为 P_i。

（3）假设企业排污量与产量成正比例关系，其系数分别为 r_1 和 r_2。单位产量污染物排放量与内部治理污染的投入 v 呈线性负相关关系，v_1、v_2 分别表示两个企业在环境治理上的投入金额，其中：$r_1 = e - b \cdot v_1$，$r_2 = e - b \cdot v_2$。两个企业的排污量分别为 $Q_1 = r_1 \cdot q_1 = (e - b \cdot v_1) \cdot q_1$，$Q_2 = r_2 \cdot q_2 = (e - b \cdot v_2) \cdot q_2$，则

$$\sum Q_i = (e - b \cdot v_1) \cdot q_1 + (e - b \cdot v_2) \cdot q_2$$

（4）假设企业1和企业2的单位产品生产成本分别为 c_1 和 c_2；单位产品利润分别为 π_1 和 π_2。

以厂商利润最大化作为排污权定价的依据，按照上述假设，某一区域确定排污权初始定价时的公式表示如下：

$$\max \pi_{\text{地区}i} = \sum (\pi_i \cdot q_i) = \sum \pi_i \cdot \frac{Q_i}{r_i} = \sum \left[\left(\frac{\pi_i}{r_i} \right) \cdot Q_i \right]$$

$$\text{s. t. } \sum Q_i \leqslant Q^*$$

其中，π_i 表示单位产量产生的收益，π_i / r_i 表示单位污染物排放量产生的收益。Q^* 表示该地区所容许的排污总量。将目标函数和约束条件引入拉格朗日方程：

$$L_{\text{地区}i} = \sum \left[\left(\frac{\pi_i}{r_i} \right) Q_i \right] + \lambda_i [Q^* - \sum Q_i]$$

其中，λ_i 为拉格朗日乘子。上式的一阶条件为：

$$\frac{\partial L_{\text{地区}i}}{\partial Q} = \frac{\pi_i}{r_i} - \lambda_i = 0, \quad \lambda = \frac{\pi_i}{r_i}$$

拉格朗日乘子 λ_i 即为单位排污量的影子价格，代表该地区的排污总量在最有利条件下对单位排污权的估价。当排污权价格低于影子价格时说明该地区使用一单位排污权的成本低于使用一单位排污权所带来的收益，扩大生产能增加社会收益；当排污权价格高于影子价格时，社会使用一单位排污量的成本高于使用一单位排污权所带来的收益，缩减生产才能增加社会受益。政府在分配初始排污权份额时，如果采用有价出售的方式，初始价格应该为：$P_i = \dfrac{\pi_i}{r_i}$。

从企业的角度来看，企业 1 的利润函数以及约束条件表示为：

$$\max \pi_甲 = (a - q_1 - q_2 - c_1) \cdot q_1 - v_1$$
$$\text{s. t. } (e - b \cdot v_1) \cdot q_1 \leqslant Q_1^*$$

其中，$(a - q_1 - q_2 - c_1)$ 表示企业 1 单位产量的收益；$(e - b \cdot v_1) \cdot q_1$ 表示企业 1 在产量为 q_1 时的排污量。

对企业 1 的目标函数和约束条件引入拉格朗日方程：

$$L_1 = (a - q_1 - q_2) \cdot q_1 - c_1 \cdot q_1 - v_1 + \lambda_1 \cdot \left[Q_1^* - (e - b \cdot v_1) \cdot q_1 \right]$$

其中，λ_1 为拉格朗日乘子，一阶条件为：

$$\frac{\partial L_1}{\partial q_1} = a - 2q_1 - q_2 - c_1 - \lambda \cdot (e - b \cdot v_1) = 0$$

$$\lambda_1 = \frac{a - 2q_1 - q_2 - c_1}{e - b \cdot v_1}$$

拉格朗日乘子 λ_1 就是企业 1 排污权的影子价格，表示当企业 1 拥有额外一个单位的排污权时，如果其创造的边际收益大于该排污权的影子价格 λ_1 时，则该企业愿意从排污权交易市场上购进排污权以扩大生产，否则将会出售一定数量的排污权，以取得转让收入。

第四节　碳排放权

下面主要从碳排放权交易理论基础、碳交易市场的经济学原理、碳排放权分配方式以及碳排放权定价模型等几个方面梳理与本书相关的碳排放权理论。本部分的主要内容除来自本章开始所罗列的文献，还有部分文献还来自于科斯（Coase，1960）、蒙哥马利（Montgomery，1972）、李寿德和王家祺（2004）、哈斯和达莱斯（Hass & Dales，1968）、布雷迪（Brady，1993）、王毅刚（2011）、陈波（2013）、沈满洪和赵丽秋（2005）、聂力（2014）、汪晓芬（2013）、胡妍斌（2003）、王凯（2015）、李炯（2016）、李良序和罗慧（2006）、李寿德和黄桐城（2003）、塞汀和凡楚埃（Cetin & Verschuere，2009）、费什特曼和卡米恩（Fershtman & Kamien，1987）、弗莱明和麦肯尼（Fleming & Mceneaney，1992）、弗莱明（Fleming，2006）、福尔默和加贝尔（Folmer & Gabel，2000）、福利（Fowlie，2010）、弗鲁赫特、雅菲和内本扎（Fruchter，Jaffe & Nebenzahl，2006）、弗鲁赫特和梅辛格（Fruchter & Messinger，2003）、傅登博格和吉恩（Fudenberg & Jean，1991）等的文献。

一、碳排放权交易理论

碳排放权交易是为减少温室气体排放量提出的一种市场化的减排手段，属于碳排放权交易的一个分支，拥有了碳排放权就拥有了向大气中排放二氧化碳的权利。

（一）外部性理论

马歇尔（Marshall，1890）提出，某种外部性是指在两个当事人缺乏任何相关经济交易的情况下，由一个当事人向另一个当事人所提供的物品束，强调的是缺乏交易情况下，两当事人之间的转移。庇古（Pigou，1920）提出："外部性"是指一个经济主体的活动对其他经济主体的福利所产生的有利或不利的影响，强调的是某一经济主体对外部因素的影响，这种影响通常无法被市场价格所反映。庇古税主要通过对造成外部性的一方征税，使污染成本内部化，来消除外部性。

环境问题的负外部性有三个主要特征：一是影响性。负外部性的存在导致市场中的一方对另一方产生一定的影响，这种影响一般具备一定的负的福利意义。二是伴随性。负外部性是伴随着市场中污染者的行为决策而产生的，污染者本身的决策是为了个人效用的最大化而不是为了污染环境，负外部性是生产过程中的伴随产品。三是非市场性。负外部性不属于市场中买卖关系的范畴，不能通过市场机制得以消除，既不能通过市场机制对污染者实施惩罚也无法对受损者加以保护，这是环境负外部性最重要的一个特征。

（二）产权理论

泰坦伯格（Tietenberg，1985，2005）提出，产权指一系列用以确定所有者权利、特许和对其资源使用限度的权利。他提出有效的产权结构具有以下四个特质：普适性、专有性、可转让性和可操作性。

科斯（Coase，1960）等人认为，产权不明是导致负外部性问题的主要原因，通过产权的明确界定将外部成本内部化，借助于市场机制本身就可以解决由外部性问题所造成的市场失灵。依据科斯的观点，要控制二氧化碳的过度排放，首先要分配给企业合法的碳排放权，合法的碳排放权的初始界定是启动市场配置资源的一个根本前提。

（三）公共资源治理理论

公共资源是属于人类社会公有、公用的自然与社会资源，其不存在任何所有权，具有突出的非排他性。正是由于公共资源的非排他性和非竞争性常常带来显著的外部性，带来低效或者无效的资源配置。

大气环境属于典型的公共物品，在使用的过程中会产生负外部性。厂商在生产中通常会增加二氧化碳的排放量来实现个体利益的最大化，而将温室气体的过量排放的外部效应留给他人。最终，环境中的温室气体越来越多，破坏人类赖以生存的环境和生态。奥斯特罗姆（Ostrom，1990）在研究公共资源治理领域时，指出当一个团体在遇到公共资源利用问题时，大家会通过争论或者其他方法制定一系列措施防止"公地悲剧"的发生。《京都议定书》的签订，是有效解决气候问题国际争端的关键制度，直接推动了全球碳排放权交易的建立。

二、碳排放权分配模式

常采用的碳排放权分配模式有三种：免费分配、拍卖分配和混合分配。

（一）免费分配

免费分配是指政府部门根据企业的历史排放或行业标准将碳排放权免费发放给企业，主要包括基于历史排放和基于行业标准两种方式。

基于历史排放的免费分配是根据企业排放的历史数据计算应得配额，因此也称为祖父制分配。这种方式可操作性强，但是企业缺乏改进技术减少碳排放量的动力，对环境效益提高的影响不明显。基于行业标准的免费分配是制定不同行业在正常生产能力下的标准排放量，由此计算单位产量需要配额，最终依据总产量确定各个企业的碳排放权配额。这种方式充分考虑了各行业的碳排放特点，将碳排放权分配和经济效益结合起来，但是这种方式会使大企业掌握大部分碳排放权，不利于中小企业的发展。

（二）拍卖分配

拍卖分配是指由政府部门确定一定数量的碳排放权并确定碳排放权的低价，企业按照拍卖规则获得一定的配额。

拍卖分配方式主要有两种：上升价格拍卖方式和密封价格拍卖方式。

上升价格拍卖的配额价格是通过多轮竞价确定，出价最高的企业获得配额。密封价格拍卖时购买者同时提交购买数量和报价，所有购买者的总需求和总供给决定了均衡价格。超过该价格的需求会实现，低于该价格的需求无法实现。

（三）混合分配

混合分配是指免费分配和拍卖分配的混合方式，澳大利亚、美国和欧盟都采用了混合分配方式，两个方式所占的比例依据实际情况而定。混合分配方式可以结合免费分配和拍卖分配两种形式的优点，选取能够促进碳排放权有效配置的方式。

三、碳排放权定价模型

在完全竞争市场中，企业以利润最大化作为决策依据，碳排放权交易市场中定价模型非常重要，以下介绍单个企业的定价模型。

假设 (Ω, F, P) 为一个概率空间，$F = (F_0)$ 为 $F = \sigma(F_0)$ 的测度，企业的碳排放符合布朗运动：

$$\frac{\mathrm{d}Q_t}{Q_t} = \mu\mathrm{d}t + \sigma\mathrm{d}W_t$$

即

$$Q_t = Q_0 e^{\left(\mu - \frac{\sigma^2}{2}\right)t + \sigma W_t}$$

其中，Q_t 为企业在时间 t 的碳排放量，Q_0 为企业的初始碳排放量，μ 为企业排放自然增长率，σ 为随机因素。

假设 X_0 为企业初始购买（$X_0 > 0$）或者出售（$X_0 < 0$）的碳排放权数量，N 为最初分配得到的碳排放权数量，则初始状态下，企业持有的净碳排放权数量为 $\delta_0 = N + X_0$。经过周期 T 后，企业必须提交一定数量的碳排放权以履行排放义务，否则将承受价格为每单位排放 P 的罚款。假设企业在初始状态之后会一直采取观望策略直到时间 T，在周期 T 内其所承受的最后成本为：

$$\max\left\{0, \left(\int_0^T Q_s\mathrm{d}s - \delta_0\right)\right\} \cdot P$$

假设初始状态碳排放的价格为 S_0，则企业的利润最大化目标可以转化为成本最小化问题：

$$\max_{\{X_0\}}\left\{S_0 \cdot X_0 + e^{-\eta T}E_P\left[\left(\int_0^T Q_s\mathrm{d}s - N - X_0\right)^+ \cdot P \mid g_0\right]\right\}$$

一阶条件为：$S_0 = e^{-\eta T} \cdot P \cdot \int_{\delta_0 \cdot \sigma^2/4Q_0}^{\infty} P\left[A^z_{\sigma^2 T/4} \in \mathrm{d}x\right]$

碳排放权价格等于惩罚价格与排放权短缺的概率，假设 T 为无限小量 Δt，可得：

$$S_0 = e^{-\eta T}[P \cdot \Phi(d_-)]$$

其中，$d_- = \dfrac{\ln\left(Q_0 \cdot \dfrac{\Delta t}{\delta_0}\right) + \left(\mu - \dfrac{\sigma^2}{2}\right)\Delta t}{\sigma\sqrt{\Delta t}}$，$\Phi(x) = \dfrac{1}{\sqrt{2\pi}}\displaystyle\int_{-\infty}^{x} e^{-\frac{u^2}{2}}\mathrm{d}u$

在给定 Q_0，N，P，σ，μ 时，可以得出不同参数下碳排放权价格 S_0 与购买量 X_0 之间的关系，两者的关系呈现出 S 曲线特征。

当一个公司的管理者制定碳排放权购买策略时，需要对两个因素进行评估：预期排放增速 μ，影响排放的不确定性因素 σ。当 μ 和 σ 确定时，S 曲线上存在一个点 M，使得 $\dfrac{\partial X_0}{\partial S_0}$ 达到最小，X_0 对 S_0 的敏感度最低。当价格 S_0 位于 M 点附近时，X_0 与 S_0 呈现近似的线性关系，管理者需要根据价格波动以同样的幅度调整购买量 X_0；当价格 S_0 过低时，管理者的最优策略是尽可能多地购买；当价格过高时，最优策略是尽可能地出售。决策者碳交易决策模型如下：

$$\max P_{cm} = \begin{cases} -B, & S_0 \leqslant S_L \\ X_0 \cdot S_0, & S_L < S_0 < S_H \\ \delta_0 \cdot S_0, & S_0 \geqslant S_H \end{cases}$$

其中，B 为碳预算，P_{cm} 为企业从碳排放权交易市场上的获利。当 $S_L < S_0 < S_H$ 时，S_0 与 X_0 线性关系可近似为：

$$X_0 = -\alpha S_0 + \beta, \quad 其中 \ \alpha > 0, \ \beta > 0$$

由此可得：

$$\max P_{cm} = \begin{cases} -B, & S_0 \leqslant S_L \\ (-\alpha S_0 + \beta), & S_L < S_0 < S_H \\ \delta_0 \cdot S_0, & S_0 \geqslant S_H \end{cases}$$

根据上式，在一个有效的碳市场中，价格 S_0 不应过高或者过低，应该维持在现行区间内。实现利润最大化的条件为：当 $S_{0M} = \dfrac{\beta}{2\alpha}$ 时，企业从碳交易市场中获利为 $P_{cmM} = \dfrac{\beta^2}{4\alpha}$。管理者的目标是寻找到最优点 S_{0M}。

第四章 嵌入用能权的寡头博弈：差分博弈的视角

第一节 引 言

过去近百年，人类为满足对经济发展和社会福利日益增长的需求，已经消费了比过去任何时期都多得多的能源，而且能源正面临短缺。为了应对能源短缺，我们一方面可以不断增加能源开采量，增加能源的供给数量；另一方面可以通过改变用能行为、改进/更新节能设备等方式提高利用能源效率，增加能源的回收利用率，以达到减少能源消耗总体数量的目的。

优化用能配置并降低开采配额也是提高利用能源效率的一种重要方法。由于能源的禀赋制约，上述类似增加开采供应等直接增加能源供应的方式会变得越来越困难。幸运的是，我们现在有越来越多的间接方式可以用于缓解能源短缺问题。因而，通过提高能源利用效率等方式提高节能数量有非常显著的现实意义。

近年来，博弈论在经济和管理领域的应用研究吸引了大量学者的兴趣。例如，伯川德寡头博弈（考虑有限理性的情形（于维生和于羽，2013）、房地产博弈（赖纯见和陈迅，2013）、在消费者偏好不确定下双寡头定位定价博弈（邢明青等，2007）、价格竞争与产品差异化策略（赵德余等，2006）、存在转换成本的双寡头价格博弈（李晓华和谭旭东，2006）、动态定位定价博弈（胡支军和赵波，2003；薛伟贤等，2002））；古诺寡头博弈（考虑碳排放权交易的双寡头有限理性博弈（赵令锐和张骥骧，2013）、考虑社会责任的寡头博弈（宁亚春和罗之仁，2010）、考虑双重内生选择的寡头博弈（杨晓花，2010）、产业集群内双寡头企业合作创新博弈（陈旭和李仕明，2007）、双寡头不同理性博弈（张骥骥和达庆利，2006）、有限理性广告竞争博弈（姚洪兴和徐峰，2005）、具有学习效应的寡头重复博弈（周蓉，2003）、排污权交易博弈（陈德湖，2014）、基于多期有限理性的可再生资源寡头博弈（丁占文，2013）、人民币升值对出口企业研发活动的影响博弈（何暑子和范从来，2012）、考虑需求因素的国际石油市场寡头博弈（梁琳琳和齐中英，2009）、信息不对称情况下寡头市场决策的动态博弈（彭运芳，2004）、关于产量策略的双寡头多维博弈（谭德庆和胡培，2004）、环境污染税收的博弈（肖江文等，2001））；伯川德－古诺博弈（动态多维博弈（刘军和李成金，2008））；多阶段博弈（消费者偏好、市场准入与产品安全水平等因素（窦一杰，2015）、双寡头企业竞争策略（刁新军，2008））；期权博弈（研究企业专利投资等（彭伟等，2014）、建设时间和投资成本不对称的情形（张国兴，2008）、战略投资期权博弈模型（邱菀华和余冬平，2006）、非对称寡头期权博弈（吕秀梅和邵腾伟，2015））；演化博弈（研究再制造决策等（郭军华等，2013）、零售市场绿色营销演化博弈（金常飞，2012）、双寡头对上游供应商行为的演化博弈（韩敬稳等，2009））；投资博弈（拥有"暂停期权"的不对称情形（张国兴，2008）、不对称双寡头投资博弈（龚利，2010）、新技术研发投资的动态博弈（张光宇和肖伟，2006）、基于信息外溢的寡头垄断厂商污染治理技术投资动态博弈（易永锡，2012））；空间博弈（空间双寡头竞争下的创新扩散（王飞，2007）、知识溢出与空间集聚的双寡头博弈（刘天卓，2005））、信号博弈（信号显示博弈与国际寡头最优进入策略的选择（姚洪兴，2005））。

本部分主要分析双寡头企业在考虑用能权初始配额和用能权市场价格的同时，以价格为决策变量的情形，研究双寡头企业进行产品价格博弈的演化过程表现出的复杂性，如稳定性、分岔和混沌等。

第二节 建 模

为了研究方便，我们可以将一个高耗能的产业看成一个双寡头市场，它由两个寡头企业组成，即博弈论中的参与者，可以标号为 1 和 2，其中寡头企业 1 有充足的用能权初始配额，无须考虑节能问题，而寡头企业 2 用能权初始配额不足，需要权衡节能与用能权购买决策。为了简化研究，提出如下几个假设：

假设4.1　寡头企业 i 在 t 时刻的产品均衡产量可以用如下反向需求函数进行表示：

$$q_1(t) = a - bp_1(t) + \mathrm{d}p_2(t) \text{ 和 } q_2(t) = a - bp_2(t) + \mathrm{d}p_1(t) \quad (4.1)$$

其中，$p_1(t)$ 和 $p_2(t)$ 分别是寡头企业 1 和企业 2 在 t 时刻的产品价格，a，$b > 0$ 是常数。

假设4.2　假定寡头市场里的 2 个寡头企业的产品成本是采用如下形式的函数：

$$C_1(t) = cq_1, \quad C_2(t) = cq_2 \quad (4.2)$$

其中，$0 < c < a$。

假设4.3　假定寡头企业 2 相对于其产量的能源消耗系数记为 g，它也可以代表当前的节能努力水平；该寡头企业的初始用能权配额记为 E；它在 t 时刻节能数量记为 $u(t)$。这样，该寡头企业 2 的用能权交易量记为 $R(t)$，满足：

$$R(t) = [u(t) + \mathrm{E} - gq_2(t)] \begin{cases} >0, & \text{如果寡头企业 2 有剩余用能权} \\ =0, & \text{如果寡头企业 2 被分配的用能权刚好够用} \\ <0, & \text{如果寡头企业 2 出现用能权短缺} \end{cases}$$

$$(4.3)$$

注4.1　表达式（4.3）表明：政府部门可以通过调整控制用能权的初始配额来控制用能权交易数量，进而达到控制企业的生产决策行为的目的。

假设4.4　寡头企业 2 的节能成本可以用如下二次函数来表示：

$$S(t) = \frac{1}{2} w [u(t)]^2 \quad (4.4)$$

其中，w 是寡头企业 2 的节能成本系数。

假设4.5　假定该用能权市场足够大，任何企业的用能权决策都不会对用能权市场价格产生实质性影响，我们假定所有企业都是用能权市场的价格适应者，记 t 时刻用能权市场的价格为 $k(t)$。

根据上述假设，寡头企业 1 和企业 2 的即时利润可以分别表示为以下形式：

$$\pi_1(t) = q_1(t)p_1(t) - C_1(t) = [a - bp_1(t) + \mathrm{d}p_2(t)][p_1(t) - c] \quad (4.5)$$

$$\pi_2(t) = q_2(t)p_2(t) - C_2(t) + k(t)R(t) - S(t)$$
$$= [a - bp_2(t) + \mathrm{d}p_1(t)][p_2(t) - c]$$

$$+ k(t)\{u(t) + E - g[a - bp_2(t) + dp_1(t)]\} - \frac{1}{2}w[u(t)]^2$$

$$(4.6)$$

假定寡头企业的目标是利润最大化，对企业 1 和企业 2 的利润函数 π_1 (t) 和 $\pi_2(t)$ 分别求关于 $p_1(t)$ 和 $p_2(t)$ 的偏导数，可以得到企业 1 和企业 2 的边际利润函数分别为：

$$\Phi_1(t) = \frac{\partial \pi_1(t)}{\partial p_1(t)} = a + bc - 2bp_1(t) + dp_2(t) \qquad (4.7)$$

$$\Phi_2(t) = \frac{\partial \pi_2(t)}{\partial p_2(t)} = a + bc - 2bp_2(t) + dp_1(t) + bgk(t) \qquad (4.8)$$

根据式（4.7）和式（4.8），我们令 $\Phi_1(t) = 0$，$\Phi_2(t) = 0$ 可以非常容易地求出寡头企业 1 和企业 2 的最优产品价格（反应函数），如下所示：

$$p_1^* = \frac{1}{2b}(a + bc + dp_2) \qquad (4.9)$$

$$p_2^* = \frac{1}{2b}(a + bc + bgk + dp_1) \qquad (4.10)$$

由于寡头企业 1 和企业 2 的产品价格对整个产品市场的供给量都会有非常大的影响，进而会影响它们各自的利润。因而，每个寡头企业在时期 t 就要提前对下一个时期其竞争对手寡头企业的产品定价进行预测，并优化自己的产品价格以达到利润最大化的目的。这就要求寡头企业 1 和企业 2 在 $t + 1$ 时期的产品价格符合以下最优函数方程：

$$p_1(t+1) = \arg\max \Pi_1(p_1(t), p_2^{e1}(t+1))$$

$$p_2(t+1) = \arg\max \Pi_2(p_1^{e2}(t+1), p_2(t))$$

其中，$p_i^e(t+1)$ 代表其他寡头企业对寡头企业 i 在 $t + 1$ 时期的产品价格的一个估值。

假定寡头企业 1 和企业 2 都认为它们自己竞争对手在 $t + 1$ 时期的产量与时期 t 的产量是相同的，即

$$q_1^{e2}(t+1) = q_1(t) \text{ 和 } q_2^{e1}(t+1) = q_2(t)$$

为了能够较为形象地研究寡头企业 1 和企业 2，假定它们的决策规则不同，故再提出如下两个假设：

假设 4.6　寡头企业 1 进行产品价格博弈时采用迪克西特（Dixit）的"近视眼"策略，也就是说该企业是根据边际利润决定自己产品价格的调整，其决策演化模型可采用如下形式：

$$p_1(t+1) = p_1(t) + \alpha_1 p_1(t) \frac{\partial \Pi_1(p_1, p_2)}{\partial p_1} \qquad (4.11)$$

假设 4.7　寡头企业 2 进行产品价格博弈时采用简单变更策略，即该企业在 $t+1$ 时期的产品价格取决于其最优价格反应函数。这样，该企业的产品价格调整机制可以表示为以下形式：

$$p_2(t+1) = p_2^* \tag{4.12}$$

根据式（4.11）和式（4.12），这个双寡头产品市场的动态价格博弈动力学演化模型可表示为：

$$\begin{cases} p_1(t+1) = p_1(t) + \alpha_1 p_1(t)\big[a + bc - 2bp_1(t) + \mathrm{d}p_2(t)\big] \\ p_2(t+1) = \dfrac{1}{2b}\big[a + bc + bgk + \mathrm{d}p_1(t)\big] \end{cases} \tag{4.13}$$

第三节　稳定性分析

为了求解系统模型（4.13）的不动点，我们先得到如下代数方程：

$$\begin{cases} \alpha_1 p_1(a + bc - 2bp_1 + \mathrm{d}p_2) = 0 \\ \dfrac{1}{2b}(a + bc + bgk + \mathrm{d}p_1) - p_2 = 0 \end{cases} \tag{4.14}$$

通过计算，我们就可以得到如下不动点：

$$F_0 = (p_1^{F_0},\ p_2^{F_0}) = \left(0,\ \frac{\alpha + bc + bgk}{2b}\right)$$

$$F_1 = (p_1^{F_1},\ p_2^{F_1}) = \left(\frac{bdgk + (a+bc)(2b+d)}{4b^2 - d^2},\ \frac{2b^2 gk + (a+bc)(2b+d)}{4b^2 - d^2}\right)$$

假定模型（4.13）的特征方程表示成如下形式：

$$P(\lambda) = \lambda^2 + \mathrm{Tr}\lambda + \mathrm{Det} = 0 \tag{4.15}$$

那么，我们可以根据 Jury 稳定性准则得到如下引理：

引理 4.1　特征方程（4.15）的根都在单位圆内部的充分必要条件是：

$$\begin{cases} 1 - \mathrm{Tr} + \mathrm{Det} > 0 \\ 1 + \mathrm{Tr} + \mathrm{Det} > 0 \\ \mathrm{Det} - 1 < 0 \end{cases} \tag{4.16}$$

一、不动点 F_0 的稳定性分析

系统模型（4.13）在不动点 F_0 处的雅可比（Jacobian）矩阵可以写成如下形式：

$$A(F_0) = \begin{bmatrix} 1 + \alpha(a + bc - 2bp_1^{F_0} + dp_2^{F_0}) - 2\alpha bp_1^{F_0} & \alpha dp_1^{F_0} \\ \dfrac{d}{2b} & 0 \end{bmatrix} \quad (4.17)$$

它的特征方程可以表示成如下形式：

$$P(\lambda) = \lambda^2 - \left\{ \frac{\alpha[bdgk + (a + bc)(2b + d)]}{2b} + 1 \right\} \lambda = 0 \quad (4.18)$$

显然，$|\lambda_1| = \left| \dfrac{\alpha[bdgk + (a + bc)(2b + d)]}{2b} + 1 \right| > 1$ 和 $|\lambda_2| = 0$ 成立，

因而不动点 F_0 是不稳定的。

二、不动点 F_1 的稳定性分析

系统模型（4.13）在不动点 F_1 处的 Jacobian 矩阵可以写成如下形式：

$$A(F_1) = \begin{bmatrix} 1 + \alpha(a + bc - 2bp_1^{F_1} + dp_2^{F_1}) - 2\alpha bp_1^{F_1} & \alpha dp_1^{F_1} \\ \dfrac{d}{2b} & 0 \end{bmatrix} \quad (4.19)$$

这样，$\mathrm{Tr} = \dfrac{d^2[(2b + d)(a + bc) + bdgk]}{2bd^2 - 8b^3}$

$$\mathrm{Det} = \frac{2\alpha b[2b^2 c + b(2a + cd + dgk) + ad] + 4b^2 + d^2}{4b^2 - d^2}$$

根据引理 4.1，我们可以得知不动点 F_1 稳定的条件是

$$0 < \alpha < \frac{4b(4b^2 - d^2)}{(4b^2 + d^2)(2ab + ad + bcd + bdgk + 2b^2 c)} \text{且 } d < 2b \quad (4.20)$$

第四节 数值仿真

一、不同参数组合的吸引盆

为了便于进行不同参数组合的研究，我们将参数固定为 $b = 0.5$，$c = 0.7$，$d = 0.22$，两个寡头企业的产品价格初值为 $p_1(1) = 0.9$ 和 $p_2(1) = 0.3$。

（一）参数 (α, a) 的吸引盆

我们再令参数 $g = 0.02$ 和 $k = 0.4$，关于参数 (α, a) 的吸引盆如图 4 - 1 所示。

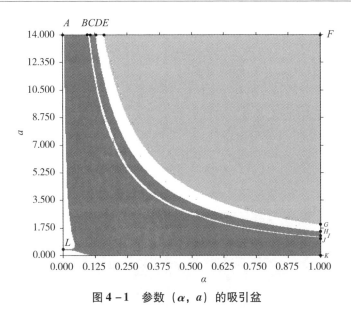

图 4 - 1　参数（α，a）的吸引盆

图中的 *ABIKL* 部分为稳定区域，*CDHI* 区域为分岔区域，其中中间的 *DEGH* 区域是混沌区域，而最右端的 *EFG* 是发散区域，也是面积最大的区域。显然，只要参数组合在 *ABIKL* 区域时，系统就是稳定的。

（二）参数（α，g）的吸引盆

我们再令参数 $a = 2$ 和 $k = 0.4$，关于参数（α，g）的吸引盆如图 4 - 2 所示。

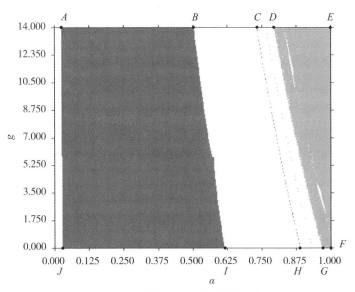

图 4 - 2　参数（α，g）的吸引盆

图 4 - 2 中的不同区域与不同稳定性的区域对应关系与图 4 - 1 是相同的，而这个图的稳定区域（*ABIJ*）更大，而发散区域（*DEFG*）更小。

（三）参数（α，k）的吸引盆

我们再令参数 $a = 2$ 和 $g = 0.02$，关于参数（α，k）的吸引盆如图 4 - 3 所示。图中的区域与稳定性的对应关系与图 4 - 1 和图 4 - 2 是相同的，图中的 *ABKL* 部分为稳定区域，与图 4 - 1 和图 4 - 2 相比是最大的，而发散区域（*EFGH*）与图 4 - 1 和图 4 - 2 相比是最小的。

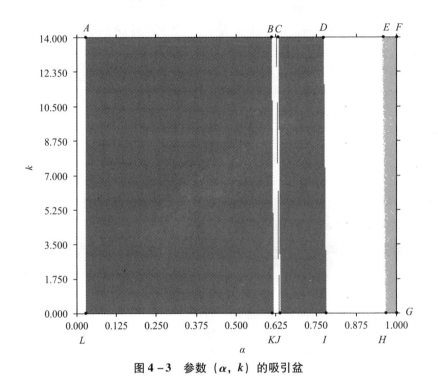

图 4 - 3　参数（α，k）的吸引盆

以上数值仿真结果进一步验证了本章第三节关于不动点 F_0 和 F_1 稳定性分析结果，即理论分析与数值分析结果完全一致。

二、分岔分析

本部分我们主要研究参数 α，g 和 k 的分岔数值模拟。

（一）关于参数 α 的分岔分析

在这部分，我们将参数固定为 $a = 2$，$g = 0.02$，$k = 0.04$，让参数 α 从 0 变化到 0.96，如图 4 - 4 和图 4 - 5 所示。

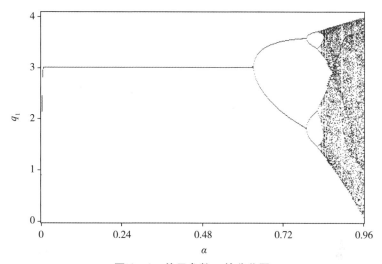

图 4 - 4　关于参数 α 的分岔图

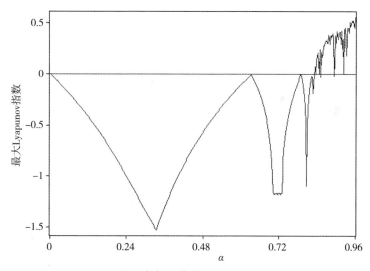

图 4 - 5　关于参数 α 的最大 Lyapunov 指数图

$\alpha = 0.616$ 时，系统开始进行第一次倍周期分岔；$\alpha = 0.771$ 时，系统开始进行第二次倍周期分岔；$\alpha = 0.805$ 时，系统开始进行第三次倍周期分岔，即进入混沌状态。

当 $0 < \alpha < 0.616$ 时，系统的最大李亚普诺夫（Lyapunov）指数小于 0，当 $\alpha = 0.616$ 时，最大 Lyapunov 指数等于 0，即进行第一次分岔；当 $0.616 < \alpha < 0.771$ 时，最大 Lyapunov 指数小于 0，当 $\alpha = 0.771$ 时，最大 Lyapunov 指数又一次等于 0，即系统又开始进行第二次倍周期分岔；当

$0.771 < \alpha < 0.805$ 时，最大 Lyapunov 指数又是小于 0，当 $\alpha = 0.805$ 时，最大 Lyapunov 指数又一次等于 0，系统开始进行第三次倍周期分岔，即进入混沌状态。以上说明最大 Lyapunov 指数图与分岔图的结果高度一致。

（二）关于参数 α 的分岔分析

在这部分，我们将参数固定为 $\alpha = 0.7$，$g = 0.02$，$k = 0.4$，让参数 a 从 0 变化到 2.9，如图 4-6 和图 4-7 所示。

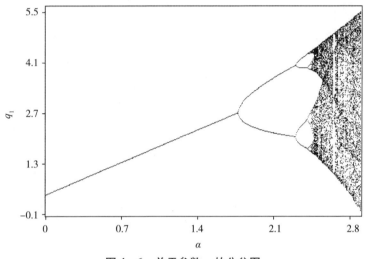

图 4-6　关于参数 α 的分岔图

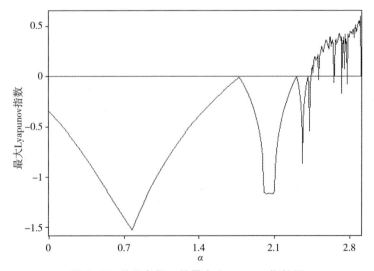

图 4-7　关于参数 α 的最大 Lyapunov 指数图

通过分析分岔图 4 - 6 和最大 Lyapunov 指数图 4 - 7 表明，最大 Lya-punov 指数图与分岔图的结果也是非常一致。

（三）关于参数 g 的分岔分析

在这部分，我们将参数固定为 $\alpha = 0.7$，$a = 2$，$k = 0.4$，让参数 g 从 0 变化到 20，如图 4 - 8 和图 4 - 9 所示。显然，分岔图 4 - 8 和最大 Lya-punov 指数图 4 - 9 相互吻合得非常好。

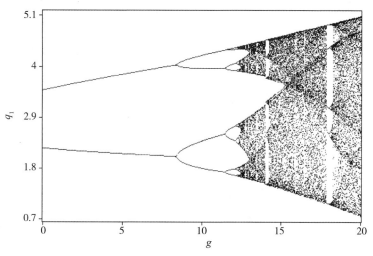

图 4 - 8 关于参数 g 的分岔图

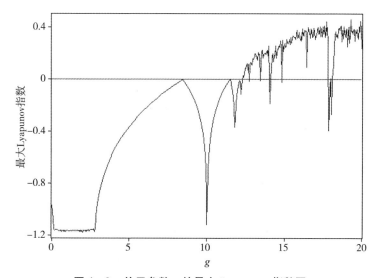

图 4 - 9 关于参数 g 的最大 Lyapunov 指数图

（四）关于参数 k 的分岔分析

在这部分，我们将参数固定为 $\alpha = 0.7$，$a = 2$，$g = 0.02$，让参数 k 从 0 变化到 400，如图 4 - 10 和图 4 - 11 所示。

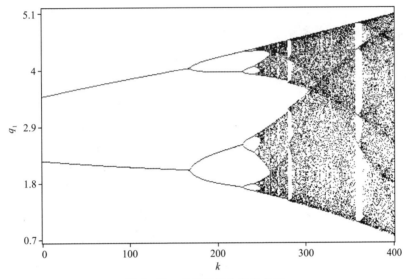

图 4 - 10   关于参数 k 的分岔图

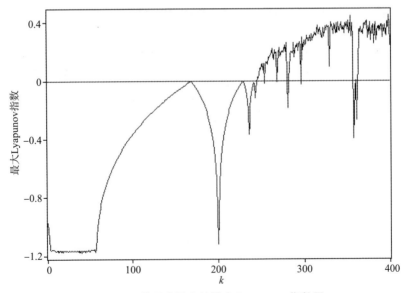

图 4 - 11   关于参数 k 的最大 Lyapunov 指数图

显然分岔图 4 - 10 和最大 Lyapunov 指数图 4 - 11 相互吻合得非常好。

三、混沌分析

上一部分的 Lyapunov 指数图的绘制是运用 Wolf 算法（Wolf et al.，1985）计算相应 Lyapunov 指数的。根据最大 Lyapunov 指数是否大于 0 可以判断是否出现了混沌现象（正的 Lyapunov 指数表明混沌出现）。本部分还将运用 0 - 1 混沌检测算法（Gottwald & Melbourne，2008；Falconer et al.，2008；孙克辉，2010；Yuan & Yang；2011）简单快捷地判断混沌的存在性。

（一）0 - 1 混沌检测算法简介

0 - 1 混沌检测算法描述如下：

考虑一组离散抽样数据 $\phi(n)$ 的抽样间隔为 $n = 1$，2，3，…，N，其中的 N 是数据的总数量。

第 1 步　选择一个随机数 $c \in \left(\dfrac{\pi}{5}, \dfrac{4\pi}{5} \right)$，并定义一个新的坐标（$p_c(n)$，$s_c(n)$）如下：

$$p_c(n) = \sum_{j=1}^{n} \phi(j) \cos(\theta(j)) \text{ 和 } s_c(n) = \sum_{j=1}^{n} \phi(j) \sin(\theta(j)) \qquad (4.21)$$

其中

$$\theta(j) = jc + \sum_{i=1}^{j} \phi(j)，\quad j = 1，2，3，\cdots，n$$

第 2 步　定义均方差偏移量 $M_c(n)$ 如下：

$$M_c(n) = \lim_{N \leftarrow \infty} \frac{1}{N} \sum_{j=1}^{N} \left[p_c(j + n) - p_c(j) \right]^2 + \left[s_c(j + n) \right.$$
$$\left. - s_c(j) \right]^2，n \in \left[1，\frac{N}{10} \right] \qquad (4.22)$$

第 3 步　定义校正的均方差偏移量 $D_c(n)$ 如下：

$$D_c(n) = M_c(n) - \left[\lim_{N \to \infty} \frac{1}{N} \sum_{j=1}^{N} \phi(j) \right]^2 \frac{1 - \cos nc}{1 - \cos c} \qquad (4.23)$$

第 4 步　定义平均相关系数 k 如下：

$$K = \text{median}(K_c) \qquad (4.24)$$

其中

$$K_c = \frac{\text{cov}(\xi, \Delta)}{\sqrt{\text{var}(\xi)\text{var}(\Delta)}} \in [-1, 1]$$

其中，$\xi = (1，2，3，\cdots，n_{cut})$，$\Delta = (D_c(1)，D_c(2)，\cdots，D_c(n_{cut}))$，$n_{cut} = \text{round}\left(\dfrac{N}{10} \right)$，我们将长度为 q 的向量 x，y 的方差和协方差定义如下：

$$\text{cov}(x, y) = \frac{1}{q} \sum_{j=1}^{q} [x(j) - \bar{x}][y(j) - \bar{y}]$$

$$\bar{x} = \frac{1}{q} \sum_{j=1}^{q} x(j), \ \text{var}(x) = \text{cov}(x, x)$$

第 5 步　结果解读如下:

(1) $K \approx 0$ 表明该系统是规则的(即是周期或者拟周期的),而 $K \approx 1$ 表明该系统是混沌的。

(2) 在 (p, s)—平面,如果系统有清晰边界的轨迹表明该系统是规则的,而如果其轨迹边界好似布朗运动(无清晰边界)则表明其为混沌的。

(二) 双寡头博弈动力系统的混沌存在性检测

对于双寡头博弈动力系统模型(4.13),我们固定参数 $\alpha = 2$,$b = 0.5$,$c = 0.7$,$d = 0.22$,$g = 0.02$,$k = 0.4$,令 α 从 0 变化到 1,可以得到其平均相关系数 K 值图,如图 4 – 12 所示。图中的结果与前面的结果非常吻合。同样,当 $\alpha = 0.96$ 时 $K \approx 1$,这说明该系统出现了混沌现象,在原坐标下如图 4 – 13 所示,在新坐标 (p, s) 下如图 4 – 14 所示。

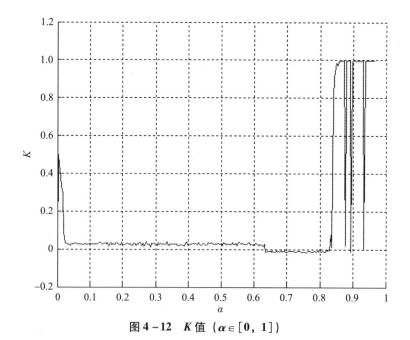

图 4 – 12　K 值 $(\alpha \in [0, 1])$

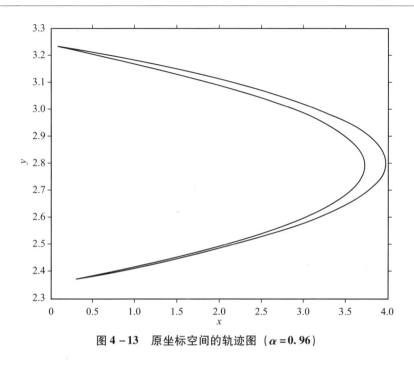

图 4 - 13　原坐标空间的轨迹图（$\alpha = 0.96$）

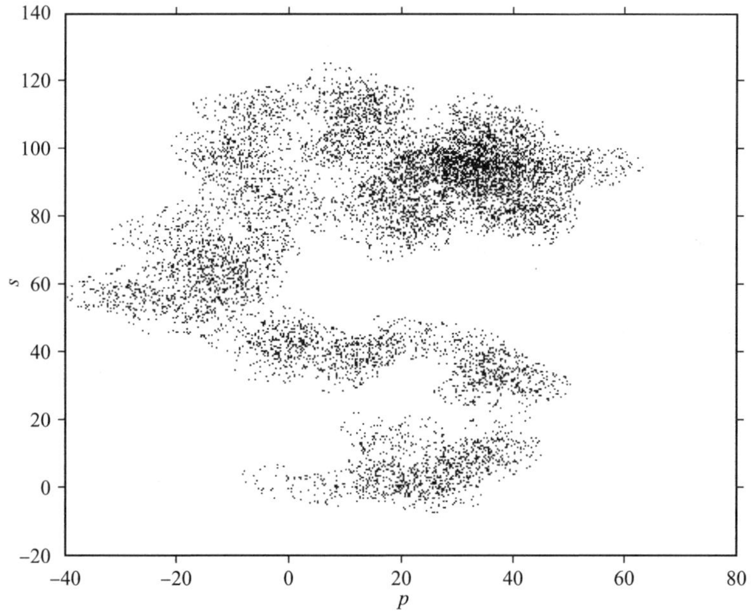

图 4 - 14　新坐标（p，s）空间的轨迹图（$\alpha = 0.96$）

　　根据图 4 - 4、图 4 - 5、图 4 - 12、图 4 - 13 和图 4 - 14 的数值模拟结果，我们很容易发现：分岔图、Lyapunov 指数与 0 - 1 检测算法的平均相

关系数 K 值吻合的效果非常好。

第五节　本　章　小　结

　　本章所研究的情景是双寡头企业在产品定价决策的同时考虑用能权的因素，将用能权的初始配额、节能后的用能权售出收益、过量用能后的用能权购买成本以及节能行为的成本等因素与产品定价决策融合在一起考虑，确定其最优的生产计划与节能决策。这样，相对于以前的研究，本部分的双寡头博弈就更接近实际。

　　对于政府来讲，可以通过调整用能权价格或者初始用能权配额来平衡寡头企业的生产计划决策与节能数量决策。在能源短缺时期，政策部门完全可以适当提高用能权市场的保留价格并适当减少初始用能权配额，去引导寡头企业采取节能策略，以达到缓解能源短缺压力的目的。如果市场出现产品短缺时，政府部门可以通过适当降低用能权市场的保留价格并增加初始用能权配额，去引导寡头企业采取增加产品产量的策略，以达到缓解产品短缺压力的目的。因而，政策制定者需要决定一个用能权市场保留价格和寡头企业初始用能权配额的最优组合。

第五章　嵌入水权的寡头博弈：
微分博弈的视角[*]

第一节　引　言

水稀缺已经成为全球共同面临的难题，正在不断影响人类的生存与发展（Shaw，2005）。然而，全球的水稀缺原因又各不相同，并不都是自然性水稀缺，很多水短缺是可以不同程度地予以控制。例如，水价过低会让用水部门的用水成本太低而不重视节约用水，从而出现用水效率低下甚至水浪费现象，这种情况就可以合理提高水价，引导用水部门节约用水，提高用水效率。当然，合理的水价可以很好地控制水需求和节约用水进而提高用水效率，最终能够缓解甚至彻底解决水稀缺问题（Venot et al.，2007；Oelmann & Griffin，2007；Johansson，2015）。因此，我们会非常自然地想到两种解决水源短缺的途径，如表5-1所示。

表5-1　　　　　　　　　解决当前水资源短缺问题的策略

类型	方案	例子	本部分所采用方案
直接方案	增加水源的供应数量	增加水资源的开采量，加大水资源的供给数量	未研究
间接方案	提高水资源利用效率，增加节约水的数量	增加水资源的循环利用，减少水资源消耗	优化配置水资源和节约水资源

* 本章的主要内容已发表于 Xin B, Sun M. A differential oligopoly game for optimal production planning and water savings [J]. European Journal of Operational Research，2018，269（1）：206-217。

用水效率是一个重要的测度指标，它可以度量基于特定目的水需求量与水消耗量或配送量的关系，也可以用于度量工业生产中的用水生产率。如果用水效率被企业视为一种战略，则那些高效利用水的企业就会比其竞争对手更有竞争优势。高效利用水的企业将会更加积极主动地采用前述那些间接的方案，以便达到节约用水和提高用水效率的目的。提高用水效率不仅可以减少水的汲取量，可以将更多的水源留存下来为将来所用，也可以减少污水排放、降低污水的处理成本等。当我们将高效用水的积极性调动起来后，可以采纳下述策略提高用水效率：对水需求的轻重缓急进行分类处理、设定有远见的目标、构建当前绩效标准、审慎制定行动计划等。为了确保能够实现水资源管理的可持续性，需要在制度质量、管理原则、经济刺激、研发和市场导向的政策等方面进行实质性改革。大量地采用经济手段和市场方法而不是行政措施，并建设用水权（简称"水权"）交易市场，都能够鼓励企业决策者去节约水，以实质性地缓解水短缺造成的生态环境和社会经济等方面的压力。而且，水权交易市场还可以将用水权转移给那些用水效率高的企业，这样会更有利于社会福利的提高。因而，作为间接方案，水权交易市场对于提高用水效率是非常有效的。所以水权交易市场也是我们将来科学研究的重点之一。

本章主要专注于开发一个微分寡头模型，其中包含了产品价格粘性和水权交易等因素。这个模型会同时受差异化的产品价格和无差异化的水权价格的影响，可以帮助企业做出最优生产决策和最优节水决策及水权交易决策。当然，用水效率和初始用水权的分配问题也都可以影响企业的最优生产计划和节水决策，我们将通过分析该模型的静态解、开环解和闭环解来研究企业的生产与节水决策问题。

第二节　文　献　评　述

在本部分，我们将对运用相似方法解决不同问题和运用不同方法研究相似问题的主要文献进行评述，前者如表5－2所示，后者如表5－3所示。

表5－2　　　　　　　　带有粘性价格特征的寡头微分博弈

作者	年份	博弈主体数量（个）	状态变量	控制变量	均衡解类型	社会优化解组成
司马和高桥（Simaan & Takayama）	1978	2	产品价格	生产计划	开环解闭环解	未研究

续表

作者	年份	博弈主体数量（个）	状态变量	控制变量	均衡解类型	社会优化解组成
费什特曼和卡米恩（Fershtman & Kamien）	1987	2	产品价格	生产计划	开环解闭环解反馈解	未研究
赛利尼和兰贝蒂尼（Cellini & Lambertini）	2004	n	产品价格	生产计划	开环解闭环解反馈解	未研究
赛利尼和兰贝蒂尼（Cellini & Lambertini）	2007	n	产品价格	生产计划	开环解闭环解	企业利润消费者剩余
本章	—	n	产品价格用水权价格	生产计划节水计划	开环解闭环解	企业利润消费者剩余环境利益

　　如表 5-2 所示，有很多学者已经研究了价格粘性条件下的微分博弈模型。其中，司马和高桥（Simaan & Takayama，1978）提出了一个价格粘性条件下的微分博弈模型，并且其价格调整速度被假定是单一的，据此用以描述双寡头企业在产能约束条件下如何实现无限期间的利润最大化问题。费什特曼和卡米恩（Fershtman & Kamien，1987）将司马和高桥（Simaan & Takayama，1978）的微分博弈模型扩展为价格调整速度是任意的，并且重点研究了其极限情况：价格调整可以瞬间实现。赛利尼和兰贝蒂尼（Cellini & Lambertini，2004）将费什特曼和卡米恩（Fershtman & Kamien，1987）的微分博弈模型的决策主体由 2 个扩展为多个。后来，赛利尼和兰贝蒂尼（Cellini & Lambertini，2007）又将他们的上述模型（Cellini & Lambertini，2004）从产品同质扩展为产品异质的情形。显然，以上微分博弈模型（Cellini & Lambertini，2004，2007；Fershtman & Kamien，1987；Simaan & Takayama，1978）仅仅研究了粘性价格条件下寡头企业如何优化其生产策略，以便实现它们的总利润最大化。本章的创新性就在于扩展寡头博弈主体不仅要通过优化它们的生产计划实现它们的利润最大化，还要考虑在其产品价格和水权价格均为粘性的条件下如何优化其节水策略并控制其成本，最终实现总体利润最大化。

　　如表 5-3 所示，很多学者运用微分寡头博弈模型（Fershtman & Kamien，1987）去研究带有较多状态变量/控制变量的各类问题的建模方法。

彼加（Piga，2000）开发了一种价格粘性条件下的双寡头微分博弈模型，可以用于优化生产计划和广告策略。弗鲁赫特和梅辛格（Fruchtera & Messinger，2003）构建了一个微分博弈模型，研究主导型公司如何在竞争性边缘的可能性反应条件下，运用价格和广告策略去优化自己的长期利润。考虑到消费者的位置，例如，运输的负效应，兰贝蒂尼（Lambertini，2005）运用微分寡头博弈去表征空间垄断条件下总消费者剩余的动力学演进，以实现在单寡头垄断和社会计划条件下的最优广告策略。弗鲁赫特、雅菲和内本扎（Fruchter，Jaffe & Nebenzahl，2006）运用微分博弈的方法帮助生产商采用最优的品牌价格和产品选址策略，以实现品牌形象约束条件下的总利润最大化。坎德拉和赛利尼（Candela & Cellini，2006）构建了一个旅游市场的微分博弈模型，去描绘如何通过控制投资与游客流量实现特定市场规模下的利润现值最大化。里希纳穆尔蒂、普拉萨德和塞提（Krishnamoorthy，Prasad & Sethi，2010）提出了一个动态的耐用品双寡头模型，以描述在竞争销售情景中如何优化广告与价格策略问题。高星和钟伟俊（Gao & Zhong WJ，2013）构建了一个微分博弈框架模型，去研究在动态消费需求和知识扩散情景中如何通过控制价格和投资以实现信息安全投资决策最优。贝尔蒂内利、卡马乔和邹（Bertinelli，Camacho & Zou，2014）运用微分博弈模型研究了两个国家面对跨界 CO_2 污染问题，如何进行 CO_2 排放与捕捉的优化决策。哈纳斯、兰贝蒂尼和帕莱斯蒂尼（Hasnas，Lambertini & Palestini，2014）提出了一个内生研发投资与开放创新溢出条件下的双寡头微分古诺博弈模型，描述了双寡头如何通过优化边际成本和技术溢出来实现利润最大化。菲赫廷格等（Feichtinger et al.，2016）运用微分博弈模型描述生产如何产生环境外部性，如何通过庇古税和价格补偿等方式进行规制等问题。

表 5 – 3　　　　　　　考虑多状态变量与控制变量的寡头微分博弈

作者	年份	状态变量	控制变量	均衡解类型
彼加（Piga）	2000	产品价格	生产计划，广告	开环解反馈解
弗鲁赫特和梅辛格（Fruchtera & Messinger）	2003	附带销售量	产品定价，广告投入	反馈解
兰贝蒂尼（Lambertini）	2005	保留价格	投资量，消费者位置	开环解

续表

作者	年份	状态变量	控制变量	均衡解类型
弗鲁赫特、雅菲和内本扎（Fruchter, Jafte & Neben Zahl）	2006	品牌形象	品牌价格，地区形象	反馈解
坎德拉和赛利尼（Candela & Cellini）	2006	市场容量	投资量，游客流量	开环解
里希纳穆尔蒂、普拉萨德和塞提（Krishna moorthy, Prasad & Sethi）	2010	累积销售量	产品定价，广告投入	反馈解
高星和钟伟俊（Gao & Zhong WJ, 2013）	2013	消费者需求，知识扩散	价格，投资	开环解
贝尔蒂内利、卡马乔和邹（Bertinelli, Camacho & Zou, 2014）	2014	CO_2 存量状态	CO_2 回收率	开环解闭环解
哈纳斯、兰贝蒂尼和帕蒂斯蒂尼（Hasnas, Lambertini & Palestini）	2014	边际成本，技术溢出	生产计划，R&D 投入	开环解
菲赫廷格等（Feichtinger et al., 2016）	2016	主体产能，污染排放量	产能投资，绿色R&D投资	开环解
本章	—	产品价格，水权价格	生产计划，节水计划	开环解闭环解

第三节　建　　模

不失一般性，我们可以将一个高耗水的产业看成一个寡头市场，它由寡头企业组成，即博弈论中的参与者，可以标号为1，2，…，N，它们需要优化自己的生产与水权交易策略。为了研究方便，我们是在下述学者研究成果的基础上开展本章研究的：司马和高桥（Simaan & Takayama，1978），费什特曼和卡米恩（Fershtman & Kamien，1987），赛利尼和兰贝蒂尼（Cellini & Lambertini，2004，2007）。为了简化研究，提出如下几个假设：

假设 5.1　假定一个寡头市场里有 N 个寡头企业，它们的即时生产成本函数采用如下形式：

$$C_i(t) = cq_i(t) + \frac{1}{2}\left[q_i(t)\right]^2 \tag{5.1}$$

其中，$q_i(t)$ 是寡头企业 i 在 t 时刻的产量，$0 < c < A$，A 是产品市场的不变保留价格。

假设 5.2　寡头企业 i 在 t 时刻的产品均衡价格可以用以下反向需求函

数进行表示:

$$\hat{p}_i(t) = A - Bq_i(t) - D\sum_{j\neq i} q_j(t) \tag{5.2}$$

其中,D 测度任意两个差异化产品的可替代程度,并满足 $0 < D < B$。

假设 5.3 假定普通产品的价格是粘性的,记作 $p_i(t)$,其价格不能够立即调整到上述的均衡水平。价格是需要花费一些时间逐渐从当前市场价格水平调整到均衡市场价格水平。这种变化遵从一阶调整过程(Fershtman & Kamien,1987;Simaan & Takayama,1978),如下所述:

$$\frac{\mathrm{d}p_i(t)}{\mathrm{d}t} \equiv \dot{p}_i(t) = s[\hat{p}_i(t) - p_i(t)] \tag{5.3}$$

其中,s 代表粘性系数,满足 $0 < s < 1$。s 越是高,则价格粘性就越是低。

假设 5.4 假定寡头企业 i 相对于其产品数量的水消耗系数记为 g_i,它代表当前的用水效率或者节水的技术水平;该寡头企业的初始用水权配额记为 y_i;它在 t 时刻节约水的数量记为 $u_i(t)$。这样,该寡头企业 i 的水权交易量记为 $R_i(t)$,满足:

$$R_i(t) = [u_i(t) + y_i - g_iq_i(t)] \begin{cases} >0,\ \text{如果寡头企业 } i \text{ 有剩余水权} \\ =0,\ \text{如果寡头企业 } i \text{ 被分配的水权刚好够用} \\ <0,\ \text{如果寡头企业 } i \text{ 出现水权短缺} \end{cases}$$
$$\tag{5.4}$$

注 5.1 表达式(5.4)表明:政府部门可以通过调整控制水权的初始配额来控制水权交易数量的。

假设 5.5 寡头企业 i 的节水成本可以用以下二次函数来表示:

$$S_i(t) = \frac{1}{2}w_i[u_i(t)]^2 \tag{5.5}$$

其中,w_i 代表寡头企业 i 的节水成本系数。

假设 5.6 t 时刻水权市场的均衡价格是由水权市场的需求决定的,如下所示:

$$\hat{k}(t) = E - \alpha\sum_{i=1}^{N} [u_i(t) + y_i - g_iq_i(t)] \tag{5.6}$$

其中,E 代表水权的不变保留价格,$\alpha > 0$ 代表反向需求系数。

注 5.2 在经济学中,市场不变保留价格 E 可以被看作是政府的指导价格,即政府可以通过调整其指导价格来控制市场的均衡价格。

假设 5.7 假定实际的水权市场价格与其均衡价格之间存在偏差,存在价格粘性。因而,水权价格服从如下运动定律:

$$\frac{\mathrm{d}k(t)}{\mathrm{d}t} \equiv \dot{k}(t) = r[\hat{k}(t) - k(t)] = r\{E - \alpha \sum_{i=1}^{N}[u_i(t)$$
$$+ y_i - g_i q_i(t)] - k(t)\} \tag{5.7}$$

其中，r 代表粘性价格系数，并满足 $0 < r < 1$。类似于式（5.3）中的 s，r 的值越高，价格粘性越大。

运用假设 5.1、假设 5.4 和假设 5.5，寡头企业 i 的即时利润可以表示为以下形式：

$$\pi_i(t) = q_i(t)p_i(t) - C_i(t) + k(t)R_i(t) - S_i(t)$$
$$= q_i(t)\left[p_i(t) - c - \frac{1}{2}q_i(t)\right] + k(t)[u_i(t) + y_i - g_i q_i(t)] - \frac{1}{2}w_i[u_i(t)]^2 \tag{5.8}$$

在以上七个假设下，如果寡头企业 i 能够优化其生产计划和节水决策，那么就可以在产品和水权市场动态约束条件下动态优化其无限期间的利润流了。该优化模型可以表示成如下微分博弈的形式：

$$\max_{q_i(t), u_i(t)} J_i(p_i, k_i) = \int_0^{\infty} e^{-\rho t}\left\{q_i(t)\left[p_i(t) - c - \frac{1}{2}q_i(t)\right]\right.$$
$$\left. + k(t)[u_i(t) + y_i - g_i q_i(t)] - \frac{1}{2}w_i[u_i(t)]^2\right\}\mathrm{d}t \tag{5.9}$$

$$\text{s. t.}\begin{cases} \dot{p}_i(t) = s[A - Bq_i(t) - D\sum_{j \neq i}q_j(t) - p_i(t)], & i = 1, 2, \cdots, N \\ \dot{k}(t) = r[E - \alpha \sum_{i=1}^{N}[u_i(t) + y_i - g_i q_i(t)] - k(t)], & i = 1, 2, \cdots, N \\ p_i(0) = p_{i,0} > 0, & i = 1, 2, \cdots, N \\ k(0) = k_0 > 0 \end{cases}$$
$$\tag{5.10}$$

其中，ρ 代表一般的折现系数，$p_{i,0}$ 代表寡头企业 i 产品的初始价格，k_0 代表水权的初始市场价格。

有时并不完全符合上述七个假设，这样我们需要针对事前对称条件提出假设 5.8 和假设 5.9，以便将其适用于强对称均衡的情形。

假设 5.8　$p_{i,0} = p_{j,0} = p_0$，$y_i = y_j = y$，$g_i = g_j = g$，$w_i = w_j = w$，$q_i(t) = q_j(t) = q(t)$，$p_i(t) = p_j(t) = p(t)$ 和 $u_i(t) = u_j(t) = u(t)$。

在假设 5.8 中，p_0、g、y 和 w 分别代表对称的初始产品价格、水消耗系数、初始水权分配数量和节水成本系数；$q(t)$、$p(t)$ 和 $u(t)$ 分别代表 t 时刻对称的产品数量、产品价格和节水数量。

假设 5.9 对于所有 i，$\lambda_{ii}(t) = \lambda_{own}(t)$ 成立；对于任何 $j \neq i$，$\lambda_{ij}(t) = \lambda_{other}(t)$ 成立。

在上述假设中，对所有 i，$\lambda_{ii}(t)$ 是与寡头企业 i 的产品价格 $p_i(t)$ 相关的伴随变量；对 $j \neq i$，$\lambda_{ij}(t)$ 是与寡头企业 j 的产品价格 $p_j(t)$ 相关的寡头企业 i 的伴随变量；$\lambda_{own}(t)$ 是代表与自己的产品价格相关的伴随变量；$\lambda_{other}(t)$ 代表与其他寡头企业的产品价格相关的伴随变量。

在下述部分，下标/上标中若出现 SE、OL、CL、F、SP 和 SPC，则分别表示变量/参数在静态均衡、开环均衡、闭环均衡、反馈均衡、反馈社会福利均衡和闭环社会福利均衡水平。在不引起混淆的情况下，我们有时会将上标或者下标省略。

第四节　静态纳什均衡

定义 5.1 静态纳什均衡，是指对于初始状态为 $(p_{i,0}, k_0)$ 的微分博弈模型（5.9）~模型（5.10），如果所有寡头企业都是价格接受者，即它们都以市场均衡价格 k_{SE} 购买水权并以市场均衡价格销售产品 p_{SE}。

注意：对于静态博弈，其产品价格 p_i 就是实际的市场均衡价格 p_{SE}，其水权价格 k_i 就是水权的实际市场均衡价格 k_{SE}。因而，对于每一个寡头企业，其最优决策是同时选择均衡产量生产，同时选择均衡节水量进行节约。通过使用假设 5.8 中的对称条件，我们可以得到如下命题：

命题 5.1 对于静态纳什均衡，每个寡头企业节水量的均衡值 u_{SE}、每个寡头企业产量的均衡值 q_{SE}、每个寡头企业产品价格的均衡值 p_{SE} 和水权价格的均衡值 k_{SE} 可以分别表示为如下形式：

$$u_{SE} = \frac{2\alpha g N(A-c) + (E-2N\alpha y)(2ND-2D+2B+1)}{2N\alpha w g^2 + (2N\alpha + w)(2ND-2D+2B+1)} \tag{5.11}$$

$$q_{SE} = \frac{g(2N\alpha y - E) + (A-c)(2N\alpha + w)}{2N\alpha w g^2 + (2N\alpha + w)(2ND-2D+2B+1)} \tag{5.12}$$

$$p_{SE} = A - (B + D(N-1))q_{SE} \tag{5.13}$$

$$k_{SE} = E - N\alpha(u_{SE} + y - g q_{SE}) \tag{5.14}$$

证明 在上述情形中，寡头企业 i 的最大利润可以表示为：

$$\pi_i = q_i\Big[(A - Bq_i - D\sum_{j\neq i} q_j) - c - \frac{1}{2}q_i\Big]$$

$$+ \Big[E - \alpha\sum_{i=1}^{N}(u_i + y_i - g_i q_i)\Big](u_i + y_i - g_i q_i) - \frac{1}{2}w_i[u_i(t)]^2$$

$$\tag{5.15}$$

通过求解 $\frac{\partial \pi_i}{\partial q_i}=0$ 和 $\frac{\partial \pi_i}{\partial u_i}=0$，表达式（5.11）和式（5.12）在假设 5.8 成立的条件下可以直接求得。

众所周知，静态均衡意味着 $\dot{p}_i(t)=0$ 和 $\dot{k}(t)=0$，这样我们可以非常容易求得式（5.13）和式（5.14）。

证毕。

注 5.3 在对称的静态纳什均衡状态下，$N>1$ 会使如下 5 个结果成立：

（1）$\frac{\partial q_{SE}}{\partial y}>0$：表明初始水权分配的越多，寡头企业产量的市场稳态水平就会越高。初始水权配额越高，就意味着企业有更多的水资源可用于生产。

（2）$\frac{\partial q_{SE}}{\partial E}<0$：表明水权交易市场的保留价格越低，寡头企业产量的市场稳态水平就会越高。较低的水权保留价格或许是由较低的水权均衡价格所致，这意味着寡头企业可以通过很少的支出就能实现产量的增加。

（3）$\frac{\partial u_{SE}}{\partial y}<0$：表明初始水权分配的越多，寡头企业的节水量的稳态水平就会越低。初始水权配额越高，就意味着企业节水的需求就会越小。

（4）$\frac{\partial u_{SE}}{\partial E}>0$：表明水权交易市场的保留价格越高，寡头企业节水数量的稳态水平就会越高。较低的水权保留价格或许是由较高的节水数量所稀释，这意味着较高的水权保留价格会让寡头企业有更多的动机去节水，提高水使用效率。

（5）$\frac{\partial \pi_{SE}}{\partial y}$ 和 $\frac{\partial \pi_{SE}}{\partial E}$：一些定量分析将以数据模拟的方式展示于第九节。

第五节 开环纳什均衡

定义 5.2 对于初始状态为 $(p_{i,0}, k_0)$ 的微分博弈模型（5.9）~模型（5.10），如果寡头企业 i 的集值函数对于 $t \in (0, \infty)$ 满足 $\eta_i(t)=\{(p_{i,0}, k_0)\}$，则寡头企业 i 的信息结构为一个无记忆的开环模式。

为了研究开环纳什均衡状态下寡头企业如何在起始做出各自的生产计划和节水决策，我们假定寡头企业在做出上述决策后，会一直坚持不改变计划。

命题 5.2 在上述微分博弈模型的开环均衡状态下，每个寡头企业节水数量的均衡值 u_{OL}^{∞}、每个寡头企业的均衡值 q_{OL}^{∞}、每个寡头企业产品价格的均衡值 p_{OL}^{∞} 和水权价格的均衡值 k_{OL}^{∞}，都是由以下表达式所决定的：

$$u_{OL}^{\infty} = \frac{z_2(z_1 - Bsz_3 - 1) + [Ncg + r(cg + y - yz_1 + Bsyz_3)z_4 - Ag(N + rz_4)]\alpha}{w(z_1 - Bsz_3 - 1) - \alpha(N + rz_4)(1 - z_1 + Bsz_3 + g^2 w)}$$

$$(5.16)$$

$$q_{OL}^{\infty} = \frac{c(w + N\alpha + \alpha rz_4) + gw(z_2 - \alpha ryz_4) - A(w + N\alpha + \alpha rz_4)}{w(z_1 - Bsz_3 - 1) - \alpha(N + rz_4)(1 - z_1 + Bsz_3 + g^2 w)} \qquad (5.17)$$

$$p_{OL}^{\infty} = A + z_1 q_{OL}^{\infty} \qquad (5.18)$$

$$k_{OL}^{\infty} = z_2 - \alpha N \, (u_{OL}^{\infty} - g q_{OL}^{\infty}) \qquad (5.19)$$

其中，$z_1 = (1 - N)D - B$，$z_2 = E - N\alpha y$，$z_3 = \dfrac{1}{\rho + s}$，$z_4 = \dfrac{1}{\rho + r}$。

证明 寡头企业 i 的哈密顿函数可以表示为：

$$H_i(t) = q_i(t)\left[p_i(t) - c - \frac{1}{2}q_i(t)\right] + k(t)[u_i(t) + y_i - g_i q_i(t)]$$

$$- \frac{1}{2}w_i[u_i(t)]^2 + \lambda_{ii}(t)s\left[A - Bq_i(t) - D\sum_{j \neq i}q_j(t) - p_i(t)\right]$$

$$+ \sum_{j \neq i}\lambda_{ij}(t)s\left[A - Bq_j(t) - D\sum_{h \neq j}q_h(t) - p_j(t)\right]$$

$$+ \mu_i(t)r\left[E - \alpha\sum_{i=1}^{N}[u_i(t) + y_i - g_i q_i(t)] - k(t)\right] \qquad (5.20)$$

其中，$\mu_i(t)$ 为寡头企业 i 的水权价格 $k(t)$ 相关的伴随变量。

应用庞特里亚金最大值原理（Pontryagin's maximum principle），其一阶条件可以由以下方程组获得：

$$\begin{cases} \dfrac{\partial H_i(t)}{\partial q_i(t)} = 0 \\[2mm] \dfrac{\partial H_i(t)}{\partial u_i(t)} = 0 \end{cases} \qquad (5.21)$$

并且其伴随方程是：

$$\begin{cases} -\dfrac{\partial H_i(t)}{\partial p_i(t)} = \dot{\lambda}_{ii}(t) - \rho\lambda_{ii}(t) \\[2mm] -\dfrac{\partial H_i(t)}{\partial p_j(t)} = \dot{\lambda}_{ij}(t) - \rho\lambda_{ij}(t) \\[2mm] -\dfrac{\partial H_i(t)}{\partial k(t)} = \dot{\mu}_i(t) - \rho\mu_i(t) \end{cases} \qquad (5.22)$$

该一阶条件和伴随方程都必须考虑初始条件 $\left[p_i(0)=p_{i,0}\right]_{i=1}^N$, $k(0)=k_0$ 和横截条件。这些条件要求其状态变量和伴随变量的终值满足以下方程：

$$\begin{cases} \lim_{t\to\infty}\lambda_{ii}(t)p_i(t)=0 \\ \lim_{t\to\infty}\lambda_{ij}(t)p_j(t)=0 \\ \lim_{t\to\infty}\mu_i(t)k(t)=0 \end{cases} \tag{5.23}$$

下述方程组（5.24）和方程组（5.25）中的结果可以分别通过方程组（5.21）和方程组（5.22）计算获得：

$$\begin{cases} u_i(t)=\dfrac{1}{w_i}\left[k(t)-r\alpha\mu_i(t)\right] \\ q_i(t)=p_i(t)-c-sB\lambda_{ii}(t)-sD\displaystyle\sum_{j\neq i}\lambda_{ij}(t)-g_i\left[k(t)-r\alpha\mu_i(t)\right] \end{cases} \tag{5.24}$$

$$\begin{cases} \dot{\lambda}_{ii}(t)=(\rho+s)\lambda_{ii}(t)-q_i(t) \\ \dot{\lambda}_{ij}(t)=(\rho+s)\lambda_{ij}(t) \\ \dot{\mu}_i(t)=(\rho+r)\mu_i(t)-u_i(t)-y_i+g_iq_i(t) \end{cases} \tag{5.25}$$

根据假设5.8和假设5.9中的对称性条件，下述方程组（5.26）和方程组（5.27）都成立：

$$\begin{cases} u(t)=\dfrac{1}{w}\left[k(t)-r\alpha\mu(t)\right] \\ q(t)=p(t)-c-sB\lambda_{own}(t)-sD(N-1)\lambda_{other}(t)-g\left[k(t)-r\alpha\mu(t)\right] \end{cases} \tag{5.26}$$

$$\begin{cases} \dot{\lambda}_{own}(t)=(\rho+s)\lambda_{own}(t)-q(t) \\ \dot{\lambda}_{other}(t)=(\rho+s)\lambda_{other}(t) \\ \dot{\mu}(t)=(\rho+r)\mu(t)-u(t)-y+gq(t) \\ \dot{p}(t)=s\{A-[B+D(N-1)]q(t)-p(t)\} \\ \dot{k}(t)=r\{E-\alpha N[u(t)+y-gq(t)]-k(t)\} \end{cases} \tag{5.27}$$

在假设5.8和假设5.9下的稳定状态中，与自己产品价格相关的伴随变量、与其他企业相关的伴随变量、与水权价格相关的伴随变量分别用 λ_{own}^∞、λ_{other}^∞ 和 μ^∞ 表示，并且 $\dot{\lambda}_{own}(t)=0$，$\dot{\lambda}_{other}(t)=0$，$\dot{\mu}(t)=0$，$\dot{p}(t)=0$ 和 $\dot{k}(t)=0$ 同时成立。运用上述结果以及方程组（5.26）和方程组（5.27）的结论，我们可以得到 $\lambda_{own}^\infty=z_3q_{OL}^\infty$，$\lambda_{other}^\infty=0$，$\mu^\infty=z_4(u_{OL}^\infty+y-gq_{OL}^\infty)$ 以及开环均衡解，如式（5.16）~式（5.19）所示。

证毕。

关于寡头企业的产品生产数量和节水数量的动力学方程组（5.28）可以通过方程组（5.26）对时间求微分得到。

$$
\begin{cases}
\dot{u}(t) = \dfrac{1}{w}\left[\dot{k}(t) - r\alpha\dot{\mu}(t)\right] \\
\dot{q}(t) = \dot{p}(t) - sB\dot{\lambda}_{own}(t) - sD(N-1)\dot{\lambda}_{other}(t) - g\left[\dot{k}(t) - r\alpha\dot{\mu}(t)\right]
\end{cases}
$$

$$(5.28)$$

命题 5.3　开环纳什均衡解处于一个不稳定的点上。

证明　通过合并上面的方程组（5.27）和方程组（5.28），我们便可以得到基于稳态水平（λ_{own}^{∞}，λ_{other}^{∞}，μ^{∞}，p_{OL}^{∞}，k_{OL}^{∞}，u_{OL}^{∞}，q_{OL}^{∞}）的雅可比矩阵 J_{OL}，如下所示：

$$
J_{OL} =
\begin{bmatrix}
\rho+s & 0 & 0 & 0 & 0 & 0 & -1 \\
0 & \rho+s & 0 & 0 & 0 & 0 & 0 \\
0 & 0 & \rho+r & 0 & 0 & -1 & g \\
0 & 0 & 0 & -s & 0 & 0 & sz_1 \\
0 & 0 & 0 & 0 & -r & -N\alpha r & N\alpha r g \\
0 & 0 & \dfrac{-\alpha r(\rho+r)}{w} & 0 & -\dfrac{r}{w} & \dfrac{\alpha r(1-N)}{w} & \dfrac{\alpha r g(N-1)}{w} \\
-sB(\rho+s) & -sz_5(\rho+s) & \alpha r g(\rho+r) & -s & rg & \alpha r g(N-1) & s(B+z_1)-\alpha r g^2(N-1)
\end{bmatrix}
$$

我们会非常容易发现其存在一个正的特征根：$\rho+s$。因此，该动力系统的稳态水平（λ_{own}^{∞}，λ_{other}^{∞}，μ^{∞}，p_{OL}^{∞}，k_{OL}^{∞}，u_{OL}^{∞}，q_{OL}^{∞}）是一个不稳定的点。因此，开环纳什均衡解处于一个不稳定的点上。

证毕。

注 5.4　在对称的开环信息结构情况下，对于任意 $N>1$，我们可以得到如下敏感性分析结果：

（1）$\dfrac{\partial q_{OL}}{\partial y}>0$：水权的初始配额越高，寡头企业的产品生产数量的稳态水平也会增加越大，即两者呈正比。

（2）$\dfrac{\partial q_{OL}}{\partial E}<0$：水权的市场保留价格越高，寡头企业的产品生产数量的稳态水平就会减少越多，即两者呈反比。

（3）$\dfrac{\partial u_{OL}}{\partial y}<0$：水权的初始配额越大，寡头企业的节水数量的稳态水平就会减少越多，即两者呈反比。

（4）$\dfrac{\partial u_{OL}}{\partial E}>0$：水权的市场保留价格越高，寡头企业的节水数量的稳态水平就会增加越大，即两者呈正比。

（5）$\dfrac{\partial \pi_{OL}}{\partial y}$ 和 $\dfrac{\partial \pi_{OL}}{\partial E}$：由于两者的表达式过于复杂，因而难于进行定性分析，在第八节将进行一些定量分析，以演示两者的相互关系。

第六节　无记忆闭环均衡

定义 5.3　对于初始状态为 $(p_{i,0}, k_0)$ 的微分博弈模型（5.9）～模型（5.10），如果寡头企业 i 的集值函数对于 $t \in (0, \infty)$ 满足 $\eta_i(t) = \{(p_i(\tau), k(\tau)), 0 \leqslant \tau \leqslant t\}$，则寡头企业 i 的信息结构就是一个无记忆的闭环模式。

命题 5.3 表明开环解是不稳定的，因而需要我们求解其闭环解，以期获得稳定的动态均衡解。

下面关于闭环纳什均衡的命题 5.4，展示了寡头企业根据状态变量的初始和当前的水平，如何调整它们的生产计划并做出怎样的节水决策。在这种情形下，显然寡头企业在任何时候都不会坚守以前的策略不变，而是会根据以往的历史活动做出相应的调整。

命题 5.4　对于闭环纳什均衡，寡头企业节水数量均衡值 u_{CL}^{∞}、寡头企业各自的产量均衡值 q_{CL}^{∞}、寡头企业产品的市场价格均衡值 p_{CL}^{∞} 和水权价格均衡值 k_{CL}^{∞}，都可以从下式中得出：

$$u_{CL}^{\infty} = \frac{z_{10}(z_2 + \alpha r y z_6) + \alpha g(N + r z_6)(c - A + s z_5 z_9)}{w z_{10} - \alpha(N + r z_6)(w g^2 - z_{10} + g s z_5 z_8)} \tag{5.29}$$

$$q_{CL}^{\infty} = \frac{z_2(s z_5 z_8 + w g) + (c - A + s z_5 z_9)(w + \alpha(N + r z_6)) - \alpha r y z_6(w g + s z_5 z_8)}{w z_{10} - \alpha(N + r z_6)(w g^2 - z_{10} + g s z_5 z_8)}$$

$$\tag{5.30}$$

$$p_{CL}^{\infty} = A + z_1 q_{CL}^{\infty} \tag{5.31}$$

$$k_{CL}^{\infty} = z_2 - \alpha N(u_{CL}^{\infty} - g q_{CL}^{\infty}) \tag{5.32}$$

其中，

$$z_5 = D(N - 1), \quad z_6 = \frac{w}{r(w + \alpha) + \rho w}, \quad z_7 = \frac{-D s z_4 - \alpha r g^2 z_6}{s(1 + B - 2D + ND) + \rho}$$

$$z_8 = \frac{\alpha r g z_6}{s(1 + B - 2D + ND) + \rho}, \quad z_9 = \frac{\alpha r g y z_6}{s(1 + B - 2D + ND) + \rho}$$

$$z_{10} = z_1 - s(B z_3 + z_5 z_7) - 1$$

证明　寡头企业 i 的哈密顿函数仍然是式（5.20），而其一阶条件表示为：

$$
\begin{cases}
\dfrac{\partial H_i(t)}{\partial q_i(t)} = 0 \\[2mm]
\dfrac{\partial H_i(t)}{\partial u_i(t)} = 0
\end{cases}
\tag{5.33}
$$

并且，其伴随方程如下所示：

$$
\begin{cases}
-\dfrac{\partial H_i(t)}{\partial p_i(t)} - \displaystyle\sum_{h \neq i} \dfrac{\partial H_i(t)}{\partial q_h(t)} \dfrac{\partial q_h^*(t)}{\partial p_i(t)} = \dot{\lambda}_{ii}(t) - \rho\lambda_{ii}(t) \\[3mm]
-\dfrac{\partial H_i(t)}{\partial p_j(t)} - \displaystyle\sum_{h \neq i} \dfrac{\partial H_i(t)}{\partial q_h(t)} \dfrac{\partial q_h^*(t)}{\partial p_j(t)} = \dot{\lambda}_{ij}(t) - \rho\lambda_{ij}(t) \\[3mm]
-\dfrac{\partial H_i(t)}{\partial k(t)} - \displaystyle\sum_{j \neq i} \dfrac{\partial H_i(t)}{\partial u_j(t)} \dfrac{\partial u_j^*(t)}{\partial k(t)} = \dot{\mu}_i(t) - \rho\mu_i(t)
\end{cases}
\tag{5.34}
$$

显然，两个方程组（5.22）和方程组（5.34）的差异主要体现在方程的左侧，如下面的式（5.35）所示：

$$
\sum_{h \neq i} \frac{\partial H_i(t)}{\partial q_h(t)} \frac{\partial q_h^*(t)}{\partial p_i(t)}, \sum_{h \neq i} \frac{\partial H_i(t)}{\partial q_h(t)} \frac{\partial q_h^*(t)}{\partial p_j(t)}, \sum_{h \neq i} \frac{\partial H_i(t)}{\partial u_j(t)} \frac{\partial u_j^*(t)}{\partial k(t)}
\tag{5.35}
$$

注5.5 如果将上述差异式（5.35）设定为0，即

$$
\begin{cases}
\displaystyle\sum_{h \neq i} \dfrac{\partial H_i(t)}{\partial q_h(t)} \dfrac{\partial q_h^*(t)}{\partial p_i(t)} = 0 \\[3mm]
\displaystyle\sum_{h \neq i} \dfrac{\partial H_i(t)}{\partial q_h(t)} \dfrac{\partial q_h^*(t)}{\partial p_j(t)} = 0 \\[3mm]
\displaystyle\sum_{h \neq i} \dfrac{\partial H_i(t)}{\partial u_j(t)} \dfrac{\partial u_j^*(t)}{\partial k(t)} = 0
\end{cases}
\tag{5.36}
$$

其中，$j \neq i$。这样，方程组（5.34）就会退化成为方程组（5.22），即该无记忆的闭环纳什均衡就退化成为一个开环纳什均衡（Driskill & McCafferty，1989）。换句话说，式（5.35）或方程组（5.36）中的差可以被用作交叉控制策略。这些差异主要是从状态变量反馈到控制变量时出现的，而这些项在开环控制策略中是没有的。

与第五节类似，方程组（5.24）可以从方程组（5.33）中获得，并可以使如下两个判断成立：

（1）当且仅当 $h = j$ 时，$\dfrac{\partial q_h^*(t)}{\partial p_j(t)} = 1$；否则 $\dfrac{\partial q_h^*(t)}{\partial p_j(t)} = 0$。

（2）当 $j \neq i$，$\dfrac{\partial u_j^*(t)}{\partial k(t)} = \dfrac{1}{w_j}$。

因而，在方程组（5.37）中的下述结果可以从方程组（5.34）中获得：

$$\begin{cases} \dot{\lambda}_{ii}(t) = (\rho + s)\lambda_{ii}(t) - q_i(t) \\ \dot{\lambda}_{ij}(t) = (\rho + s + sB)\lambda_{ij}(t) + sD\lambda_{ii}(t) + sD\sum_{h \neq i,j}\lambda_{ih}(t) - \alpha r g_i\mu_i(t) \\ \dot{\mu}_i(t) = \left(\rho + r + \frac{\alpha r}{w}\right)\mu_i(t) - u_i(t) - y_i + g_i q_i(t) \end{cases}$$

$$(5.37)$$

类似地，通过运用假设 5.8 和假设 5.9 中的对称性条件，可以得到如下方程：

$$\begin{cases} \dot{\lambda}_{own}(t) = (\rho + s)\lambda_{own}(t) - q(t) \\ \dot{\lambda}_{other}(t) = [\rho + s + sB + sD(N-2)]\lambda_{other}(t) + sD\lambda_{own}(t) - \alpha r g\mu(t) \\ \dot{\mu}(t) = \left(\rho + r + \frac{\alpha r}{w}\right)\mu(t) - u(t) - y + gq(t) \\ \dot{p}(t) = s\{A - [B + D(N-1)]q(t) - p(t)\} \\ \dot{k}(t) = r\{E - \alpha N[u(t) + y - gq(t)] - k(t)\} \end{cases}$$

$$(5.38)$$

该部分的剩余内容如同第五节，我们可以容易求得如下内容：$\lambda_{own}^{\infty} = z_3 q_{CL}^{\infty}$，$\lambda_{other}^{\infty} = z_7 q_{CL}^{\infty} + z_8 u_{CL}^{\infty} + z_9$，$\mu^{\infty} = z_6(u_{CL}^{\infty} + y - g q_{CL}^{\infty})$ 以及方程组（5.29）~方程组（5.32）所示的闭环纳什均衡解。

证毕。

命题 5.5　无记忆的闭环纳什均衡不在对称稳定的点上。

证明　通过将上面的方程组（5.38）和方程组（5.28）合并，我们可以得到基于稳态水平（λ_{own}^{∞}，λ_{other}^{∞}，μ^{∞}，p_{CL}^{∞}，k_{CL}^{∞}，u_{CL}^{∞}，q_{CL}^{∞}）的雅可比矩阵 J_{CL}，如下所示：

$$J_{CL} = \begin{bmatrix} \rho+s & 0 & 0 & 0 & 0 & 0 & -1 \\ sD & z_{11} & -\alpha r g & 0 & 0 & 0 & 0 \\ 0 & 0 & z_{12} & 0 & 0 & 0 & g \\ 0 & 0 & 0 & -s & 0 & -1 & sz_1 \\ 0 & 0 & 0 & 0 & -r & 0 & \alpha r g N \\ 0 & 0 & \dfrac{-\alpha r z_{12}}{w} & 0 & -\dfrac{r}{w} & \dfrac{z_{13}}{w} & -\dfrac{g z_{13}}{w} \\ -s^2(Dz_5+B)-Bs\rho & -sz_5 z_{11} & \alpha r g(z_{12}+sz_5) & -s & rg & -gz_{13} & s(B+z_1)+g^2 z_{13} \end{bmatrix}$$

其中，$z_{11} = \rho + s + sB + sD(N-2)$，$z_{12} = \rho + r + \frac{\alpha r}{w}$ 和 $z_{13} = \alpha r(1-N)$。通过运用数学软件，我们可以很容易地求得两个零特征根，这意味着该动力系

统的稳态水平（λ^{∞}_{own}，λ^{∞}_{other}，μ^{∞}，p^{∞}_{CL}，k^{∞}_{CL}，u^{∞}_{CL}，q^{∞}_{CL}）不是在一个对称稳定的点上，即该闭环纳什均衡解不是处于一个对称稳定的点上。

证毕。

注 5.6 对于对称的闭环信息结构，我们定性分析 $\dfrac{\partial q_{CL}}{\partial y}$，$\dfrac{\partial q_{CL}}{\partial E}$，$\dfrac{\partial u_{CL}}{\partial y}$，$\dfrac{\partial u_{CL}}{\partial E}$，$\dfrac{\partial \pi_{CL}}{\partial y}$ 和 $\dfrac{\partial \pi_{CL}}{\partial E}$ 是非常困难的，但是我们将在第九节进行一系列的数值仿真，以分析和验证相关结果。

第七节 反馈均衡

定义 5.4 对于初始状态为 $(p_{i,0}，k_0)$ 的微分博弈模型（5.9）~模型（5.10），如果寡头企业 i 的集值函数对于 $t \in (0，\infty)$ 满足 $\eta_i(t) = \{(p_i(t)，k(t))\}$，则寡头企业 i 的信息结构为一个优化的反馈均衡模式。

命题 5.3 和命题 5.5 展现了寡头企业不稳定的开/闭环解，这就意味着有必要去寻找其反馈解。下面的命题 5.6 就是要研究反映寡头企业各自生产计划和节水决策的反馈纳什均衡解。寡头企业在做出上述决策后，一般不会轻易改变计划的，因为一旦一个公司按照反馈规则做出节水和生产计划决策后，对于其他寡头企业来讲，他们的最优决策也是根据反馈规则做出相应决策。

从模型（5.9）~模型（5.10），我们可以得到寡头企业 i 的如下哈密顿—雅可比—贝尔曼（HJB）方程：

$$\rho V_i = \max_{q_i, u_i} \left\{ \pi_i + \frac{\partial V_i}{\partial p_i} \dot{p}_i + \sum_{j \neq i} \frac{\partial V_i}{\partial p_j} \dot{p}_j + \frac{\partial V_i}{\partial k} \dot{k} \right\}$$

其中，$V_i = V_i(p_i，p_j，k)$ 寡头企业 i 的值函数。

根据假设 5.8 中的对称性条件，我们可以得到如下对称形式：

$$\rho V = \max_{q, u} \left\{ q\left(p - c - \frac{1}{2}q\right) + k(u + y - gq) - \frac{1}{2}wu^2 \right.$$
$$\left. + Ns(A - z_1 q - p)\frac{\partial V}{\partial p} + r[E - \alpha N(u + y - gq) - k]\frac{\partial V}{\partial k} \right\} \tag{5.39}$$

对方程求 q 和 u 的一阶条件，我们可以从以下两个式子中得到寡头企业的生产计划和节水决策的最优反馈战略。

$$q^* = p - c - kg + Nsz_1 \frac{\partial V}{\partial p} + Ngr\alpha \frac{\partial V}{\partial k} \tag{5.40}$$

$$u^* = \frac{1}{w}\left(k - Nr\alpha\frac{\partial V}{\partial k}\right) \tag{5.41}$$

命题 5.6　在反馈均衡中，其值函数 $V(p, k)$、稳态产品价格 p_F^∞、水权价格 k_F^∞、每个寡头企业的产量 q_F^∞ 和节水数量 u_F^∞ 分别是如下形式：

$$V(p, k) = b_1 p^2 + b_2 k^2 + b_3 pk + b_4 p + b_5 k + b_6 \tag{5.42}$$

$$q_F^\infty = p - c - kg + Nsz_1(2b_1 p + b_3 k + b_4)$$
$$+ r\alpha Ng(2b_2 k + b_3 p + b_5) \tag{5.43}$$

$$u_F^\infty = \frac{k}{w} - \frac{r\alpha N}{w}(2b_2 k + b_3 p + b_5) \tag{5.44}$$

$$p_F^\infty = A - [B + D(N-1)]q \tag{5.45}$$

$$k_F^\infty = E - N\alpha(u + y - gq) \tag{5.46}$$

其中，b_1，b_2，b_3，b_4，b_5 和 b_6 满足如下方程组：

$$\begin{cases}
b_1 = \dfrac{(Nr\alpha b_3)^2}{2\rho w} + \dfrac{1}{2\rho}\left[(2Nsb_1 z_1 + 1 + Nr\alpha b_3 g)^2 - 4Nsb_1\right] \\[2mm]
b_2 = \dfrac{1}{2\rho}(g - Nsb_3 z_1)(g - Nsb_3 z_1 + 4Ngr\alpha b_2) - \dfrac{2b_2 r}{w\rho}\big[w + N\alpha \\[2mm]
\qquad - N^2 r\alpha^2 b_2(1 + wg^2)\big] \\[2mm]
b_3 = -\dfrac{1}{\rho}\big[2gNsb_1 z_1 + g + rb_3 Nsr(1 - z_1 - 2Nsb_1 z_1^2)\big] - \dfrac{Nr\alpha}{\rho w}\{b_3 \\[2mm]
\qquad + gw[gb_3 - 2b_2 - Nsz_1(4b_1 b_2 + b_3^2)]\} + \dfrac{2N^2 r^2 \alpha^2 b_2 b_3}{\rho w}(1 + g^2 w) \\[2mm]
b_4 = \dfrac{1}{\rho}\{Erb_3 - 2Nscb_1 z_1 - c + Ns[2b_1(A + Nsb_4 z_1^2) - b_4 + b_4 z_1]\} \\[2mm]
\qquad - \dfrac{Nr\alpha}{\rho}\big[b_3(y + cg - Ngsb_4 z_1) - gb_5(2Nsb_1 z_1 - 1)\big] + \dfrac{N^2 r^2 \alpha^2 b_3 b_5}{\rho w}(1 + g^2 w) \\[2mm]
b_5 = \dfrac{1}{\rho}\big[y - rb_5 + 2Erb_2 + ANsb_3 + (g - Nsb_3 z_1)(c - Nsb_4 z_1 - Ngr\alpha b_5)\big] \\[2mm]
\qquad - \dfrac{2\alpha b_2}{\rho}(y + cg - Ngsb_4 z_1) + \dfrac{Nr\alpha b_5}{\rho w}[2Nr\alpha b_2(1 + g^2 w) - 1] \\[2mm]
b_6 = \dfrac{1}{2\rho}\big[2Erb_5 + 2ANsb_4 + (c - Nsb_4 z_1)^2 - 2Nr\alpha wb_5(y + cg - Ngsb_4 z_1)\big] \\[2mm]
\qquad + \dfrac{N^2 r^2 \alpha^2 b_5^2}{2\rho w}(1 + g^2 w)
\end{cases} \tag{5.47}$$

证明　将式（5.40）和式（5.41）中的最优解代入 HJB 方程（5.39）

并进行简化, 可以得到如下方程:

$$\rho V = \left\{ ky + \frac{k^2}{2w} + \frac{1}{2}(c + gk - p)^2 + r \left\{ E - \alpha N(cg - gp + y) - \frac{k}{w} \left[w \right. \right. \right.$$

$$\left. \left. + \alpha N(1 + wg^2) \right] \right\} \frac{\partial V}{\partial k} + Ns \left[A - p - (c + gk - p)z_1 \right] \frac{\partial V}{\partial p}$$

$$\left. + rsg\alpha N^2 z_1 \frac{\partial^2 V}{\partial p \partial k} + \frac{1}{2} \left(Nsz_1 \frac{\partial V}{\partial p} \right)^2 + \frac{1 + wg^2}{2w} \left(r\alpha N \frac{\partial V}{\partial k} \right)^2 \right\} \quad (5.48)$$

对上述值函数式 (5.42) 分别求关于 p 和 k 的偏导数, 就可以得到如下方程:

$$\frac{\partial V}{\partial p} = 2b_1 p + b_3 k + b_4 \quad (5.49)$$

$$\frac{\partial V}{\partial k} = 2b_2 k + b_3 p + b_5 \quad (5.50)$$

将式 (5.42)、式 (5.49) 和式 (5.50) 代入方程 (5.48), 然后将得到的式子与式子 $b_1 p^2 + b_2 k^2 + b_3 pk + b_4 p + b_5 k + b_6$ 进行系数比较, 我们就可以得到式 (5.47) 中的 b_1, b_2, b_3, b_4, b_5 和 b_6。

证毕。

第八节　社会福利优化均衡

定义 5.5　即时的社会福利 $SW(t)$, 是指工业利润 $\Pi(t)$, 消费者剩余 $CS(t)$ 和环境利益 $EB(t)$ 三者之和, 即

$$SW(t) = \Pi(t) + CS(t) + EB(t) \quad (5.51)$$

其中,

$$\Pi(t) = \sum_{i=1}^{N} \pi_i(t)$$

$$CS(t) = \frac{1}{2} \sum_{i=1}^{N} \left[A - p_i(t) \right] q_i(t)$$

$$EB(t) = \sum_{i=1}^{N} vu_i(t)$$

其中的 v 可以被看作是一个环境利益系数。

根据定义 5.5, 社会福利的优化问题可以表示成如下形式:

$$\max_{q_i(t), u_i(t)} J(p_i, k_i) = \int_0^{\infty} e^{-pt} SW(t) \mathrm{d}t \quad (5.52)$$

$$\text{s. t.}\begin{cases} \dot{p}_i(t) = s[A - Bq_i(t) - D\sum_{j\neq i} q_j(t) - p_i(t)], i \in [1, N] \\ \dot{k}(t) = r\{E - \alpha\sum_{i=1}^{N}[u_i(t) + y_i - g_i q_i(t)] - k(t)\}, i \in [1, N] \\ p_i(0) = p_{i,0} > 0, i \in [1, N] \\ k(0) = k_0 > 0 \end{cases}$$

$$(5.53)$$

定义 5.6　对于初始状态为 $(p_{i,0}, k_0)$ 的微分博弈模型（5.52）~模型（5.53），如果所有寡头企业的集值函数对于 $t \in (0, \infty)$ 满足 $\eta_i(t) = \{(p_i(\tau), k(\tau)), 0 \leq \tau \leq t\}$，则寡头企业 i 的信息结构就是一个无记忆的闭环社会均衡模式。

定义 5.7　对于初始状态为 $(p_{i,0}, k_0)$ 的微分博弈模型（5.52）~模型（5.53），如果所有寡头企业的集值函数对于 $t \in (0, \infty)$ 满足 $\eta_i(t) = \{(p_i(t), k(t))\}_0$，$i = 1, 2, \cdots, N$，则该社会信息结构是一个优化的社会均衡模式。

命题 5.7　对于社会福利闭环均衡，寡头企业各自的产量均衡值 q_{SPC}^{∞}、节水数量均衡值 u_{SPC}^{∞}、产品市场价格均衡值 p_{SPC}^{∞} 和水权价格均衡值 k_{SPC}^{∞} 都可以从下式中得出：

$$q_{SPC}^{\infty} = \frac{2w(A - c - gz_2 + \alpha rgyz_4) + 2\alpha(A - c + gv)(N + rz_4)}{w(2 - z_1 + sz_3(B + z_5)) + \alpha(N + rz_4)(2 + 2wg^2 - z_1 + sz_3(B + z_5))}$$

$$(5.54)$$

$$u_{SPC}^{\infty} = \frac{(\alpha ryz_4 - v - z_2)(2 - z_1 + sz_3(B + z_5)) - 2\alpha g(N + rz_4)(A - c - gv)}{w(2 - z_1 + sz_3(B + z_5)) - \alpha(N + rz_4)(2 + 2wg^2 - z_1 + sz_3(B + z_5))}$$

$$(5.55)$$

$$p_{SPC}^{\infty} = A + z_1 q_{SPC}^{\infty} \tag{5.56}$$

$$k_{SPC}^{\infty} = N\alpha(gq_{SPC}^{\infty} - u_{SPC}^{\infty}) + z_2 \tag{5.57}$$

证明　类似于前面所研究的开环纳什均衡与闭环纳什均衡，为了研究这部分，我们令 $\lambda_i(t)$ 是与寡头企业 i 相关联的伴随变量的现值、$\lambda_j(t)$ 是与寡头企业 $j(j \neq i)$ 相关联的伴随变量的现值、$\mu(t)$ 是与水权价格相关联的伴随变量的现值。

这样，闭环社会优化问题的哈密顿函数可以表示为：

$$H_{SPC}(t) = q_i(t)\left[p_i(t) - c - \frac{1}{2}q_i(t)\right] + k(t)\left[u_i(t)\right.$$

$$+ y_i - g_i q_i(t)] - \frac{1}{2} w_i [u_i(t)]^2 + \frac{1}{2} \sum_{i=1}^{N} [A - p_i(t)] q_i(t)$$

$$+ \sum_{i=1}^{N} v u_i(t) + \lambda_i(t) s [A - B q_i(t) - D \sum_{j \neq i} q_j(t) - p_i(t)]$$

$$+ \sum_{j \neq i} \lambda_j(t) s [A - B q_j(t) - D \sum_{h \neq j} q_h(t) - p_j(t)]$$

$$+ \mu(t) r \{ E - \alpha \sum_{i=1}^{N} [u_i(t) + y_i - g_i q_i(t)] - k(t) \} \quad (5.58)$$

根据庞特里亚金最大值原理，其一阶条件可以由以下方程获得：

$$\begin{cases} \dfrac{\partial H_{SPC}(t)}{\partial q_i(t)} = 0 \\[2mm] \dfrac{\partial H_{SPC}(t)}{\partial u_i(t)} = 0 \end{cases} \quad (5.59)$$

并且，其伴随方程可以表示为：

$$\begin{cases} -\dfrac{\partial H_{SPC}(t)}{\partial p_i(t)} = \dot{\lambda}_i(t) - \rho \lambda_i(t) \\[3mm] -\dfrac{\partial H_{SPC}(t)}{\partial p_j(t)} = \dot{\lambda}_j(t) - \rho \lambda_j(t) \\[3mm] -\dfrac{\partial H_{SPC}(t)}{\partial k(t)} = \dot{\mu}_i(t) - \rho \mu_i(t) \end{cases} \quad (5.60)$$

该方程的一阶条件和其伴随方程都必须考虑初始产品价格 $[p_i(0) = p_{i,0}]_{i=1}^{N}$ 和初始水权价格 $k(0) = k_0$ 以及横截条件。这些条件要求其状态变量和/或伴随变量的终值满足以下方程组：

$$\begin{cases} \lim_{t \to \infty} \lambda_i(t) p_i(t) = 0 \\[2mm] \lim_{t \to \infty} \lambda_j(t) p_j(t) = 0 \\[2mm] \lim_{t \to \infty} \mu(t) k(t) = 0 \end{cases} \quad (5.61)$$

下式（5.62）中的结果是由式（5.60）得出的：

$$\begin{cases} \dot{\lambda}_i(t) = (\rho + s) \lambda_i(t) - \dfrac{1}{2} q_i(t) \\[2mm] \dot{\lambda}_j(t) = (\rho + s) \lambda_j(t) - \dfrac{1}{2} q_j(t) \\[2mm] \dot{\mu}(t) = (\rho + r) \mu(t) + g_i q_i(t) - u_i(t) - y_i \end{cases} \quad (5.62)$$

下式（5.63）中的结果是由式（5.59）得出的：

$$\begin{cases} u_i(t) = \dfrac{1}{w_i}[v + k(t) - \alpha r\mu_i(t)] \\ q_i(t) = \dfrac{1}{2}[A + p_i(t)] - c - sB\lambda_i(t) - sD\sum_{h \neq i}\lambda_j(t) + [\alpha r\mu_i(t) - k(t)]g_i \end{cases}$$

$$(5.63)$$

类似地，在假设 5.8 中的对称性条件下，下式（5.64）和式（5.65）成立：

$$\begin{cases} u(t) = \dfrac{1}{w}[v + k(t) - \alpha r\mu(t)] \\ q(t) = \dfrac{1}{2}[A + p(t)] - c - sB\lambda_{own}(t) - sD(N-1)\lambda_{other}(t) + [\alpha r\mu(t) - k(t)]g \end{cases}$$

$$(5.64)$$

$$\begin{cases} \dot{\lambda}_{own}(t) = (\rho + s)\lambda_{own}(t) - \dfrac{1}{2}q(t) \\ \dot{\lambda}_{other}(t) = (\rho + s)\lambda_{other}(t) - \dfrac{1}{2}q(t) \\ \dot{\mu}(t) = (\rho + r)\mu(t) + gq(t) - u(t) - y \\ \dot{p}(t) = s\{A - [B + D(N-1)]q(t) - p(t)\} \\ \dot{k}(t) = r[E - Nu(t) - Ny + Ngq(t) - k(t)] \end{cases}$$

$$(5.65)$$

类似于第五节，在稳定状态下，我们可以用 q_{SPC}^{∞} 表示均衡产量值，用 u_{SPC}^{∞} 表示均衡节水数量值，用 p_{SPC}^{∞} 表示均衡产品价格值，用 k_{SPC}^{∞} 表示均衡水权价格值，用 λ_{own}^{∞} 表示与寡头企业自身产品价格相关联的伴随变量，用 λ_{other}^{∞} 表示与其他寡头企业产品价格相关联的伴随变量，用 μ^{∞} 表示与水权价格相关联的伴随变量，并令 $\dot{\lambda}_{own}(t) = 0$，$\dot{\lambda}_{other}(t) = 0$，$\dot{\mu}(t) = 0$，$\dot{p}(t) = 0$ 和 $\dot{k}(t) = 0$ 同时成立。根据式（5.64）和上述系列结果，我们就可以得 $\mu^{\infty} = z_4(u_{SPC}^{\infty} + y - gq_{SPC}^{\infty})$，$\lambda_{own}^{\infty} = z_3 q_{SPC}^{\infty}/2$，$\lambda_{other}^{\infty} = z_3 q_{SPC}^{\infty}/2$ 以及在式（5.54）~式（5.57）中列出的均衡值。

证毕。

对式（5.64）进行时间微分得到下式（5.66）：

$$\begin{cases} \dot{u}(t) = \dfrac{1}{w}[\dot{k}(t) - \alpha r\dot{\mu}(t)] \\ \dot{q}(t) = \dfrac{1}{2}\dot{p}(t) - sB\dot{\lambda}_{own}(t) - sD(N-1)\dot{\lambda}_{other}(t) + [\alpha r\dot{\mu}(t) - \dot{k}(t)]g \end{cases}$$

$$(5.66)$$

命题 5.8 社会福利闭环均衡不是一个稳定点。

证明 通过将式（5.65）和式（5.66）合并成一个系统，那么我们就可以得到基于其稳态水平（λ_{own}^{∞}，λ_{other}^{∞}，μ^{∞}，p_{SPC}^{∞}，k_{SPC}^{∞}，u_{SPC}^{∞}，q_{SPC}^{∞}）的雅可比矩阵 J_{SPC}，如下所示：

$$J_{SPC} = \begin{bmatrix} \rho+s & 0 & 0 & 0 & 0 & 0 & -\dfrac{1}{2} \\ 0 & \rho+s & 0 & 0 & 0 & 0 & -\dfrac{1}{2} \\ 0 & 0 & \rho+r & 0 & 0 & -1 & g \\ 0 & 0 & 0 & -s & 0 & 0 & sz_1 \\ 0 & 0 & 0 & 0 & -r & -\alpha rN & \alpha rgN \\ 0 & 0 & -\dfrac{\alpha r(\rho+r)}{w} & 0 & -\dfrac{r}{w} & \dfrac{z_{13}}{w} & -\dfrac{gz_{13}}{w} \\ -Bs(\rho+s) & -sz_5(\rho+s) & \alpha rg(\rho+r) & -\dfrac{s}{2} & rg & -gz_{13} & \dfrac{s}{2}(B+z_1+z_5)+g^2z_{13} \end{bmatrix}$$

通过运用数学软件，我们可以求得一个正的特征根 $\rho+s$ 和 2 个零特征根，意味着该动力系统的伴随变量的稳态水平（λ_{own}^{∞}，λ_{other}^{∞}，μ^{∞}，p_{SPC}^{∞}，k_{SPC}^{∞}，u_{SPC}^{∞}，q_{SPC}^{∞}），状态变量和控制变量是在一个不稳定的点上，即该社会福利闭环均衡解处在一个不稳定的点上。

证毕。

注 5.7 对于任意的 $N>1$，针对社会福利闭环均衡模式，我们可以对其做如下一系列的敏感性分析：

（1）$\dfrac{\partial q_{SP}}{\partial y}>0$：水权的初始配额越高，则寡头企业的产量稳态水平也就会越高。较高的水权初始配额意味着较低的用水成本，既然寡头企业产品成本较低，这自然也就可能会激励企业增大其产量。

（2）$\dfrac{\partial q_{SP}}{\partial E}<0$：水权的市场保留价格越高，寡头企业的产量稳态水平就越低。较高的水权保留价格会导致较高的水价格，这也就意味着有较高的产品成本，会逼迫寡头企业削减产量。

（3）$\dfrac{\partial u_{SP}}{\partial y}<0$：水权的初始配额越低，则寡头企业的节水量的稳态水平也就越高。较低的水权初始配额意味着较高的用水成本，这也就可能会引导寡头企业通过节水抵销上涨的产品成本。

（4）$\dfrac{\partial u_{SP}}{\partial E}>0$：水权的市场保留价格越高，寡头企业的节水量的稳态水平也就越高。较高的水权保留价格会导致较高的水价格，这也就意味着有较高的产品成本压力会逼迫寡头企业节约更多的用水支出以弥补上涨的产品成本。

（5）$\dfrac{\partial SW_{SP}}{\partial y}$ 和 $\dfrac{\partial SW_{SP}}{\partial E}$：由于这两个表达式过于复杂，无法进行相关定性分析，因而我们将在第八节进行定量分析，数值模拟相关结果。

既然社会福利的闭环均衡解不是稳定的，那么，我们还是需要求解其反馈均衡解。

定义 5.8 对于初始状态为 $(p_{i,0},\ k_0)$ 的微分博弈模型（5.52）~模型（5.53），如果所有寡头企业的集值函数对于 $t \in (0,\ \infty)$ 满足 $\eta_i(t) = \{(p_i(t),\ k(t))\}_0$，$i = 1,\ 2,\ \cdots,\ N$，则该社会信息结构是一个优化的社会福利反馈均衡模式。

从式（5.52）~式（5.53）中，我们可以得到社会计划者的 HJB 方程，如下所示：

$$\rho W = \max_{q_i,\, u_i}\left\{ SW + \frac{\partial W}{\partial p_i}\dot{p}_i + \sum_{j \neq i}\frac{\partial W}{\partial p_j}\dot{p}_j + \frac{\partial W}{\partial k}\dot{k} \right\} \tag{5.67}$$

其中，$W = W(p_i,\ p_j,\ k)$ 是社会计划者的值函数。

根据假设 5.8 中的对称性条件，我们可以得到如下对称形式：

$$\rho W = \max_{q,\, u}\left\{ N\Big[q\Big(p - c - \frac{1}{2}q\Big) + k(u + y - gq) - \frac{1}{2}wu^2 + \frac{1}{2}(A - p)q + vu \Big] \right.$$
$$\left. + Ns(A - z_1 q - p)\frac{\partial W}{\partial p} + r\big[E - \alpha N(u + y - gq) - k \big]\frac{\partial W}{\partial k} \right\} \tag{5.68}$$

对 HJB 方程（5.68）分别取 q 和 u 的一阶条件，我们可以得到生产计划和节水决策的最优反馈策略，如下所示：

$$q^* = \frac{1}{2}(A + p) - c - kg + sz_1\frac{\partial V}{\partial p} + gr\alpha\frac{\partial V}{\partial k} \tag{5.69}$$

$$u^* = \frac{1}{w}\left(k + v - r\alpha\frac{\partial V}{\partial k} \right) \tag{5.70}$$

命题 5.9 社会福利反馈均衡的值函数 $W(p,\ k)$、单个企业的稳态产量 q_{SP}^{∞}、节水数量 u_{SP}^{∞}、产品市场价格均衡稳态值 p_{SP}^{∞} 和水权价格 k_{SP}^{∞} 满足如下条件：

$$W(p,\ k) = h_1 p^2 + h_2 k^2 + h_3 pk + h_4 p + h_5 k + h_6 \tag{5.71}$$

$$q_{SP}^{\infty} = \frac{1}{2}(A + p) - c - kg + sz_1(2h_1 p + h_3 k + h_4)$$
$$+ gr\alpha(2h_2 k + h_3 p + h_5) \tag{5.72}$$

$$u_{SP}^{\infty} = \frac{1}{w}\big[k + v - r\alpha(2h_2 k + h_3 p + h_5) \big] \tag{5.73}$$

$$p_{SP}^{\infty} = A - [B + D(N-1)]q \tag{5.74}$$

$$k_{SP}^{\infty} = E - N\alpha(u + y - gq) \tag{5.75}$$

其中，h_1，h_2，h_3，h_4，h_5 和 h_6 满足如下方程组：

$$
\begin{cases}
h_1 = \dfrac{Nr^2\alpha^2 h_3^2}{16\rho w} + \dfrac{N}{8\rho}(1 + 4sz_1 h_1 + 2gr\alpha h_3)^2 - \dfrac{2sh_1}{\rho} \\[2mm]
h_2 = \dfrac{N}{2\rho}(g - sz_1 h_3 - 2gr\alpha h_2)^2 - \dfrac{2rh_2}{\rho} + \dfrac{N}{2\rho w}(1 - 2r\alpha h_2)^2 \\[2mm]
h_3 = \dfrac{Nr\alpha h_3}{\rho w}(2r\alpha h_2 - 1) - \dfrac{rh_3}{\rho} + \dfrac{N}{2\rho}\big[sh_3(4sz_1^2 h_1 + z_1 - 2) \\[2mm]
\quad + g(2gr\alpha h_3 - 1)(2r\alpha h_2 - 1)\big] + \dfrac{Ngsz_1}{\rho}\big[r\alpha(4h_1 h_2 +) - 2h_1 h_3^2\big] \\[2mm]
h_4 = \dfrac{N}{4\rho}\big[8Ash_1 + (A - 2c)(1 + 4sh_1 z_1 + 2gr\alpha h_3) + 2sh_4(z_1 - 2 + 4sh_1 z_1^2)\big] \\[2mm]
\quad + \dfrac{Nr\alpha}{2\rho}\big[gh_5(1 + 4sh_1 z_1) + 2h_3(gsz_1 h_4 - y)\big] + \dfrac{rh_3}{\rho w}\{Ew + N\alpha[r\alpha h_5(1 + g^2 w) - v]\} \\[2mm]
h_5 = \dfrac{N}{\rho w}(2r\alpha h_2 - 1)(r\alpha h_5 - v) + \dfrac{ANsh_3}{2\rho}(2 + z_1) - \dfrac{r}{\rho}(h_5 - 2Eh_2) \\[2mm]
\quad + \dfrac{N}{2\rho}(2r\alpha h_2 - 1)(Ag - 2y) + \dfrac{1}{\rho}(g - sh_3 z_1 - 2gr\alpha h_2)(c - gr\alpha h_5 - sh_4 z_1) \\[2mm]
h_6 = \dfrac{N}{2\rho w}(v - r\alpha h_5)^2 + \dfrac{Erh_5}{\rho} + \dfrac{N}{8\rho}\{A^2 - 4A[c - (2 + z_1)sh_4 - gr\alpha h_5]\} \\[2mm]
\quad + \dfrac{N}{2\rho}\big[(c - sz_1 h_4)^2 - 2r\alpha h_5(y + cg - gsz_1 h_4) + (gr\alpha h_5)^2\big]
\end{cases}
$$

$$\tag{5.76}$$

证明 我们将式（5.69）和式（5.70）中的最优解代入 HJB 方程（5.68）并进行简化，可以得到：

$$
\rho W = \Big\{ N\Big[ky + \dfrac{1}{2w}(k + v)^2\Big] + \dfrac{1}{8}[A + p - 2(c + gk)]^2 + \dfrac{N}{2w}(1 + wg^2)\Big(r\alpha \dfrac{\partial W}{\partial k}\Big)^2
$$

$$
+ r\{E - k - N\alpha[gw(A + p - 2c) - 2k(1 + wg^2) - 2wy - 2v]\}\dfrac{\partial W}{\partial k}
$$

$$
- \dfrac{1}{2}Ns[2p - 2A - (A - p2c + 2gk)z_1]\dfrac{\partial W}{\partial p} + Nrsg\alpha z_1 \dfrac{\partial^2 W}{\partial p \partial k} + \dfrac{1}{2}\Big(Nsz_1 \dfrac{\partial W}{\partial p}\Big)^2 \Big\}
$$

$$\tag{5.77}$$

对值函数式（5.71）分别求 p 和 k 的偏导数，我们可以得到：

$$\dfrac{\partial W}{\partial p} = 2h_1 p + h_3 k + h_4 \tag{5.78}$$

$$\frac{\partial W}{\partial k} = 2h_2 k + h_3 p + h_5 \tag{5.79}$$

将式（5.71）、式（5.78）和式（5.79）代入式（5.77），然后将得到的式子与式 $h_1 p^2 + h_2 k^2 + h_3 pk + h_4 p + h_5 k + h_6$ 进行系数比较，我们可以得到式（5.76）中的 h_1，h_2，h_3，h_4，h_5 和 h_6。

证毕。

第九节　数 值 模 拟

为了更好地模拟本章上述几部分的研究结果，我们固定上述方程中所涉及的参数如下：$A = 2$，$B = 1$，$c = 0.2$，$D = 0.1$，$g = 0.2$，$N = 100$，$\alpha = 0.01$，$w = 0.01$，$v = 0.06$，$\rho = 0.04$，$r = 0.05$ 和 $s = 0.002$。为了得到图 5-1~图 5-5，令 y 以 0.1 为增量从 0 变化到 30，令 E 以 0.01 为增量从 0 变化到 5。

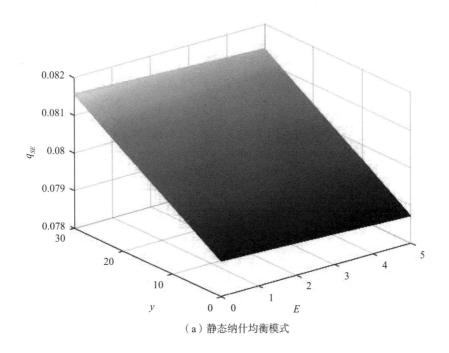

（a）静态纳什均衡模式

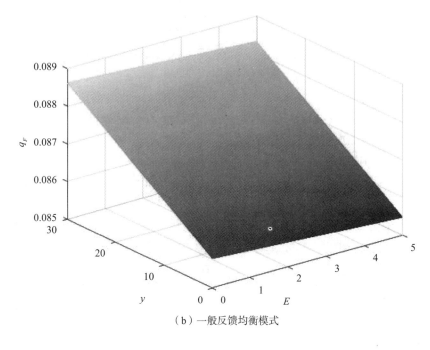

（b）一般反馈均衡模式

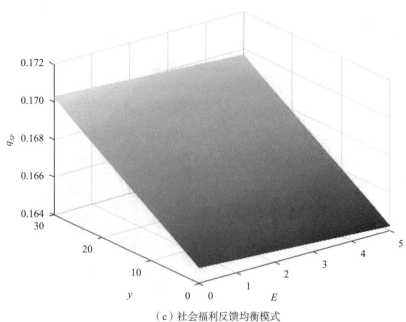

（c）社会福利反馈均衡模式

图 5 - 1　最优产量与参数 E 和 y 的变化关系

图 5 - 1 展现了静态纳什均衡、一般反馈均衡和社会福利反馈均衡这三种模式的最优产量 q_{SE}、q_F 和 q_{SP} 随控制变量 E 和 y 变化的演变规律。显

然，三种稳态解的形状是相似的。根据图 5-1，对参数 E 和 y 与决策变量 q_{SE}、q_F 和 q_{SP} 的关系进行总结，如表 5-4 所示。

表 5-4　　　　　　　　　图 5-1 所蕴含的参数与变量的关系

参数	产量		
	q_{SE}	q_F	q_{SP}
y	P	P	P
E	N	N	N

说明：P = 正相关，N = 负相关。

以上结果表明：

（1）较大的初始水权分配额会降低寡头企业的用水成本，这将会刺激寡头企业增加产量。

（2）较高的水权保留价格会提高寡头企业的用水成本，这将会引导寡头企业降低产量。

图 5-2 展现了静态纳什均衡、一般反馈均衡和社会福利反馈均衡这三种模式的最优节水量 u_{SE}、u_F 和 u_{SP} 随控制变量 E 和 y 变化的演变规律。显然，三种稳态解的形状也是相似的。根据图 5-2，对参数 E 和 y 与决策变量 u_{SE}、u_F 和 u_{SP} 的关系进行总结，如表 5-5 所示。

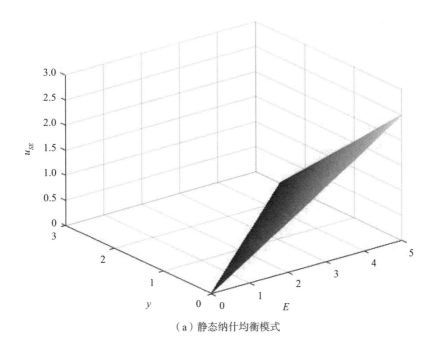

（a）静态纳什均衡模式

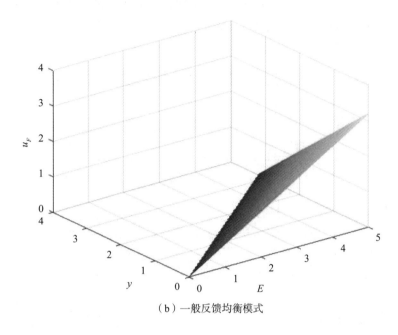

（b）一般反馈均衡模式

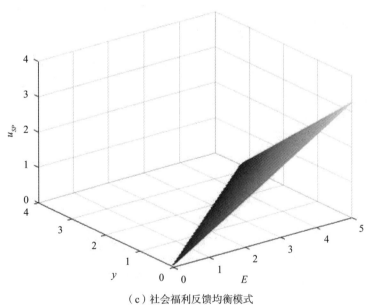

（c）社会福利反馈均衡模式

图 5 – 2　最优节水数量与参数 E 和 y 的变化关系

表 5 – 5　　　　　　　　　　图 5 – 2 所蕴含的参数与变量的关系

参数	节水量		
	u_{SE}	u_F	u_{SP}
y	N	N	N
E	P	P	P

说明：P = 正相关，N = 负相关。

以上结果表明：

（1）政府在设计水权分配制度时，如果给予寡头企业较大的初始水权分配数额，这样会使其节水压力变得较小，因而寡头企业的节水意愿也会变得比较低。

（2）政府在调控水权交易价格时，如果让水权的保留价格较高，则会导致寡头企业有较高的用水成本，这会使其节水压力变得较大，因而会引导寡头企业去节约更多的用水量，以便能够对冲自己上升的用水成本。

图 5 – 3 展现了静态纳什均衡、一般反馈均衡和社会福利反馈均衡这三种模式的最优产品价格 p_{SE}、p_F 和 p_{SP} 随控制变量 E 和 y 变化的演变规律。根据图 5 – 3，对参数 E 和 y 与决策变量 p_{SE}、p_F 和 p_{SP} 的关系进行总结，如表 5 – 6 所示。

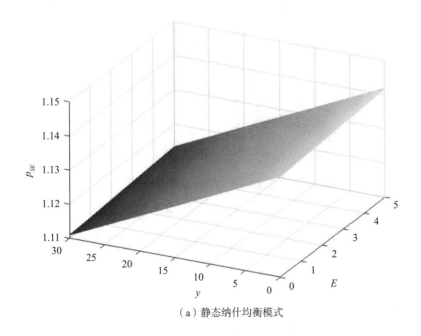

（a）静态纳什均衡模式

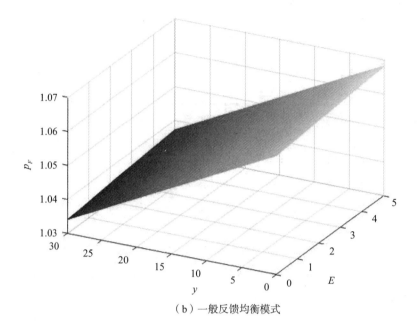

（b）一般反馈均衡模式

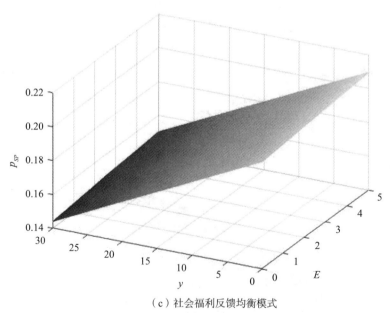

（c）社会福利反馈均衡模式

图 5 - 3　最优产品价格与参数 E 和 y 的变化关系

表 5－6 图 5－3 所蕴含的参数与变量的关系

参数	产品价格		
	p_{SE}	p_F	p_{SP}
y	N	N	N
E	P	P	P

说明：P = 正向关系，N = 负向关系。

根据图 5－3，表 5－5 详细展示了 2 个参数 E 和 y 同 3 个变量 p_{SE}、p_F 和 p_{SP} 的变化关系，上述结果意味着：

（1）政府在设计水权分配制度时，如果给予寡头企业较大的初始水权分配数额，这样会使其节水压力变得较小，因而其产品的降价空间也会变得更大。

（2）政府在调控水权交易价格时，如果让水权的保留价格较高，则会导致寡头企业有较高的用水成本，这样会使其节水压力变得较大，因而会引导寡头企业去提高产品价格以补偿其较高的用水成本。

图 5－4 展现了静态纳什均衡、一般反馈均衡和社会福利反馈均衡这三种模式的最优产品价格 k_{SE}、k_F 和 k_{SP} 随控制变量 E 和 y 变化的动态演变规律。根据图 5－4，对参数 E 和 y 与决策变量 k_{SE}、k_F 和 k_{SP} 的关系进行总结，如表 5－7 所示。

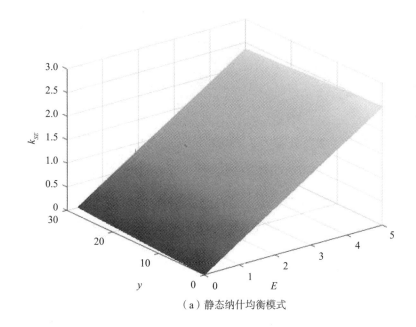

（a）静态纳什均衡模式

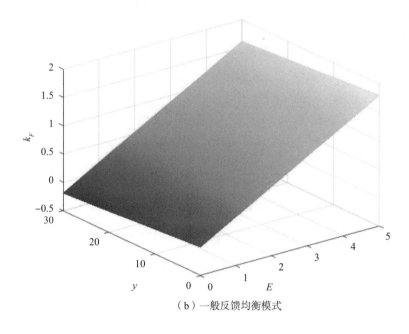

（b）一般反馈均衡模式

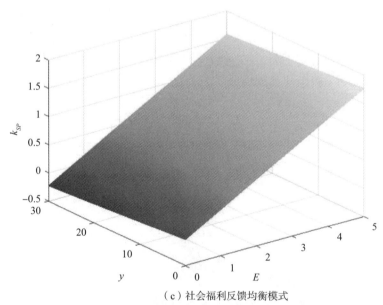

（c）社会福利反馈均衡模式

图 5 - 4　最优水权价格与参数 E 和 y 的变化关系

表 5 - 7　　　　　　　　　　　图 5 - 4 所蕴含的参数与变量的关系

参数	水权价格		
	k_{SE}	k_F	k_{SP}
y	N	N	N
E	P	P	P

说明：P = 正向关系，N = 负向关系。

根据图 5 - 4，表 5 - 7 详细显示了 2 个参数 E 和 y 同 3 个变量 p_{SE}、p_F 和 p_{SP} 的变化关系，上述结果意味着：

（1）政府在设计水权分配制度时，如果给予寡头企业较大的初始水权分配数额，这样会使其用水成本压力变得较小，因而其进行水权交易的意愿也会变得较低。

（2）政府在调控水权交易价格时，如果让水权的保留价格较高，则会导致寡头企业有较高的用水成本，这样会使其节水压力变得较大，因而也会使得水权交易价格上升。

图 5 - 5 展现了静态纳什均衡、一般反馈均衡和社会福利反馈均衡这三种模式的最优利润 π_{SE}、π_F 和最优社会福利水平 SW_{SP} 随控制变量 E 和 y 变化的动态演变规律。根据图 5 - 5，对参数 E 和 y 与决策变量 k_{SE}、k_F 和 k_{SP} 的关系进行总结，如表 5 - 8 所示。

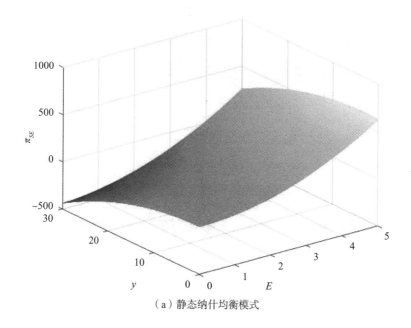

（a）静态纳什均衡模式

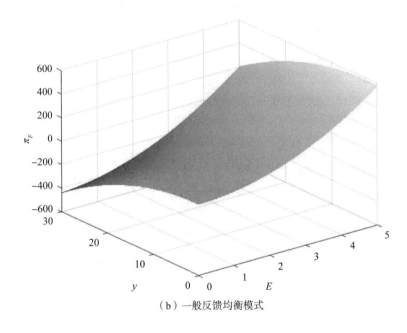

（b）一般反馈均衡模式

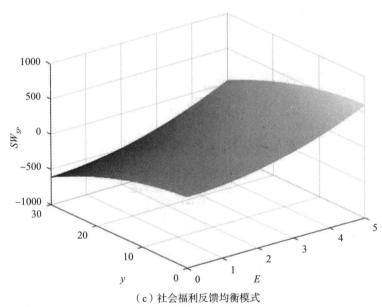

（c）社会福利反馈均衡模式

图 5 − 5　最优利润和社会福利水平与参数 E 和 y 的变化关系

表 5 – 8   图 5 – 5 所蕴含的参数与变量的关系

参数	利润		社会福利
	π_{SE}	π_F	SW_{SP}
y	N	N	N
E	P	P	P

说明：P = 正向关系，N = 负向关系。

根据图 5 – 5，表 5 – 8 详细显示了 2 个参数 E 和 y 同 3 个决策变量最优利润 π_{SE}，π_F 和最优社会福利水平 SW_{SP} 的变化关系，上述结果也意味着：

（1）政府在设计水权分配制度时，如果在某个范围内给予寡头企业较大的初始水权分配数额，这样会使寡头企业的利润和社会福利都有明显下降。这可能是因为较高的初始水权分配额会导致较低的用水效率和较高的用水需求，这些都是使寡头企业利润和社会福利受到损害的原因。

（2）政府在调控水权交易价格时，如果在某个范围内保持较高的水权保留价格，则意味着存在较高的用水需求，即追求高额利润和社会福利水平所导致的较高生产动机和用水需求。

第十节　本　章　小　结

本章所研究的情景是多个寡头企业同时面对两个市场：产品竞争市场和水权交易市场，因而它们需要同时做出两个决策：向市场提供多少产品和购买水权还是售卖水权以及其数量是多少。后者的决策意味着寡头企业在决定向市场提供产品数量的同时要做出节约多少水量的决策。在上述思路的导引下，我们需要在以前的寡头竞争研究（例如：Fershtman & Kamien，1987；Cellini & Lambertini，2007）的基础上，将更多的因素考虑进去。这样，相对于以前的研究，本部分的微分寡头博弈就更接近实际了。

根据命题 5.1、命题 5.2、命题 5.4、命题 5.6 和图 5 – 1 ~ 图 5 – 5，我们可以发现水权的市场保留价格和初始水权分配配额都会对生产计划决策与节水决策产生重要影响。也就是说：

（1）当水权的市场保留价格增大时，寡头企业的产量就会下降，但是其节水数量、产品价格、水权价格、企业利润和社会福利都会增大。

（2）当增加初始水权分配配额时，产品供应数量会增大，但企业利润、社会福利、节水数量、产品价格和水权价格都会下降。

因而，政府可以通过调整水权价格或者初始水权分配配额来平衡寡头企业的生产计划决策与节水数量决策。如果出现水短缺问题需要解决时，政策部门完全可以适当提高水权保留价格并减少初始水权分配配额，去刺激寡头企业实施节水措施，以达到缓解水资源短缺压力的目的。如果市场出现产品短缺时，政府部门可以通过适当降低水权市场的保留价格并增加初始水权分配配额，去刺激寡头企业实施增加产品产量的措施，以达到缓解产品短缺压力的目的。因而，政策制定者需要决定一个水权市场保留价格和寡头企业初始水权分配配额的最优组合。

如上面总结的那样，用水效率和政府关于水权的决策会非常大地影响寡头企业的生产决策与节水决策。但是，节水新技术又包含非常高的与研发相关的固定成本和日常运营成本。因此，如何去分担企业与政府之间的成本就是一个非常有趣也是非常有意义的课题。而且，前述的均衡点也许会因为不确定环境的因素而波动较大。因而，研究随机或者不确定情景下的模型就显得很有必要。

第六章　嵌入碳排放权的寡头博弈：
双边匹配博弈的视角

第一节　引　　言

盖奥和夏普利（Gale & Shapley，2013）在研究婚姻匹配问题的过程中提出了双边匹配的思想，罗斯（Roth，1985）首先将双边匹配的概念公开使用。目前，双边匹配问题已成为经济学领域研究的重要课题，在学校录取系统（Azevedo & Leshno，2016）、劳动力市场（Cable & Judge）、肾移植匹配（Roth et al.，2005）、金融市场风险投资（Sørensen，2007）等领域得到广泛应用。

2015 年 12 月 12 日，《联合国气候变化框架公约》的近 200 个缔约方一致同意通过《巴黎协定》，协定将为 2020 年后全球应对气候变化行动作出安排。中国已经于 2015 年 6 月向联合国提交"国家自主决定贡献"：二氧化碳排放于 2030 年左右达到峰值并争取尽早达峰、单位国内生产总值二氧化碳排放比 2005 年下降 60% ~ 65%。作为碳排放控制实施主体的省级政府，在控制本区域碳排放量的同时也面临促进当地经济发展、拉动就业、维护社会稳定等多重管理目标，存在着异质多目标动态决策的复杂任务。因此，响应国家战略，密切结合区域产业结构和经济水平，合理确定并动态调整符合区域实际及发展要求的碳排放指标，并制定相应的支持和保障政策，是中央和地方政府共同面临的迫切需要解决的重要问题。

沈芳（2004）构建了关于成本和收益不确定条件下的环境规制政策工具选择的静态模型和存在诱发性革新技术的动态模型。张文彬和张理芃（2010）利用两区制空间德宾（Durbin）固定效应模型分析了省际区域环境规制强度竞争形态及其演变决策。鄢敏（2011）通过分析中国电力部门碳排放规制理论模型，比较各种规制方法下发电集团的发电行为以及对社会福利的影响来确定最优的规制措施。凯西基和斯特罗恩（Kesicki & Strachan，2011；Kesicki，2012）研究了边际减排曲线的理论与实践问题。胡宗义等（2015）研究了我国省域间碳排放强度的差异性。郭华英和梁进（Guo & Liang，2016）运用 HJB 方程研究了成本最小目标下的碳减排路径与交易问题。於世为等（Yu et al.，2016）和程发新等（2015）估计了经济部门碳减排的潜力问题。显然，碳排放方面的文献多数集中于研究碳排放所存在的问题及其解决路径，但在碳减排指标分配的合作均衡研究方面明显欠缺。另外，碳减排方面的文献多数将减排政策和主体行为作为两个方面单独研究，未能充分考虑两者的互动效应。

在低碳环保政策的号召下，各寡头企业（简称寡头）的环保意识不断加强，逐渐加大碳减排投资力度，以期建立合理的碳减排处理机制和生产机制，实现利润最大化目标。越来越多的学者对碳生产—排放—交易（CET）及碳减排投资问题进行了研究，以期能够帮助企业实现经济效益和环境效益的双重优化，然而大部分学者的研究都是基于某一维度开展研究，而很少有学者将碳排放权和碳减排投资进行综合研究，从双边匹配角度进行综合研究的文献更是鲜而有之。本章基于以上研究成果，以生产企业为主体，研究生产企业的碳减排投资匹配选择问题，其中，碳减排方案供应商和生产企业构成了匹配的参与双方。

第二节 符号约定与问题设定

寡头 i 选择碳减排技术 θ_l 时，需要考虑其自身的生产能力 $\dot{Q}_i$、投资偏好 $<^\theta$（或 $>^\theta$）、CET 市场上 CET 价格 ω、碳减排投资系数 β_i 等因素的影响。为实现利润最大化目标，寡头需要确定产量和碳减排技术投资的最优组合。基于此，本章做出如下假设：

假设 6.1 寡头 i 拟采用碳减排技术 θ_l，其中，$i \in I = \{1, 2, \cdots, N\}$，$\theta_l \in \Theta = \{\theta_1, \theta_2, \cdots, \theta_M\}$，$M \geqslant N$，且参与寡头 i 至多与一个碳减排投资技术 θ_l 匹配，同时，一个碳减排投资技术 θ_l 至多与一个寡头 i 匹配。

假设 6.2 在碳减排技术 θ_l 投资下，寡头 i 的实际产量记为 q_i^θ，设市场上产品价格的逆需求函数表示为 $p = a - bQ$，其中，$Q(Q = \sum_{i=1}^{N} q_i$，$i = 1$，2，$\cdots$，$N)$ 表示产品市场随机需求量；在生产过程中，产品的生产成本 $C_{1,i}$ 与产量 q_i 呈线性关系，记为 $C_{1,i} = c_{1,i} q_i$，$c_{1,i}(c_{1,i} > 0)$ 表示产品的边际生产成本。

假设 6.3　提高碳减排技术 θ_l 投资能够有效提高寡头的最大产能 $\bar{Q}_i$；反过来讲，寡头要提高最大产能，可通过提高碳减排技术投资的方式实现，且满足 $q_i \leq \bar{Q}_i$，因此可得，寡头的实际产量为 $\min\{q_i, \bar{Q}_i\}$。假设寡头所选择的碳减排技术投资强度具有异质性，且碳减排技术 $\theta_l \in \Theta$ 供应商对寡头 $i \in I$ 具有严格偏好序，用符号 $<^{\theta}$（或 $>^{\theta}$）表示，比如：$A_i >^{\theta} A_j$ 表示相较于寡头 A_j，碳减排技术 θ 供应商更偏好于寡头 A_i。

假设 6.4　为了实现收益最大，寡头会将碳减排技术 θ_l 投资强度控制在合理范围内。因此，本章给出了碳减排技术投资比定义，记为 $\dfrac{C_{2,i}}{\pi_i^{\theta}}$，表示碳减排技术投资成本 $C_{2,i}(C_{2,i} = k_{1,i})$ 与投资后寡头实际利润 π_i^{θ} 的比值，并且碳减排技术投资比 $\dfrac{C_{2,i}}{\pi_i^{\theta}}$ 不大于投资比阈值 Γ_i，即 $\dfrac{C_{2,i}}{\pi_i^{\theta}} \leq \Gamma_i$，其中，

$$\Gamma_i = \sup_{\theta \in \mu(i)} \frac{C_{2,i}}{\pi_i^{\theta}}\text{。}$$

假设 6.5　用概率测度 η 表示碳减排技术投资后所有可能产量的分布。为保证匹配结果的唯一性和稳定性，假设市场集中清算机构会按照参与双方偏好进行合理分配，并且 η 不小于 0，表示为：

$$\eta\{\theta: q_i \leq \bar{Q}_i\} \geq 0$$

其中，$\eta\{\theta: q_i \leq \bar{Q}_i\} = 0$ 表示不被接受，$\eta\{\theta: q_i \leq \bar{Q}_i\} > 0$ 表示被接受。

假设 6.6　政府限定区域的碳排放总量为 V^0，并根据寡头的生产情况合理分配初始碳排放权。假设市场上存在 N 个寡头，那么，寡头 $i \in I$ 的初始碳排放权可记为 v_i^0，且满足 $\sum_{i=1}^{N} v_i^0 = V^0$，在生产过程中，实际碳排放量记为 v_i。那么，存在以下 3 种 CET 情形：

（1）$v_i^0 > v_i$：表示寡头 i 的初始碳排放权有剩余，则寡头可将剩余碳排放权售出，以获得额外收益；

（2）$v_i^0 = v_i$：表示寡头 i 的初始碳排放权与其实际碳排放量相当，不存在 CET 的情形；

（3）$v_i^0 < v_i$：表示寡头 i 的初始碳排放权不能满足寡头 i 的生产需要，

需要购买部分碳排放权。

其中，与碳排放权相关的符号约定表示为：

（1）假设寡头在未改进碳减排技术之前的碳排放总量 V_i 是关于产量 q_i 的一次函数，寡头 i 单位碳排放量为 $\alpha_i(\alpha_i>0)$，那么，生产过程中的碳排放总量可表示为 $V_i=\alpha_i\min\{q_i,\ \bar{Q}_i\}$；

（2）假设寡头 i 在改进碳减排技术后，会有效降低碳排放量，即期见效，并且碳减排量 ΔV_i 与其碳减排技术投资成本 $k_{1,i}$ 及其投资系数 β_i 有关，记为 $\Delta V_i=\beta_i\sqrt{k_{1,i}}$；

（3）在碳减排技术投资优化后，实际碳排放量 v_i 可表示为

$$v_i=V_i-\Delta V_i=\alpha_i\min\{q_i,\ \bar{Q}_i\}-\beta_i\sqrt{k_{1,i}}$$

假设 6.7 假设 CET 市场为完全竞争市场，受波动因子的影响，CET 价格呈现均匀波动，记 CET 价格为 ω。

假设 6.8 匹配完成后会产生一定的运作效率，记为 e_i^θ。那么，在投资比阈值 Γ_i 约束条件下，寡头的利润函数可表示为：

$$\pi_i(q)=\int_{\mu_q(i)}e_i^\theta\mathrm{d}\eta(\theta)-C_i^2$$

第三节　约束条件与竞争匹配可行性分析

一、约束条件

基于连续匹配理论（Azevedo，2014；Teo et al.，2001）建立优化模型，定义如下匹配问题：$\mu: I\cup\Theta\rightarrow I\cup\{2^\Theta\}$ 表示寡头 i 与碳减排技术 θ_l 的匹配，且需要满足以下三个条件：

（1）对 $\forall\theta\in\Theta$，$\exists\mu(\theta)\in I\cup\{2^\theta\}$，表示任意碳减排技术 θ_l 可与市场上任意一个寡头 i 匹配；若 $\mu(\theta)\in\{2^\theta\}$，表示碳减排技术 θ_l 与自身匹配，即 θ_l 未完成匹配。

（2）对 $\forall i\in I$，有 $\mu(i)\in\{2^\theta\}$，且 $\eta(\mu(i))\leqslant S_i$，表示任意寡头均可与任意一种碳减排技术 θ_l 匹配，并且匹配状态下对应的产量不能超过寡头既定状态下的最大产能；若 $\mu(i)\in I$，表示寡头 i 与自身匹配，即 i 未完成匹配。

（3）当且仅当 $\theta\in\mu(i)$ 时，有 $i=\mu(\theta)$，表示稳定匹配状态下存在一

致性条件，即寡头 i 与碳减排技术 θ_l 匹配，遵循自愿原则，不存在强制性匹配现象，并完成匹配。

二、竞争匹配可行性分析

本部分研究了寡头投资竞争与匹配的关系。以双寡头为例，在匹配双方严格偏好序条件下，借助离散 G – S 算法和一阶微分方程，以寡头投资需求对比分析的形式展开，研究了投资竞争对寡头收益的影响。

如果寡头通过碳减排技术投资能够有效提高收益，那么寡头将有足够动机扩大投资。本章研究的可行性在于：随着环境污染的日益加剧，政府提出了低碳环保的号召，寡头要想立于不败之地，必须提高竞争力。因此，寡头存在碳减排技术投资的动机，且是非负的，其基本原理与价格理论相似。

不失一般性，碳减排技术 θ_l 与寡头 i 匹配后必然产生一定的效用 $u_i^\theta > 0$（$u_i^\theta = 0$ 表示未完成匹配），并改变寡头 i 的运作效率 e_i^θ。那么，寡头 i 投资盈余可表示为：

$$s_i^\theta = u_i^\theta + e_i^\theta, \ s_i^\theta \in [\,0,\,1\,]$$

假设寡头 i 碳减排投资的隐性成本为 Γ_i，那么，寡头 i 的投资需求可用投资所创造的最大盈余与隐性成本的净差值来表示：

$$\arg \max_{i \in I \cup \{\varnothing\}} s_i^\theta - \Gamma_i$$

在匹配过程中，双方均具有讨价还价的权力。作为理性决策者，不管是寡头还是方案供应商，均会以利润最大化作为其决策的标准。从方案寡头角度来讲，其方案类型取决于寡头的碳减排技术 θ_l 投资强度，对于同一强度的碳减排技术，出价越高者，被供应商接受的可能性越大。由此可见，要保证碳减排技术 θ_l 不被寡头 j 抢走，寡头 i 必须支付更多的投资金额，此时，寡头 i 需具备更大的投资需求才能满足，即：

$$s_i^\theta - \Gamma_i \geqslant U^\theta \geqslant s_j^\theta - \Gamma_j$$

其中，U^θ 表示双寡头投资需求差异。

定义 6.1　在最优匹配条件下，给出 (η, q)，并令 $\Gamma = \Gamma(q)$。假设碳减排技术 θ_l 与寡头 i 已完成匹配，并且 $j \in I \cup \{\varnothing\}$ 为第二出高价者。则双寡头投资需求的差额称为预留投资效用，记为

$$\overline{U}^\theta = s_j^\theta - s_i^\theta + \Gamma_i - \Gamma_j$$

在竞争匹配过程中，会存在两种情形（如图 2 – 1 所示）。

第一，假设部分碳减排技术 $\{\theta_l\} \in \Theta$ 只可能被寡头 i 接受，即在寡

头 i 的选择范围内，而不会被寡头 j 接受。此时，该部分碳减排投技术的集合定义为选择集，用 $\Delta_i(q)$ 表示：

$$\Delta_i(q) = \{\theta \mid s_i^\theta \geqslant \Gamma_i;\ s_j^\theta < \Gamma_j;\ \forall i \neq j\}$$

第二，假设部分碳减排技术 $\{\theta_l\} \in \Theta$ 被寡头 i 接受，同时也被寡头 j 接受。那么，寡头 i 和 j 会就该部分碳减排技术 $\{\theta_l\}$ 形成竞争。此时，该类碳减排技术选择集合用 $\Delta_{ij}(q)$ 表示：

$$\Delta_{ij}(q) = \{\theta \mid s_i^\theta - \Gamma_i \geqslant s_j^\theta - \Gamma_j \geqslant s_k^\theta - \Gamma_k,\ \forall k \neq i,\ j,\ \text{且}\ s_j^\theta - \Gamma_j \geqslant 0\}$$

那么，寡头 i 竞争匹配后获得的收益可表示为：

$$R_i(q) = \int_{M_i(q)} s_i^\theta \mathrm{d}\eta(\theta) + \int_{M_{ij}(q)} (s_j^\theta - s_i^\theta + \Gamma_i - \Gamma_j)\mathrm{d}\eta(\theta)$$
$$j \neq i \tag{6.1}$$

其中，$\int_{M_i(q)} s_i^\theta \mathrm{d}\eta(\theta)$ 表示寡头 i 作为碳减排技术 θ_l 唯一投标人时产生的收益；$\int_{M_{ij}(q)} (s_j^\theta - s_i^\theta + \Gamma_i - \Gamma_j)\mathrm{d}\eta(\theta)$ 表示寡头 i 的竞争收益。

求式（6.2）关于 q_i 的一阶导数，得到以下命题：

命题 6.1 $MR_i \leqslant e_i^{\theta*}$，并且

$$MR_i = e_i^{\theta*} - \sum_{j \neq i} \eta(\Delta_{ij}(q)) \cdot \left(\frac{\mathrm{d}\Gamma_j(q)}{\mathrm{d}q_i}\right)$$

其中，$e_i^{\theta*}$ 表示匹配完成后寡头 i 最大的运作效率。

证明 在竞争匹配过程中，寡头 i 要缩小 $\Delta_i(q)$，$\Delta_{ij}(q)$ 筛选范围，从而获得最佳碳减排技术，必然要扩大市场竞争，此时寡头 i 碳减排技术的最大投资收益为 $e_i^{\theta*} \mathrm{d}q_i$；随着寡头投资需求和投资强度的增加，其生产能力 $\bar{Q}_i$ 会相应提高，阈值 Γ_i 也会相应提高。因此，在竞争条件下，寡头 i 要想从 $\eta(\Delta_{ij}(q))$ 分布中获得最佳碳减排技术，必然要支付额外费用 $\frac{\mathrm{d}\Gamma_j(q)}{\mathrm{d}q_i} \cdot \mathrm{d}q_i$。综上可得：$MR_i \leqslant e_i^{\theta*}$，命题得证。

通过以上分析可知，寡头匹配完成后产生的边际收益小于最大运作效率。表明在均衡条件下，寡头的碳减排技术投资收益要高于其投资成本，从而验证了寡头进行碳减排技术投资的可行性和合理性。

本章将针对寡头碳减排技术投资问题展开具体研究，假设寡头与供应商提供的碳减排技术匹配成功后，碳减排作用能够即期生效。根据理性决策假设可知，采取不同的碳减排技术，会改变寡头的产量和实际碳排放量。基于此，本章将分别以双寡头和多寡头为例，分别从碳减排技术自营和外包两个角度展开研究。

三、分析过程与步骤

第一步：分析在碳减排技术投资情况下寡头的边际利润，确定寡头－碳减排技术最佳匹配方案的存在性。

第二步：基于理性人假设，寡头以最大利润为目标函数，分别对寡头碳减排技术自营和外包两种情况进行建模分析，求得两种模型下的均衡解（最优产量和碳减排技术投资组合），以获得最优匹配方案。

第三步：进行数值模拟实验和仿真，验证前文的假设。首先，建立期望利润函数，确定不同碳减排技术投资下的产量—碳排放量—利润组合，即不同的匹配结果，确定最优匹配结果；其次，进行不同参数波动对期望利润和环境绩效的敏感性分析，确定不同参数对期望利润和环境绩效的影响程度；最后，通过 1000 次蒙特卡罗数值仿真，分析市场上各类风险项对均衡解的影响程度，便于寡头碳减排技术投资决策的制定。

第四节　双寡头碳减排技术自投资的匹配决策研究

寡头关于碳减排技术的选择主要依赖于碳减排技术的投资改进对寡头带来的收益水平，如果引进碳减排技术后能够使寡头获得更多的收益，并能够有效降低碳排放量，那么，寡头会采取积极的行动。基于此，本章以双寡头为例进行匹配博弈分析，以确定碳减排技术的投资策略是否可行，并以投资后寡头的期望利润为目标函数，通过求解分析，从中获取最佳匹配的碳减排技术。根据前文假设，碳减排技术投资金额 k' 的不同会对应不同类型的碳减排技术。引入 $0-1$ 变量，表示为匹配度 $x_{i\theta}$。

$$x_{i\theta} = \begin{cases} 0, & k_{1,i}=0, \ 即\ \mu(i) \neq \theta_l, \ 未匹配 \\ 1, & k_{1,i}>0, \ 即\ \mu(i) = \theta_l, \ 匹配 \end{cases}$$

其中，μ 表示寡头 i 与碳减排技术 θ_l 之间的匹配关系。

假设双寡头市场为同质产品市场，并且双寡头策略制定过程为纯策略博弈过程。为便于研究，本章只考虑产品生产成本和碳减排技术投资成本，暂不考虑其他成本。寡头的生产销售过程、CET 过程以及收入情况如图 6-1 所示。

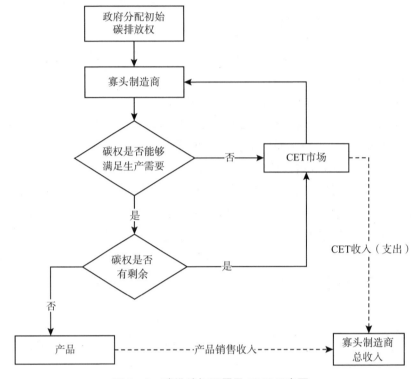

图 6 – 1 碳排放权配置及 CET 示意图

一、模型建立

寡头进行碳减排技术投资，需要综合考虑多种因素的影响。一般而言，碳减排技术投资优化会导致产量发生变动，因此，确定产量与投资强度最优组合是获取最大利润的前提。并且政府碳排放权的限定对寡头的 CET 过程具有一定的约束作用。换句话说，寡头交易后的碳排放权总量 $v_1'^0 + v_2'^0$ 必须等于政府分配的碳排放权总限额 V^0，寡头不能创造更多的碳排放权，也不会放弃碳排放权。碳排放权限额及其交易的存在，可能会对寡头产生诸多影响：第一，可能会改变寡头的产量决策，从而影响其利润水平；第二，可能会影响寡头的市场占有率和生产效率；第三，可能会产生更多的碳污染治理成本，并影响碳排放量。作为理性决策者，寡头以利润最大化作为目标函数。

那么，寡头在进行某种强度的碳减排技术投资后（即完成匹配）创造的期望利润可用以下模型表示：

$$\max \pi_i(q_i \mid x_{i\theta} = 1) = p \min\{q_i, \ \bar{Q}_i\} + (v_i^0 - v_i)\omega - C_{1,i} - C_{2,i}$$

$$\text{s. t.} \begin{cases} v_{si} \leqslant v_i \leqslant v_{bi} \\ p\min\{q_i, \bar{Q}_i\} \geqslant C_{1,i} \\ C_{2,i} \geqslant 0 \end{cases} \tag{6.2}$$

式中，$\min\{q_i, \bar{Q}_i\}$ 表示在生产能力约束下的寡头实际产量，其中，当 $q_i <$ $\bar{Q}_i$ 时，表示寡头生产能力水平能够满足最优生产需要；否则不能，此时寡头只能以最大生产能力进行生产，或重新选择投资强度（更换碳减排技术），下文会详细给出分析过程。$p\min\{q_i, \bar{Q}_i\}$ 表示产品销售收入，$(v_i^0 - v_i)\omega$ 表示出售（购买）碳排放权的收入（支出），$C_{1,i}$ 表示产品生产成本，$C_{2,i}$ 表示碳减排技术投资成本，为非负数，$v_{si} \leqslant v_i \leqslant v_{bi}$ 表示寡头进行碳减排技术投资后实际碳排放量的取值范围，$p\min\{q_i, \bar{Q}_i\} \geqslant C_{1,i}$ 表示碳减排技术投资必须保证寡头不赔本。

当市场上存在双寡头时，式（6.2）可表示为：

$$\begin{aligned} \max \pi_i(q_i \mid x_{i\theta} = 1) = {}& (a - bQ)\min\{q_i, \bar{Q}_i\} \\ & + [v_i^0 - (\alpha_i \min\{q_i, \bar{Q}_i\} - \beta_i \sqrt{k_{1,i}})]\omega \\ & - c_{1,i}\min\{q_i, \bar{Q}_i\} - k_{1,i} \end{aligned} \tag{6.3}$$

$$\text{s. t.} \begin{cases} v_{si} \leqslant \alpha_i \min\{q_i, \bar{Q}_i\} - \beta_i \sqrt{k_{1,i}} \leqslant v_{bi} \\ \min\{q_i, \bar{Q}_i\} \geqslant 0 \\ a - bQ \geqslant c_{1,i} \\ k_{1,i} \geqslant 0 \end{cases}$$

其中，$Q = \min\{q_1, \bar{Q}_1\} + \min\{q_2, \bar{Q}_2\}$。

目标函数是关于产量 q_i 的函数。

$$\pi_i(q_i^* \mid x_{i\theta} = 1) \geqslant \pi_i(q_i \mid x_{i\theta} = 1), \quad q_i \in Q, \quad Q = \{Q_1, Q_2\} \tag{6.4}$$

若式（6.4）成立，表明纯策略纳什均衡存在，并且目标函数值越大，该碳减排技术被寡头选择的机会越大。

二、模型求解与均衡分析

类似于供需均衡理论，在竞争市场上，均衡价格的确定取决于竞争状态下供需双方对最大收益的追求，从而获得纳什均衡解。本章运用纳什均衡原理，来确定稳定匹配结果的存在。与价格确定机制不同的是，供需理论中价格是由均衡状态下的外生变量因素决定的，而本章匹配问题是由市场均衡状态下的内生变量因素决定的。

命题 6.2 当 $q_i < \bar{Q}_i$ 时，古诺模型均衡产量 q_i^* 和最优碳减排技术投

资额 k_i^* 分别为：

$$q_i^* = \frac{a - 2(\alpha_i \omega + c_{1,i}) + (\alpha_j \omega + c_{1,j})}{3b} \tag{6.5}$$

$k_i^* = \frac{1}{4}\beta_i^2 \omega^2$，$i, j = \{1, 2\}$，$i \neq j$。

证明　分别求目标函数 $\pi_1(q)$，$\pi_2(q)$ 关于 q_1，q_2 的一阶导数：

$$\frac{\partial \pi_1(q_1 \mid x_{i\theta} = 1)}{\partial q_1} = a - 2bq_1 - bq_2 - \alpha_1 \omega - c_{1,1}$$

$$\frac{\partial \pi_2(q_2 \mid x_{i\theta} = 1)}{\partial q_2} = a - 2bq_2 - bq_1 - \alpha_2 \omega - c_{1,2} \tag{6.6}$$

令 $\dfrac{\partial \pi_1(q_1 \mid x_{i\theta} = 1)}{\partial q_1} = 0$，$\dfrac{\partial \pi_2(q_2 \mid x_{i\theta} = 1)}{\partial q_2} = 0$，可求得两寡头的反应函数：

$$sj_1(q_2) = \frac{a - \alpha_1 \omega - c_{1,1}}{2b} - \frac{1}{2}q_2$$

$$sj_2(q_1) = \frac{a - \alpha_2 \omega - c_{1,2}}{2b} - \frac{1}{2}q_1$$

两反应函数的交点即为两寡头在 CET 竞争市场上的纳什均衡点 $E_1(q_1^*, q_2^*)$，即：

$$q_i^* = \frac{a - 2(\alpha_i \omega + c_{1,i}) + (\alpha_j \omega + c_{1,j})}{3b}，i, j = \{1, 2\}，且 i \neq j$$

求目标函数 $\pi_i(q)$ 关于 k_i 的一阶导数：

$$\frac{\partial \pi_i}{\partial k_{1,i}} = \beta_i \omega \frac{1}{2} \frac{1}{\sqrt{k_{1,i}}} - 1$$

令 $\dfrac{\partial \pi_i}{\partial k_{1,i}} = 0$，可得寡头的最优碳减排技术投资成本：

$$k_i^* = \frac{1}{4}\beta_i^2 \omega^2 \tag{6.7}$$

命题得证。

命题 6.3　当 $q_i < \bar{Q}_i$ 时，均衡产量 q_i^* 是关于产品价格 p 的递增函数，关于 CET 价格 ω、单位产品碳排放量 α_i 的递减函数。

证明　求式（6.3）的目标函数关于产量 q_i 的一阶导数，并令其等于 0，可得均衡产量 $q_i^* = \dfrac{p - \alpha_i \omega - c_{1,i}}{2b}$，满足：$q_i^* \propto p$。由此可得：均衡产量 q_i^* 是关于产品价格 p 的一次函数，且线性正相关。命题得证。

由命题 6.3 可知，随着产品价格的增加寡头可采取扩大产量策略；随着 CET 价格、单位产品碳排放量的增加，寡头可采取减少产量的策略。

命题 6.4　碳减排技术投资成本 $k_{1,i}$ 是关于投资系数 β_i 和 CET 价格 ω 的递增函数。如果 $k_{1,i} > 0$，表示寡头能够找到与之最优匹配的碳减排技术；否则，不能。

证明　从式（6.7）可以看出，碳减排技术投资成本 $k_{1,i}$ 是关于投资系数 β_i 和 CET 价格 ω 的二次函数。如果保持 ω 不变，随着 β_i 增加，$k_{1,i}$ 会增加，以达到提高碳减排效率、降低碳排放量的目的；如果保持 β_i 不变，随着 ω 增加，$k_{1,i}$ 也会增加，从而提高碳排放权额外销售收入或者减少碳排放权购买量。命题得证。

命题 6.5　寡头 i 的实际碳排放量 v_i 与寡头 j 的碳减排技术投资决策相关。

证明　结合式（6.5）均衡产量 q_i^* 和式（6.4）利润函数 π_i，可求得实际碳排放量 v_i^*：

$$v_i^* = \frac{1}{3b}(a - 2\alpha_i\omega + \alpha_j\omega - 2c_{1,i} + c_{1,j}) - \beta_i\sqrt{k_{1,i}} \tag{6.8}$$

命题得证。

命题 6.6　寡头 i 实际碳排放量 v_i 会随着碳减排技术投资成本 $k_{1,i}$ 的增加而降低。

证明　求式（6.6）实际排放量 v_i^* 关于碳减排技术投资成本 $k_{1,i}$ 的一阶导数，可得：

$$\frac{\partial v_i^*}{\partial k_{1,i}} = -\frac{\beta_i}{2\sqrt{k_{1,i}}} < 0$$

由此可见，在 CET 价格保持不变的情况下，v_i^* 为关于 $k_{1,i}$ 的单调递减函数，表明碳减排技术投资越多，寡头实际碳排放量越少，命题得证。

命题 6.7　当寡头 i, j 的单位碳排放量相等时，即 $\alpha_i = \alpha_j$，寡头 i 在限额交易环境下的最优产量比非限额交易环境下的最优产量低，且碳排放量少。

证明　在非限额交易环境下，即当寡头不进行碳减排技术投资 $C_{2,i}$ 和碳排放权交易 $(v_i^0 - v_i)\omega$ 时的情形，此时寡头 i 的目标利润函数可表示为：

$$\pi_i' = (a - bQ' - c_{1,i})\min\{q_i',\ \bar{Q}_i'\}$$

通过一阶求导分析，可得寡头 i 不进行投资时的最优产量：

$$q_i^{*\prime} = \begin{cases} \dfrac{a - 2c_{1,i} + c_{1,j}}{3b}, & q_i < \bar{Q}_i \\[2mm] \bar{Q}_i, & q_i \geq \bar{Q}_i \end{cases}$$

碳排放量为：

$$v_i^{*'} = \begin{cases} \dfrac{\alpha_i(a - 2c_{1,i} + c_{1,j})}{3b}, & q_i < \bar{Q}_i \\ \alpha_i \bar{Q}_i, & q_i \geqslant \bar{Q}_i \end{cases}$$

根据上文可知，当寡头 i 进行投资时的最优产量为：

$$q_i^* = \begin{cases} \dfrac{a - 2c_{1,i} + c_{1,j} - 2\alpha_i\omega + \alpha_j\omega}{3b}, & q_i < \bar{Q}_i \\ \bar{Q}_i, & q_i \geqslant \bar{Q}_i \end{cases}$$

碳排放量为：

$$v_i^* = \begin{cases} \dfrac{\alpha_i(a - 2c_{1,i} + c_{1,j} - 2\alpha_i\omega + \alpha_j\omega)}{3b}, & q_i < \bar{Q}_i \\ \alpha_i \bar{Q}_i, & q_i \geqslant \bar{Q}_i \end{cases}$$

对比两种结果可得，当 $\alpha_i = \alpha_j$ 时，有 $q_i^{*'} \geqslant q_i^*$，$v_i^{*'} \geqslant v_i^*$。命题得证。

命题 6.8 寡头的目标利润函数 π_i 是关于初始碳排放权 v_i^0 和碳减排技术投资系数 β_i 的递增函数，是关于单位产品碳排放量 α_i 的递减函数。

证明 根据式（6.4）可知，一方面，当碳减排技术投资强度增加时，碳减排量会增加，从而导致实际碳排放量减少，从而增加寡头的 CET 收益（或降低寡头碳排放权的购买支出）；而初始碳排放权 v_i^0 的增加会直接增加寡头的碳排放权余量，从而使寡头的实际利润增加。另一方面，单位产品碳排放量 α_i 降低会直接降低寡头的实际碳排放量，提高寡头的总收益。命题得证。

三、数值仿真

（一）均衡解分析

假设寡头市场上产品供给量与需求量出清。考虑到市场需求的随机性，给出随机需求的概率密度函数 $f(Q)$，随机需求分布函数 $F(Q)$。为方便研究，假设 $F(Q)$ 是连续可微的，且其均值和标准差分别为 μ_Q 和 σ_Q（假设随机变量服从正态分布）。考虑到产品市场需求的随机性、CET 价格及碳减排技术投资系数的波动问题，并结合前文关于寡头碳减排技术投资强度和产量决策问题，列出期望利润目标函数和约束条件，实现利润最大化：

$$\max E(\pi_i \mid x_{i\theta} = 1) = E(R) - E(C) = \int_0^{q_i} pQf(Q)\,\mathrm{d}Q + \int_{q_i}^{\infty} pq_i f(Q)\,\mathrm{d}Q$$

$$+ \int_0^{\infty} [v_0\omega - (\alpha_i q_i - \beta_i \sqrt{k_{1,i}})\omega]f(Q)\,\mathrm{d}Q$$

$$- \int_0^\infty c_1 q_i f(Q) \mathrm{d}Q - k_{1,i}$$

$$= p \int_0^q Q f(Q) \mathrm{d}Q + p \int_q^\infty q_i f(Q) \mathrm{d}Q$$

$$+ (v_0 + \beta_i \sqrt{k_{1,i}}) \omega \int_0^\infty f(Q) \mathrm{d}Q$$

$$- (\alpha \omega + c_1) \int_0^\infty q_i f(Q) \mathrm{d}Q - k_{1,i} \qquad (6.9)$$

$$\mathrm{s.\,t.} \begin{cases} 0 \leqslant q_i \leqslant Q \\ v_s \leqslant \alpha_i q_i - \beta_i \sqrt{k_{1,i}} \leqslant v_b \\ 0 < c_1 < p \\ k_{1,i} \geqslant 0 \end{cases}$$

目标函数的 $p \int_0^q Q f(Q) \mathrm{d}Q$、$p \int_q^\infty q_i f(Q) \mathrm{d}Q$、$(v_0 + \beta_i \sqrt{k_{1,i}}) \omega \int_0^\infty f(Q) \mathrm{d}Q$ 表示寡头 i 进行碳减排技术投资后所获得的期望收益，其中，$p \int_0^q Q f(Q) \mathrm{d}Q$ 表示寡头 i 独占产品市场时的期望收益；$p \int_q^\infty q_i f(Q) \mathrm{d}Q$ 表示寡头 i 存在竞争对手且其产量小于市场随机需求总量时的期望收益；$(v_0 + \beta_i \sqrt{k_{1,i}}) \omega \int_0^\infty f(Q) \mathrm{d}Q$ 表示寡头 i 的 CET 收益；$(\alpha \omega + c_1) \int_0^\infty q_i f(Q) \mathrm{d}Q$ 表示生产成本；$k_{1,i}$ 表示碳减排技术投资成本。

第一，确定寡头在做出不同碳减排技术投资决策时的产量、碳排放量和期望利润情况，并求得均衡解；第二，进行数值模拟实验，分析单位产品碳排放量 α_i、CET 价格 ω、碳减排技术投资系数 β_i 和政府碳排放权配额 v_i^0 等参数对期望利润 $E(\pi_i)$ 的影响；第三，进行蒙特卡罗数值模拟，分析产品随机需求标准差 σ_Q、CET 价格变动风险标准差 σ_T 和碳减排技术投资风险标准差 σ_K 对期望利润 $E(\pi_i)$ 的影响。设置目标参数在 $[-95\%,\ 95\%]$ 区间内波动的敏感性实验，保持其他参数不变，并假设各参数在 95% 置信区间内均匀波动。结合北京市 2014~2017 年实施碳交易试点工作以来的 CET 价格和文献（熊轶等，2015；马玉莲和忻仕海，2011）中对 PVC 生产企业碳排放量测定的数据结果，取样并做出合理假设，给出如表 6-1 所示的参数赋值。

表 6 –1   数值模拟参数

参数	取值	参数	取值
单位产品销售价格 p	18000 元/吨	产品随机需求均值 μ_Q	50 万吨/年
单位产品生产成本 $c_{1,i}$	8000 元/吨	产品随机需求标准差 σ_Q	15000
碳排放权配额 v_i^0	100 万吨/年	CET 价格变动风险均值 μ_T	0
单位产品碳排放量 α_i	1.765 吨	CET 价格变动风险标准差 σ_T	0.3
CET 价格 ω	55 元/吨	碳减排技术投资波动风险均值 μ_K	0
碳减排技术投资系数 β_i	25	碳减排技术投资风险标准差 σ_K	0.15

通过数值模拟绘制期望利润函数的演化规律，如图 6 – 2 所示。

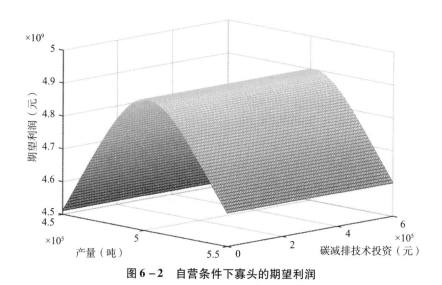

图 6 – 2   自营条件下寡头的期望利润

图 6 – 2 表明，在产品随机需求均值为 50 万吨，标准差为 15000 时，图形曲面上各点代表不同的产量—投资—期望利润组合。求解式（6.9）关于决策变量 q 和 k_1 的海塞矩阵，可得：

$$\begin{pmatrix} 1 + pq^2 & 0 \\ 0 & \dfrac{-25\omega}{4k^{\frac{3}{2}}} \end{pmatrix} \tag{6.10}$$

显然，式（6.10）为严格负定矩阵，表明寡头 i 的期望利润为关于变量 q 和 k_1 的凹函数，因此，必然存在均衡解。通过数值模拟实验，得出 $(q_i^*,\ C_2^*,\ E(\pi_i^*)) = (5.01892 \times 10^5,\ 4.72657 \times 10^5,\ 4.9000 \times 10^9)$，并

求得碳减排技术投资比为 $\lambda_1 = 9.646 \times 10^{-5}$，表明此投资强度符合寡头的投资阈值标准。通过进一步计算，可获得寡头的实际碳排放量为 $v_i = 86.86521$ 万吨，少于政府的碳排放权限额 $v_i^0 = 100$ 万吨，即 $v_i^0 - v_i > 0$，意味着寡头 i 碳排放权有剩余，可将其出售。另外，寡头不进行碳减排技术投资，即 $k_1 = 0$ 时均衡解为 $(q_i'^*,\ E'(\pi_i^*)) = (5.01891 \times 10^5,\ 4.8996 \times 10^9)$，实际碳排放量为 $v_i' = 88.77057$ 万吨。对比分析可得：$v_i' > v_i$ 且 $E'(\pi_i^*) < E^*(\pi)$，表明寡头进行碳减排技术投资不仅能够有效降低碳排放量，而且能够获得更多收益。因此，对寡头来讲，进行碳减排技术投资是可行的。

（二）敏感性分析

参数变化对期望利润的敏感性影响程度如图 6 - 3 和图 6 - 4 所示。

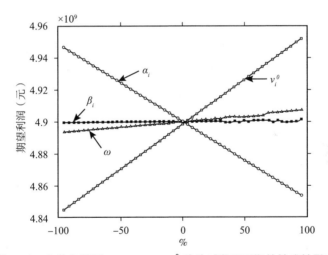

图 6 - 3　自营条件下 α_i，β_i，ω，v_i^0 波动对期望利润的敏感性影响

根据图 6 - 3 分析可得，在 $[-95\%,\ 95\%]$ 波动范围内，期望利润 $E(\pi_i)$ 与单位产品碳排放量 α_i 存在负相关关系，与碳减排技术投资系数 β_i、CET 价格 ω 和碳排放权配额 v_i^0 存在正相关关系。其中，$E(\pi_i)$ 关于 α_i 和 v_i^0 的曲线波动较大，关于 β_i 和 ω 的曲线波动相对平缓，表明 α_i 和 v_i^0 对期望利润的影响程度较大，β_i 和 ω 对期望利润的影响相对较小。但影响较小并不意味着不重要，具体情形还要结合环境绩效来分析，如图 6 - 4 所示。图 6 - 4（a）~（d）分别展示了四个参数 α_i，β_i，ω，v_i^0 的波动对环境绩效的影响。

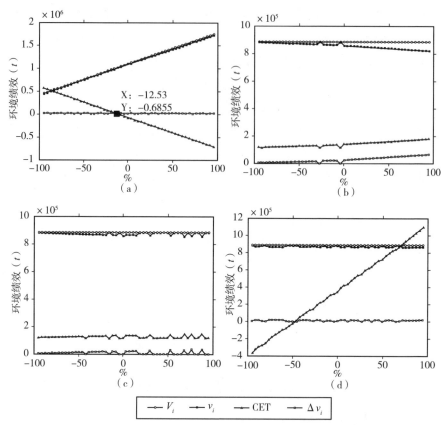

图 6 - 4　自营条件下 α_i, β_i, ω, v_i^0 变动对环境绩效的敏感性影响曲线

图 6 - 4（a）表明，寡头碳排放量与单位产品碳排放量 α_i 直接相关，碳排放量会随着 α_i 增加逐渐增加。另外，α_i 越大，CET 量越小，当 $\alpha_i \approx$ $(1 - 12.53\%) \times 1.765 = 1.5438$ 时，寡头 CET 量接近 0，意味着此时不存在 CET 交易。如图 6 - 4（b）所示，随着碳减排系数 β_i 的增加，寡头的实际碳排放量呈指数式减少，表明 β_i 是影响寡头环境绩效的关键因素。如图 6 - 4（c）所示，各环境绩效曲线变化不明显，意味着寡头环境绩效对 CET 价格敏感性不大。如图 6 - 4（d）所示，随着初始碳配额的增加，除 CET 量外，碳排放量和碳减排量变化幅度都不大，意味着 CET 量与初始碳配额 v_i^0 直接相关。另外，当 $v_i^0 \approx (1 - 45.99\%) \times 1.0 \times 10^6 = 5.401 \times 10^5$ 时，CET 量约为 0，表明此时不存在 CET 交易。在此点之前，寡头初始碳排放权少于实际碳排放量，意味着如果不购买，现有碳排放权将不能满足生产需要；此点之后，碳排放权会有剩余，此时寡头可将其出售，获得额外收益。

总之，CET 价格风险波动对寡头的期望利润具有正向影响，而产量需求波动风险和碳减排技术投资波动风险对寡头的期望利润具有负向影响。

第五节　双寡头碳减排技术投资外包的匹配决策研究

生产型寡头需要将有限的资源集中到核心业务，增强核心竞争力，为客户提供高质量的产品或服务，降低管理成本。因此，寡头可能会选择将碳减排技术投资项目外包给专业的污染治理机构，以集中力量发展核心业务。

对本章第二节的符号约定补充如下：假设寡头将碳减排技术投资项目外包给专业的污染治理机构，需要支付一定的外包费用 $C_{3,i}$，主要包括外包年费、防止信息泄露的风险投资费用和加成碳净化费用三部分。为简化模型，将外包年费和信息泄露的风险投资费用进行合并处理，简称外包年费，记为 $k_{2,i}$。假设加成碳净化成本与产量 $\min\{q_i, \bar{Q}_i\}$ 线性相关，并且碳行业市场上边际碳净化成本定价一致，即 $c_{2,i} = c$，$i \in I$，则加成碳净化成本可记为 $c\min\{q_i, \bar{Q}_i\}$。外包总费用可表示为：$C_{3,i} = c\min\{q_i, \bar{Q}_i\} + k_{2,i}$。

一、模型建立

以双寡头为例进行匹配竞争分析，可以得出寡头 i 将碳减排技术投资项目外包时，匹配后的寡头目标利润函数为：

$$\max \pi_i(q_i \mid x_{i\theta} = 1) = p\min\{q_i, \dot{Q}_i\} + (v_i^0 - v_i)\omega - C_{1,i} - C_{3,i}$$

$$\text{s. t. } \begin{cases} v_i \geq 0 \\ p \geq c_{1,i} > 0 \\ C_{3,i} \geq 0 \end{cases} \tag{6.11}$$

其中，$p\min\{q_i, \dot{Q}_i\}$ 表示产品销售收入；$(v_i^0 - v_i)$ 表示出售（购买）碳排放权的收入（支出）；$C_{1,i}$ 表示产品生产成本；$C_{3,i}$ 表示碳减排技术投资外包成本支出，为非负的。式（6.11）可修正为：

$$\begin{aligned} \max \pi_i(q_i \mid x_{i\theta} = 1) = {} & (a - bQ - c_{1,i} - c)\min\{q_i, \bar{Q}_i\} \\ & + [v_i^0 - (\alpha_i \min\{q_i, \bar{Q}_i\} \\ & - \beta_i \sqrt{k_{2,i} + c\min\{q_i, \bar{Q}_i\}})]\omega - k_{2,i} \end{aligned}$$

$$\text{s. t.}\begin{cases} \min\{q_i,\ \bar{Q}_i\} \geqslant 0 \\ \alpha_i \min\{q_i,\ \bar{Q}_i\} - \beta_i \sqrt{k_{2,i} + c\min\{q_i,\ \bar{Q}_i\}} \geqslant 0 \\ a - bQ \geqslant c_{1,i} > 0 \\ k_{2,i} + c\min\{q_i,\ \bar{Q}_i\} \geqslant 0 \\ k_{2,i},\ c > 0 \end{cases} \tag{6.12}$$

其中，$Q = \min\{q_1,\ \bar{Q}_i\} + \min\{q_2,\ \bar{Q}_2\}$。

二、模型求解与均衡分析

当寡头的生产能力能满足生产需求，即 $q_i < \bar{Q}_i$ 时，求期望利润式（6.12）关于产量 q_i 的一阶导数：

$$\frac{\partial \pi_i}{\partial q_i} = a - bq_j - 2bq_i - \alpha_i\omega + \frac{\beta_i\omega c}{2\sqrt{k_{2,i} + cq_i}} - c_{1,i} - c$$

$$i,\ j \in I;\ i \neq j \tag{6.13}$$

为便于计算，令 $t_i = \sqrt{k_{2,i} + cq_i}$，则 $q_i = \dfrac{t_i^2 - k_{2,i}}{c}$，将其代入式（6.13）可得：

$$T(t_i) = a - b\frac{t_j^2 - k_{2,j}}{c} - 2b\frac{t_i^2 - k_{2,i}}{c} - \alpha_i\omega + \frac{\beta_i\omega c}{2t_i} - c_{1,i} - c$$

同命题 6.2 证明过程，令 $T(t_i) = 0$，可求得 t_i 的最优解：

$$t_i^* = -2c^6\beta_i^3\omega^3 + (-8ac^5\beta_i^2\omega^2 + \cdots + 4c^5\alpha^2\beta_i^2\omega^3) + \cdots + 72b^3$$

对应产量 q_i^* 的解析式为：

$$q_i^* = \frac{t_i^2 - k_{2,i}}{c}$$

$$= \frac{[-2c^6\beta_i^3\omega^3 + (-8ac^5\beta_i^2\omega^2 + \cdots + 4c^5\alpha^2\beta_i^2\omega^3) + \cdots + 72b^3]^2 - k_{2,i}}{c},\ i \in \{1,\ 2\}$$

实际碳排放量 v_i^* 为：

$$v_i^* = \frac{\alpha_i}{c}t_i^{*2} - \beta_i t_i^* - \frac{\alpha_i}{c}k_{2,i}$$

$$= \frac{\alpha_i}{c}\left[\frac{(-2c^6\beta_i^3\omega^3 + (-8ac^5\beta_i^2\omega^2 + \cdots + 4c^5\alpha^2\beta_i^2\omega^3) + \cdots + 72b^3)^2 - k_{2,i}}{c}\right]^2$$

$$- \beta_i\frac{(-2c^6\beta_i^3\omega^3 + (-8ac^5\beta_i^2\omega^2 + \cdots + 4c^5\alpha^2\beta_i^2\omega^3) + \cdots + 72b^3)^2 - k_{2,i}}{c}$$

$$- \frac{\alpha_i}{c}k_{2,i},\ i \in I \tag{6.14}$$

根据分析可知，t_i^{*2} 表示寡头的碳减排技术项目外包时的投资成本，结合式（6.14）可知，碳减排技术投资强度会对寡头的实际碳排放量产生重要影响，并且实际碳排放量还与碳减排投资系数相关：投资系数越大，实际碳排放量越小。

三、数值模拟

（一）均衡解分析

当寡头进行碳减排技术投资外包时，假设产品市场随机需求符合正态分布，其随机需求的概率密度函数为 $g(Q)$，随机需求分布函数为 $G(Q)$ 并且连续可微，其均值和标准差分别表示为 $\mu_{2,Q}$ 和 $\sigma_{2,Q}$，可得寡头碳减排技术投资外包情形下的期望利润函数满足：

$$
\begin{aligned}
\max E_2(\pi_i \mid x_{i\theta} = 1) = E_2(R) - E_2(C) = {} & \int_0^{q_i} pQg(Q)\mathrm{d}Q + \int_{q_i}^{\infty} pq_i g(Q)\mathrm{d}Q \\
& + \int_0^{\infty} \left[v_i^0 \omega - (\alpha_i q_i - \beta_i \sqrt{k_{2,i} + cq_i})\omega \right] g(Q)\mathrm{d}Q \\
& - \int_0^{\infty} (c_{1,i} + c)q_i g(Q)\mathrm{d}Q - k_{2,i} \\
= {} & p\int_0^{q_i} Qg(Q)\mathrm{d}Q + p\int_{q_i}^{\infty} q_i g(Q)\mathrm{d}Q + v_i^0 \omega \int_0^{\infty} g(Q)\mathrm{d}Q \\
& + \beta_i \omega \int_0^{\infty} \sqrt{k_{2,i} + cq_i}\, g(Q)\mathrm{d}Q \\
& - (\alpha_i \omega + c_{1,i} + c)\int_0^{\infty} q_i g(Q)\mathrm{d}Q - k_{2,i}
\end{aligned}
$$

$$
\text{s. t.} \begin{cases} 0 \leqslant q_i \leqslant Q \\ v_s \leqslant \alpha_i q_i - \beta_i \sqrt{k_{2,i} + c_2 q_i} \leqslant v_b \\ 0 < c_{1,i} < p \\ \sqrt{k_{2,i} + c_2 q_i} \geqslant 0 \\ k_{2,i},\ c_2 \geqslant 0 \end{cases}
$$

首先，通过数值模拟实验，分析参数单位产品碳排放量 α_i、CET 价格 ω、碳减排技术投资系数 β_i、边际碳净化成本 c 和政府碳排放权配额 v_i^0 对期望利润的影响，获得均衡解。其次，借助构建的非线性规划模型，在 95% 置信区间内进行敏感性实验。敏感性分析过程中，除目标参数外，其他参数保持不变，并假设各参数在置信区间内呈现均匀波动。最后，进行 10000 次蒙特卡罗数值模拟，分析产品需求标准差 $\sigma_{2,Q}$、CET 价格变动风险标准差 $\sigma_{2,T}$ 和碳减排技术投资风险标准差 $\sigma_{2,K}$ 对期望利润 $E_2(\pi_i)$ 的影响，并绘制影响曲线。相关补充参数单位加成碳净化成本 c 为 0.6 元/吨。

为验证均衡解的存在性，现参照表 6 - 1 给出的相关参数，绘制项目外包条件下寡头的期望利润函数值，如图 6 - 5 所示，给出了在产品市场随机需求量均值为 50 万吨，标准差为 15000 万情况下的期望利润图像。一方面，曲面上的点代表寡头产量—项目投资—期望利润组合，对应着所有可能的寡头—碳减排技术投资匹配组合情况。在图中给定 A 点和 B 点，分别表示两种不同的投资匹配决策，并使寡头产生了不同的期望利润 $E_{2,A}(\pi_i) < E_{2,B}(\pi_i)$，即相较于匹配决策 A，寡头更偏好于匹配决策 B。（假设曲面上所示的所有投资匹配决策都满足寡头的投资阈值标准）

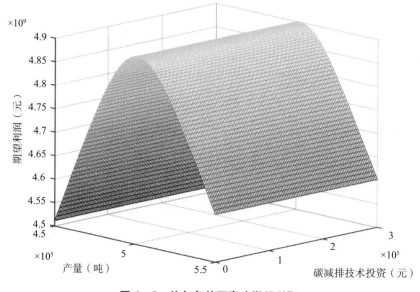

图 6 - 5　外包条件下寡头期望利润

图 6 - 5 表明，寡头的期望利润函数是关于产量和投资的上凸函数，必然存在均衡解，从而获得最佳的寡头 - 碳减排技术投资匹配决策。其均衡解 $(q_{2,i}^*,\ C_{2,i}^{*3},\ E_2(\pi_i^*)) = (5.01891 \times 10^5,\ 4.22467 \times 10^5,\ 4.9001 \times 10^9)$（其中，外包年费 $k_2 = 1.71522 \times 10^5$，加成碳净化成本 $c_2 q_2^* = 2.50946 \times 10^5$）。此时，碳减排技术投资比 $\lambda_2 = 8.622 \times 10^{-5}$，满足寡头的投资阈值要求，因此寡头可进行投资。计算可得实际碳排放量 $v_{2,i} = 8.68650 \times 10^5$，而政府分配的碳排放权限额 $v_i^0 = 1.0 \times 10^6$，$v_{2,i} < v_i^0$，所以寡头可以将剩余碳排放权出售，从中获得额外收益。

根据前文分析可知，寡头不进行碳减排技术投资时的均衡解为 $(q_i'^*,$

$E'(\pi_i^*)) = (5.01891 \times 10^5,\ 4.8996 \times 10^9)$，实际碳排放量 $v_i' = 887705.700$ 吨；与寡头进行碳减排技术投资外包时相比：$v_{2,i} < v_i'$，且 $E_2(\pi_i^*) > E'(\pi_i^*)$。表明碳减排技术投资可以有效降低碳排放量，提高寡头利润水平。

（二）外包条件下敏感性分析

本部分首先分析参数变动对期望利润 $E_2(\pi_i)$ 的敏感性影响，并得出相应的敏感因子变动曲线，如图 6-6（a）~（e）所示。参数包括：单位产品碳排放量 α_i、碳减排投资系数 β_i、CET 价格 ω、政府碳排放权配额 v_i^0 和边际加成碳净化成本 c。

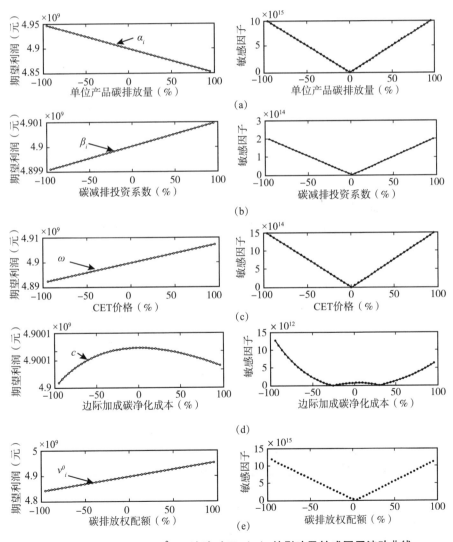

图 6-6　α_i，β_i，ω，v_i^0，c 波动对 $E_{2,i}(\pi)$ 的影响及敏感因子波动曲线

从图 6-6 中可以看出：$E_2(\pi_i)$ 与 α_i 线性负相关，与 β_i，ω，v_i^0 线性正相关，$E_2(\pi_i)$ 关于 c 呈现先下降后上升的凹函数关系；各参数的敏感因子分别关于样本均值呈现对称式均匀分布，并且从其敏感性程度来看，α_i，v_i^0 对 $E_2(\pi_i)$ 的影响程度最大，c 对 $E_2(\pi_i)$ 的影响程度最小；ω，β_i 对 $E_2(\pi_i)$ 的影响处于中间位置。

进一步分析参数变动对环境绩效（包括初始碳排放量 V_i、实际碳排放量 v_i、碳减排量 Δv_i 和 CET 量）的敏感性影响，结果如图 6-7（a）~（e）表明。

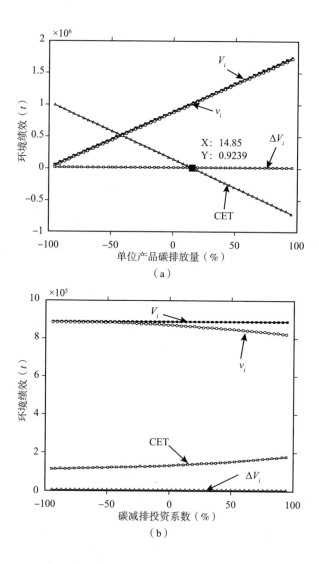

（a）

（b）

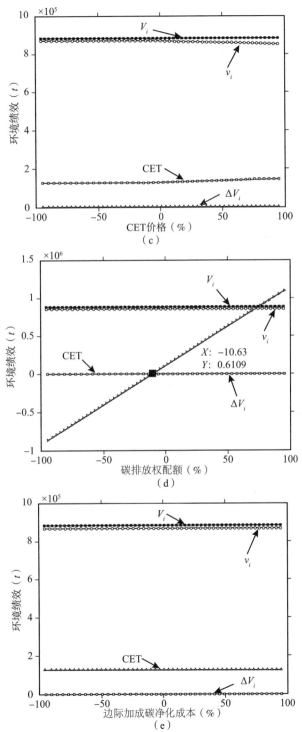

图 6-7　外包条件下 α_i，β_i，ω，v_i^0，c 变动对环境绩效的影响曲线

图 6 - 7 (a) 表明，随 α_i 增加，初始碳排放量和实际碳排放量都呈现上升趋势，且碳减排量和 CET 量从整体上看呈现下降趋势；并且在 $\alpha_i >$ 14.85 时，CET 量出现负值，意味着随着 α_i 增加，政府初始碳配额逐渐不能满足寡头生产需求，需要从 CET 市场上购买部分碳排放权，以完成生产活动。从图 6 - 7 (b) 可知，实际碳排放量随 β_i 增加而降低，并且影响程度逐渐增加；碳减排量和 CET 量均随 β_i 增加而增加，初始碳排放量与 β_i 无关，意味着提高 β_i 可以有效提高寡头的环境绩效。由 6 - 7 (c) 图可得，ω 波动对初始碳排放量和实际碳排放量均存在负面影响，而对碳减排量和 CET 量存在正面影响，即 ω 越大，寡头碳减排的环境效益越好，有利于提高寡头碳减排技术投资的动机。如图 6 - 7 (d) 所示，随着 v_i^0 增加，CET 量逐渐增加，而初始碳排放量、碳排放量和碳减排量除个别差异较大的点，基本趋于稳定。并且当 $v_i^0 = 893700$ 时，CET 量为 0，意味着在此点之前，寡头需要购进碳排放权以满足生产需要，而此点之后可以出售剩余的碳排放权。如图 6 - 7 (e) 所示，除个别点外，环境绩效对 c 变动的敏感性曲线较为平稳，没有出现较大幅度波动，表明 c 对环境绩效的影响不大。

第六节 双寡头碳减排技术投资自营和外包两种匹配结果对比

总体而言，从期望利润角度来看，与自营相比，寡头进行外包时投资金额减少，利润更高，意味着投资外包的经济效用更好；从环境绩效角度来看，在均衡条件下，碳减排技术投资自营和外包的实际碳排放量近似相等，意味着两种情形下的环境绩效基本相等。具体结果如下：

一、寡头期望利润对比分析

根据本章第三节和第四节求解结果，可知寡头在碳减排技术投资自营和外包情形下的投资比分别为：$\lambda_1 = 9.646 \times 10^{-5}$，$\lambda_2 = 8.622 \times 10^{-5}$，均满足 λ_1，$\lambda_2 \in (0, 1)$，意味着寡头碳减排技术投资自营和外包都是切实可行的。通过进一步分析，分别可得两种情形下的均衡解：

$$(q^*, C_2, E^*(\pi)) = (5.01892 \times 10^5, \ 4.72656 \times 10^5, \ 4.9000 \times 10^9)$$
$$(q^{2,*}, C^{2,*3}, E^{2,*}(\pi)) = (5.01891 \times 10^5, \ 4.22467 \times 10^5, \ 4.9001 \times 10^9)$$

由此可得，与自营相比，外包时产量低、投资少、利润多，意味着寡头进行碳减排技术投资外包决策更佳。

二、环境绩效对比分析

进一步分析，可得两种情形下寡头的实际碳排放量分别为：$v_{1,i} = 8.68652 \times 10^5$，$v_{2,i} = 8.68650 \times 10^5$，可见 $v_{1,i} \approx v_{2,i}$，意味着两种情形下的环境绩效近似相等。具体地，本章第三节和第四节对比分析了自营和外包两种情形下寡头的环境绩效关于单位产品碳排放量、碳减排投资系数、CET 价格、碳排放权配额等参数的敏感性程度，以及边际加成碳净化成本对环境绩效的影响，结果如图 6-3～图 6-7 所示，对其敏感性曲线分析可知：

（1）关于单位产品碳排放量。与自营相比，外包情形下寡头的实际碳排放量关于单位产品碳排放量的敏感程度更大，并且 CET 量波动幅度比自营情形下的波动幅度更大。具体而言，在 $\alpha_{2,i} = 2.0271$ 点，寡头的 CET 量为 0，在该点之后寡头需要购买部分碳排放权才能满足生产需要，而自营情况下，当 $\alpha_{1,i} > 1.5438$ 时，寡头就需要购买碳排放权。

（2）关于碳减排投资系数。从敏感度曲线可以看出，当寡头选择投资自营时，碳减排量对碳减排投资系数的敏感性程度更大，碳排放量减少的效果更好。

（3）关于 CET 价格。无论自营还是外包，寡头碳减排技术投资的环境绩效对 CET 价格变动的敏感程度都不是很大，且两种情形下的环境绩效变动曲线相似。意味着无论是碳减排技术投资自营还是外包，都不会影响 CET 价格变动对寡头的环境绩效的影响程度。

（4）关于碳排放权配额。根据敏感性曲线可得，在碳排放权配额一定的条件下，进行碳减排技术投资外包比自营的实际碳排放量更低，意味着投资外包的环境绩效更好。由变动曲线可以看出，寡头在投资外包情形下的 CET 量对碳排放权配额的敏感程度更大。

第七节　本章小结

一、结论

本章基于匹配—博弈理论，以双寡头为例，匹配主体为寡头和供应商，分别从自营和外包两个角度研究了寡头碳减排技术投资决策问题。具体而言：

（1）从纵向角度实现寡头与供应商匹配。其中，寡头支付投资资金，供应商提供异质碳减排技术，并考虑了匹配双方主体的偏好问题。不失一般性，作为理性决策者，匹配双方都会以实现整体利益最大化。本章考虑匹配双方存在合作，即在匹配完成情况下，以利润最大化为目标函数，建立模型。在投资自营情形下，寡头的投资成本是个定值，而在投资外包情形下，本章考虑了碳减排技术投资固定成本和变动加成成本情况，增加了模型的复杂性。

（2）从横向角度看，寡头之间存在博弈行为。寡头为了能够从诸多碳减排技术中筛选出最适合自己的碳减排技术方案，以实现利润最大化目标，增强竞争力，需要综合考虑诸多相关影响因素，例如，单位产品碳排放量、CET 价格、碳减排技术投资应用效率、初始碳配额、单位加成碳净化成本等，并综合考虑产品市场需求波动风险、碳减排技术投资风险、价格波动风险等风险因子对投资效用的影响。得出以下结论：

第一，在限额交易政策下，寡头的产量与单位产品碳排放量及 CET 价格有关。当 CET 价格不变时，产量随着单位产品碳排放量的增加而降低；当单位产品碳排放量不变时，产量随着 CET 价格的增加而降低。

第二，当市场上存在两个寡头并且其单位碳排放量相等时，寡头在限额交易环境下的最优产量比非限额交易环境下的最优产量更低，碳排放量更小。

第三，最优产量与市场上寡头数量呈反比关系，并且与 CET 价格和单位产品碳排放量呈负相关关系；另外，市场上碳排放总量与寡头数量相关，寡头数量越多，单个寡头在均衡条件下的碳排放量越少。

第四，碳减排技术投资成本是关于投资系数和 CET 价格的递增函数。当投资成本为正时，寡头能够找到与之最优匹配的碳减排技术方案，否则不能。寡头碳减排技术投资强度越大，实际碳排放量越低，环境效用越好。

第五，从寡头—供应商匹配对目标函数的分析结果可以得出，进行碳减排技术投资外包能够使其获得更多的效用，投资更少，收益更多，且具有相似的碳减排效果，表明碳减排技术投资外包决策更佳。

二、建议

（1）单纯实施 CET 政策不足以完全有效降低碳排放量，要实现此目标，还必须进行碳减排技术投资。对寡头企业来讲，进行碳减排技术投资外包比自营所获得的总效用更高。因此，作为理性的寡头会选择投资外包方式来实现碳减排和利润最大化目标。将碳减排项目外包给专业的污染处理机构，从而有利于寡头将有限的资源集中在核心业务上，有效降低资源利用成本的同时，有效地降低碳排放量，从而使寡头在市场上立于不败之地。针对碳减排技术投资项目自营的建议包括以下几项：

第一，优化生产设备。通过改进设备，提高企业的资源利用率，降低碳排放量。

第二，进行碳捕集和碳封存，实现零排放。在生产过程中产生的 CO_2 收集并储存起来，并将其纳入再生产环节，如汽水行业生产过程等。

第三，引进低碳原材料，或开发清洁能源，从根源上降低碳排放量。在环保材料及清洁能源尚未普及的情况下，这种方式前期可能需要投入较大的成本。

（2）关于碳减排技术投资外包过程，提出以下几点建议：

第一，采取与碳净化机构合作的方式，实现互利共赢。研究发现，与非合作方式相比，合作方式不仅能够有效降低寡头的碳排放量，而且能够提高寡头的整体利润。符合理性假设，表明碳减排技术投资（无论是投资自营，还是外包）是可行的。

第二，提高碳减排技术投资决策的准确性，选择最优的碳减排技术。当寡头与不同的供应商合作，即选择不同碳减排技术方案时，所获得的经济效用和环境效用是有差别的，直接影响其最终收益水平。因此，在制定碳减排技术决策前，需要进行充分的 CET 市场调查、找出关键影响因素，如相关政策、经济形势、消费者偏好、制造商单位产品碳排放量、CET 市场价格、投资系数、碳减排技术应用效率等，是有必要的。

第七章　嵌入排污权的寡头博弈：随机微分博弈的视角

第一节　引　　言

一、研究动因

目前，气候变暖和环境污染问题日益加剧，环保问题受到世界各国的广泛关注。联合国环保委员会（IPCC）评估结果显示，全球变暖在很大程度上是由人类活动造成的（Stocker，2013）。21世纪初期生效的《京都议定书》《巴黎协定》，倡议将参与国的碳排放量控制在一定限额内，碳限额、碳减排和碳排放权交易已成为各国降低碳排放量最有效的方式（舟丹，2011）。中国政府承诺到2020年，国内单位GDP温室气体排放量将比2005年下降40%~50%。国内基本措施：一方面，成立了多个专业的碳排放权交易所，以有效保证碳排放权交易市场的运行；另一方面，生产企业积极的碳减排方案优化行动，以有效降低碳排放量。总体来说，国内污染物（碳）减排投资体制还不完善，污染物（碳）排放权交易市场也不成熟，亟需设计一种污染物（碳）减排投资匹配机制。

在污染物排放限额条件下，形成了生产企业与污染物减排方案供应商双边匹配的博弈问题，即生产企业需要选择一种对自己最有利的污染物减排方案，而污染物减排方案供应商需要选择对自己最有利的方案投资者。一般来讲，每种污染物减排方案只能被一个生产企业使用，而一个生产企业也只能选择一种形式的污染物减排方案，即参与双方对彼此形成了严格偏好序。排污权限额的制定，会出现权限不足或者剩余的情况，若生产企业的实际污染物排放量小于限额，则可将剩余排污权进行出售，获取额外收益；相反，若实际污染物排放量大于限额，则需要购买排污权，以平衡生产的需要。企业要想获得最大收益，需要考虑以下两个因素。

（1）产量因素。一方面，扩大产量可以使企业获得更多的产品销售收入，但同时会产生更多的污染物排放量，付出更多的排污权；另一方面，减少产量固然会降低污染物排放量，节约排污权，使企业从排污权交易中获取额外收益，但同时也会因减少产量导致销售收入降低。因此，生产企业需要考虑因产量变动所引起的销售收入与污染物减排权收益的平衡问题。

（2）污染物减排投资因素。通过污染物减排投资可以提高生产企业的污染物排放治理水平，从而有效降低污染物排放量，节约排污权。若排污权剩余，企业便可将其出售，获得额外收益；但是进行污染物减排投资又会产生投资成本，降低企业收益。因此，生产企业需要考虑污染物排放投资额与排污权投资收益的平衡问题。

二、国内外研究评述

在清洁生产和环保政策的号召下，各企业纷纷加强本企业的污染物减排方案投资力度，以期建立合理的污染物减排处理机制和生产机制，实现利润最大化目标。通过阅读大量文献，生产企业的污染物减排投资方案主要分为排污权研究和污染物减排投资研究两种，而很少有文献将两者进行综合研究。

最优污染控制策略方面：普洛格和泽尤（Ploeg & Zeeuw，1992）提出了一种国际跨界污染排放控制模型；杨荣基（Yeung，2007）运用合作微分博弈模型构建了一种国际跨界工业污染排放控制模型；李寿德（Li，2014）通过考虑污染排放权交易的情形，扩展了杨荣基（Yeung，2007）提出的污染排放控制模型，并找到了邻国污染排放的最优路径；黄欣等（Huang，He & Hua，2015）通过考虑生产数量、排污税和减排投资，研究了污染排放控制策略模型；贝尔蒂内利、卡马乔和邹（Bertinelli，Camacho & Zou，2014）构建了一个有限时间的微分博弈模型，用以描述二氧化碳捕捉、封存和跨界污染问题，并提出了对称开环博弈的显式动力学解，也给出了一个特殊的马尔可夫纳什均衡战略。

从污染物减排投资角度，李寿德（2013）研究了寡头厂商在排污权交易情景下的污染投资策略和产量策略博弈问题，用博弈理论解决了生产企业的污染物减排问题。张跃胜（2016）运用系统 GMM 估计方法，证明了企业采取不同的碳减排技术，会产生不同的治污效果，同时会存在地域性差异。因此，生产企业在进行碳减排投资时，要充分考虑本企业生产和碳排放的平衡问题，选择对自己最有利的投资决策方案。

基于以上研究成果，以寡头生产企业为主体，研究寡头企业的降污减排、排污权交易与最优生产计划问题。

第二节　模型的建立

假定一个封闭地区有两个寡头企业：寡头 1 （受污染排放的影响较小，属于强韧类寡头）和寡头 2 （受污染排放的影响较大，属于脆弱类寡头），他们的污染排放行为及污染积累的脆弱类型是不对称的。脆弱类型的差异可能基于以下原因：

第一种情况：为了保证能够有一个更好的环境，对于改善自己经济活动的兴趣或者动力而言，寡头 1 没有寡头 2 的意愿强烈，而寡头 2 愿意（或者迫于压力等原因）推行系列降污减排战略。

第二种情况：由于企业性质的不同，寡头 1 受到污染排放的实际影响很小，而寡头 2 受到污染排放的实际影响比较大。

一、符号

本章模型符号及描述，如表 7 - 1 所示。

表 7 - 1　　　　　　　　　模型符号描述

符号	描述
$q_i(t)$	寡头 i 在 t 时刻的产量
$e_i = h_i(q_i(t))$	寡头 i 所排放的污染物数量，是严格递增函数
$R_i(q_i(t)) = R_i(h_i^{-1}e_i(t))$	基于产量的寡头 i 在 t 时刻生产性收益的表示形式，是递增的凹函数，且满足 $r_i(0) = 0$
$\pi_i(e_i(t))$	基于污染物排放量的寡头 i 净收益的表示形式
$s(t)$	在 t 时刻的污染物存量
$D_i(s(t))$	寡头 i 因污染物污染所承担的环境成本
ρ	排污权的价格
$B(t)$	维纳过程
$p_i(t)$	企业寡头 i 的产权性收益

符号	描述
r	贴现率
e^{-rt}	贴现因子
$\varepsilon > 0$	污染物存量的自然吸收（分解）率
$\mu \geq 0$	两个企业寡头排放污染物对空气内碳存量的边际影响
$\sigma \geq 0$	天气、自然灾害、人为因素等不确定性因素的影响
$\beta_i \geq 0$	碳破坏成本系数，并令 $\beta_2 \geq \beta_1 \geq 0$
$\alpha_i > 0$	常数

第一种情况在较小寡头和较大寡头的污染排放博弈中非常有代表性。较小寡头集团面临着巨大的生存压力，生存问题比环境保护问题更紧迫一些。较大寡头有能力支付降污减排成本，可能更有动力实施负责任的降污减排策略。每个污染者都应该支付共享环境损害的成本，可以通过运用排污权等政策工具，迫使污染排放者控制其排放量或支付相关费用，以达到控制强韧类寡头污染物的排放行为。当然，这一点在强韧类寡头减少排放的成本低于损害的成本时更容易实现。此外，对环境的破坏，不仅需要考虑某一时期的污染物排放量，还要考虑污染物的积累量。

二、假设

假设 7.1　我们假设用下面的线性微分方程（7.1）近似污染物积累的动态过程，开始的状态为 s_0，持续时间区间为 $[0, \infty)$，博弈的状态空间为 $S \in R$，可运行的状态轨迹为 $\{s(t), 0 \leq t \leq \infty\}$。

$$\begin{cases} \mathrm{d}s(t) = \mu \sum_{i=1}^{2} e_i(t) - \varepsilon s(t) + \sigma s(t) \mathrm{d}B(t) \\ s(0) = s_0 \end{cases} \quad (7.1)$$

假设 7.2　在时间 $t \in [0, \infty)$，寡头 i 的污染物初始排放权为 e_{i0}，碳排放量为 $e_i(t)$，这样，寡头企业 i 的排污权交易量记为 $x_i(t)$，排污权交易市场的价格是 ρ，满足：

$$x_i(t) = [e_{i0} - e_i(t)] \begin{cases} > 0, & \text{如果寡头企业 } i \text{ 有剩余碳排放权} \\ = 0, & \text{如果寡头企业 } i \text{ 被分配的碳排放权刚好够用} \\ < 0, & \text{如果寡头企业 } i \text{ 出现碳排放权短缺} \end{cases}$$

$$(7.2)$$

所以，企业寡头 i 的产权性收益为：

$$p_i(t) = \rho x(t) = \rho(e_{i0} - e_i(t)) \qquad (7.3)$$

假设7.3 寡头 i 的生产性收入函数 $R_i(e_i(t))$ 是污染物排放量 $e_i(t)$ 的二次函数，如下所示：

$$R_i(e_i(t)) = \alpha_i e_i(t) - \frac{1}{2} e_i(t)^2, \quad i = 1, 2 \qquad (7.4)$$

假设7.4 在时间 $t \in [0, \infty)$，企业寡头 i 因污染物存量而产生的成本 $D_i(s(t))$ 是碳存量 $s(t)$ 的二次单调递增的凸函数，如下所示：

$$D_i(s(t)) = \frac{1}{2} \beta_i s^2(t), \quad i = 1, 2 \qquad (7.5)$$

所以，在时间 $t \in [0, \infty)$，考虑污染物污染成本时企业寡头 i 的净收益为：

$$\pi_i(t) = (\alpha_i - \rho) e_i(t) + \rho e_{i0} - \frac{1}{2} [e_i(t)^2 + \beta_i s^2(t)], \quad i = 1, 2 \quad (7.6)$$

不考虑污染物污染成本时企业寡头 i 的净收益为：

$$\hat{\pi}_i(t) = (\alpha_i - \rho) e_i(t) + \rho e_{i0} - \frac{1}{2} e_i(t)^2, \quad i = 1, 2 \qquad (7.7)$$

三、非合作随机微分博弈模型

对于非合作的情形，每个企业都会各自追求自己的最大利润。如果企业寡头 1 不考虑污染物污染成本，而企业寡头 2 会考虑污染物污染成本，但它们均要考虑收益最大行为，则其期望利润目标函数分别为：

$$J_1 = \max_{e_1} E\left\{\int_0^\infty e^{-rt} \hat{\pi}_1(t) \, dt\right\}$$

$$J_2 = \max_{e_2} E\left\{\int_0^\infty e^{-rt} \pi_2(t) \, dt\right\}$$

结合以上假设，我们得到无穷区间 $t \in [0, \infty)$ 上非对称碳排放问题的非合作随机微分博弈模型，如下所示：

$$J_1 = \max_{e_1} E\left\{\int_0^\infty e^{-rt} \hat{\pi}_1(t) \, dt\right\}, \quad J_2 = \max_{e_2} E\left\{\int_0^\infty e^{-rt} \pi_2(t) \, dt\right\}$$

$$\text{s. t.} \begin{cases} ds(t) = \mu \sum_{i=1}^{2} e_i(t) - \varepsilon s(t) + \sigma s(t) \, dB(t) \\ s(0) = s_0 \end{cases} \qquad (7.8)$$

显然，固定区间 $t \in [0, T)$ 上非对称碳排放问题的非合作随机微分博弈模型可以表示成如下形式：

$$J_1 = \max_{e_1} E\left\{ \int_0^T e^{-rt} \hat{\pi}_1(t)\,\mathrm{d}t \right\}, \quad J_2 = \max_{e_2} E\left\{ \int_0^T e^{-rt} \pi_2(t)\,\mathrm{d}t \right\}$$

$$\text{s. t.} \begin{cases} \mathrm{d}s(t) = \mu \sum_{i=1}^{2} e_i(t) - \varepsilon s(t) + \sigma s(t)\,\mathrm{d}B(t) \\ s(0) = s_0 \end{cases} \tag{7.9}$$

四、合作随机微分博弈模型

对于两寡头合作博弈，两寡头需要考虑整体收益最优，因为在整体最优的状态下，每个寡头期望自己所得的收益会比非合作时还要高。当然，上述分配占优仅仅在一定的条件下才会成立，这个条件也会与污染物排放的动态情况（如累积、衰减率和污染物的初始存量）和贴现率有关。如果合作产生的收益增量足以让这两个企业寡头采取共同行动并使他们共同的收益最大化：

$$J_1 + J_2 = \max_{e_i, e_2} E\left\{ \sum_{i=1}^{2} \int_0^{\infty} e^{-rt} \pi_i(t)\,\mathrm{d}t \right\} \tag{7.10}$$

那么，我们得到无穷区间 $t \in [0, \infty)$ 上非对称碳排放问题的非合作随机微分博弈模型，如下所示：

$$J_1 + J_2 = \max_{e_i, e_2} E\left\{ \sum_{i=1}^{2} \int_0^{\infty} e^{-rt} \pi_i(t)\,\mathrm{d}t \right\}$$

$$\text{s. t.} \begin{cases} \mathrm{d}s(t) = \mu \sum_{i=1}^{2} e_i(t) - \varepsilon s(t) + \sigma s(t)\,\mathrm{d}B(t) \\ s(0) = s_0 \end{cases} \tag{7.11}$$

显然，固定区间 $t \in [0, T)$ 上非对称碳排放问题的合作随机微分博弈模型可以表示成如下形式：

$$J_1 + J_2 = \max_{e_i, e_2} E\left\{ \sum_{i=1}^{2} \int_0^{T} e^{-rt} \pi_i(t)\,\mathrm{d}t \right\}$$

$$\text{s. t.} \begin{cases} \mathrm{d}s(t) = \mu \sum_{i=1}^{2} e_i(t) - \varepsilon s(t) + \sigma s(t)\,\mathrm{d}B(t) \\ s(0) = s_0 \end{cases} \tag{7.12}$$

第三节　无穷区间随机微分博弈解

一、非合作解

根据多克纳（Dockner，2000）的研究结论，我们可以得到以下命题：

命题7.1　假定存在连续函数 $V_i(s)$：$R \to R$，$i = 1$，2，如果其连续的导函数 $V_i'(s)$，$V_i''(s)$，$i = 1$，2 存在，且满足以下 HJB 方程：

$$rV_i(s) - \frac{\sigma^2 s^2}{2}V_i''(s) = \max_{e_i}\left\{(\alpha_i - \rho)e_i(t) + \rho e_0 - \frac{1}{2}(e_i(t)^2 + \beta_i s^2(t))\right.$$

$$\left. + V_i'(t)(\mu(e_i(t) + e_j^*(t)) - \varepsilon s(t))\right\} \quad (7.13)$$

其中，$e_j^*(t)$ 是寡头 $j = 2$，1 的最优控制量。那么这两个寡头企业的最优控制策略 $\{e_1^*(t)$，$e_2^*(t)\}$ 便可以构成一个无穷区间 $t \in [0$，$\infty)$ 非合作微分博弈模型（7.8）的反馈纳什均衡解。

定理7.1　在满足前面已知条件下，寡头企业 1 和企业 2 的反馈纳什均衡解分别可以表示为：

$$e_1^*(t) = \alpha_1 - \rho \quad (7.14)$$

$$e_2^* = \alpha_2 - \rho + \mu V_2'(t) = \alpha_2 - \rho + \mu(As + B) \quad (7.15)$$

$$V_1(s) = \frac{1}{r}\left(\frac{1}{2}(\alpha - \rho)^2 + \rho e_{10}\right) \quad (7.16)$$

$$V_2(s) = \frac{1}{2}As^2 + Bs + C \quad (7.17)$$

其中，

$$A = \frac{(r + 2\varepsilon - \sigma^2 - \sqrt{(r + 2\varepsilon - \sigma^2)^2 + 4\beta_2\mu^2})}{2\mu^2} < 0$$

$$B = \frac{(\alpha_1 + \alpha_2 - 2\rho)\mu A}{r + \varepsilon - \mu^2 A} < 0$$

$$C = \frac{(\alpha_2 - \rho) + 2\mu B(\alpha_1 - \rho) + 2\mu B(\alpha_2 - \rho) + \mu^2 B^2 + 2\rho e_{20}}{2r}$$

证明　对于企业寡头 1：

$$rV_1(s) - \frac{\sigma^2 s^2}{2}V_1''(s) = \max_{e_1}\left\{(\alpha_1 - \rho)e_1(t) + \rho e_{10} - \frac{1}{2}e_1(t)^2\right.$$

$$\left. + V_1'(t)(\mu(e_1(t) + e_2^*(t)) - \varepsilon s(t))\right\} \quad (7.18)$$

对式（7.18）两端关于 e_1 求导，并运用极值条件得：

$$e_1^*(t) = \alpha_1 - \rho + \mu V_1'(t)$$

对于企业寡头 2：

$$rV_2(s) - \frac{\sigma^2 s^2}{2}V_2''(s) = \max_{e_2}\left\{(\alpha_2 - \rho)e_2(t) + \rho e_{20} - \frac{1}{2}(e_2(t)^2 + \beta_2 s^2(t))\right.$$

$$\left. + V_2'(t)(\mu(e_2(t) + e_1^*(t)) - \varepsilon s(t))\right\} \quad (7.19)$$

对式（7.19）两端关于 e_2 求导，并运用极值条件得：

$$e_2^*(t) = \alpha_2 - \rho + \mu V_2'(t)$$

把 $e_1^*(t)$，$e_2^*(t)$ 代入式（7.18）得：

$$
\begin{aligned}
rV_1(s) - \frac{\sigma^2 s^2}{2}V_1''(s) = \max_{\theta_1} \Big\{ & (\alpha_1 - \rho)(\alpha_1 - \rho + \mu V_1'(t)) + \rho e_{10} \\
& - \frac{1}{2}(\alpha_1 - \rho + \mu V_1'(t))^2 + V_1'(t)(\mu((\alpha_1 - \rho \\
& + \mu V_1'(t)) + (\alpha_2 - \rho + \mu V_2'(t))) - \varepsilon s(t) \Big\}
\end{aligned}
$$

$$(7.20)$$

所以，我们可以得到 $V_1(s) = \dfrac{1}{r}\left(\dfrac{1}{2}(\alpha - \rho)^2 + \rho e_{10}\right)$，显然 $e_1^*(t) = \alpha_1 - \rho$。

把 $e_1^*(t)$，$e_2^*(t)$ 代入式（7.19）得：

$$
\begin{aligned}
rV_2(s) - \frac{\sigma^2 s^2}{2}V_2''(s) = \max_{e_2} \Big\{ & (\alpha_2 - \rho)(\alpha_2 - \rho + \mu V_2'(t)) + \rho e_{20} \\
& - \frac{1}{2}((\alpha_2 - \rho + \mu V_2'(t))^2 + \beta_2 s^2(t)) \\
& + V_2'(t)(\mu(\alpha_2 - \rho + \mu V_2'(t) + \alpha_1 - \rho + \mu V_1'(t))) \\
& - \varepsilon s(t) \Big\}
\end{aligned}
$$

$$(7.21)$$

为了能够求解上式，我们令 $V_2(s) = \dfrac{1}{2}As^2 + Bs + C$，则 $V_2'(s) = As + B$ 和 $V_2''(s) = A$，代入可得：

$$
\begin{aligned}
\frac{1}{2}rAs^2 + rBs + rC - \frac{\sigma^2}{2}As^2 = & (\alpha_2 - \rho)(\alpha_2 - \rho + \mu(As + B)) + \rho e_{20} \\
& - \frac{1}{2}((\alpha_2 - \rho + \mu(As + B))^2 + \beta_2 s^2) \\
& + (As + B)(\mu((\alpha_2 - \rho + \mu(As + B)) \\
& + (\alpha_1 - \rho)) - \varepsilon s
\end{aligned}
$$

通过计算，我们可以得到：

$$A = \frac{(r + 2\varepsilon - \sigma^2) - \sqrt{(r + 2\varepsilon - \sigma^2)^2 + 4\beta_2 \mu^2}}{2\mu^2} < 0$$

$$B = \frac{(\alpha_1 + \alpha_2 - 2\rho)\mu A}{r + \varepsilon - \mu^2 A} < 0$$

$$C = \frac{(\alpha_2 - \rho)^2 + 2\mu B(\alpha_1 - \rho) + 2\mu B(\alpha_2 - \rho) + \mu^2 B^2 + 2\rho e_{20}}{2r}$$

因而，$e_2^* = \alpha_2 - \rho + \mu V_2'(t) = \alpha_2 - \rho + \mu(As + B)$

证毕。

二、合作解

如果两个企业寡头同意采取一致策略，那么它们采取共同行动并最大化它们的共同支付（收益），如式（7.11）的微分博弈模型所示。根据杨荣基和彼得罗（Yeung & Petrosjan，2006）的相关理论，我们可以得到以下命题。

命题 7.2　假设存在连续函数 $W_i(s)$：$R{\rightarrow}R$，$i = 1$，2，如果其连续的导函数 $W_i'(s)$，$W_i''(s)$，$i = 1$，2 存在，且满足以下 HJB 方程：

$$rW(s) - \frac{\sigma^2 s^2}{2} W''(s) = \max_{e_1,e_2} \left\{ \sum_{i=1}^{2} \left((\alpha_i - \rho)e_i(t) + \rho e_0 - \frac{1}{2}(e_i(t)^2 \right.\right.$$
$$+ \beta_i s^2(t)) \Big) + W'(t)(\mu(e_i(t) + e_j(t))$$
$$\left.\left. - \varepsilon s(t)) \right\} \tag{7.22}$$

那么，策略 $\{e_1^*(t)$，$e_2^*(t)\}$ 便可以构成一个无穷区间 $t \in [0$，$\infty)$ 合作随机微分博弈模型（7.11）的帕累托最优解。

定理 7.2　在合作微分博弈模型（7.11）的情形中，寡头企业 1 和企业 2 的帕累托最优解为：

$$e_i^* = \alpha_i - \rho + \mu W'(s) = \alpha_i - \rho + \mu(as + b)，i = 1，2 \tag{7.23}$$

$$W(s) = \frac{1}{2}as^2 + bs + c \tag{7.24}$$

其中，

$$a = \frac{r + 2\varepsilon - \sigma^2 - \sqrt{(r + 2\varepsilon - \sigma^2)^2 + 8\mu^2(\beta_1 + \beta_2)}}{4\mu^2} < 0$$

$$b = \frac{\mu(\alpha_1 + \alpha_2 - 2\rho)a}{r + \varepsilon - 2\mu^2 a} < 0$$

$$c = \frac{\sum\limits_{i=1}^{2}(\alpha_i - \rho + \mu b)(\alpha_i - \rho + 2\mu - \mu b) + 2\rho(e_{10} + e_{20})}{2r}$$

证明　在式（7.22）的两端对 e_i 求导并运用极值条件，可以得到：

$$e_i = \alpha_i - \rho + \mu W'(s)，i = 1，2 \tag{7.25}$$

将式（7.25）代入式（7.22），可以得到：

$$rW(s) - \frac{\sigma^2 s^2}{2}W''(s) = \sum_{i=1}^{2} \Big((\alpha_i - \rho)(\alpha_i - \rho + \mu W'(s)) + \rho(e_{10} + e_{20})$$

$$- \frac{1}{2}((\alpha_i - \rho + \mu W'(s))^2 + \beta_i s^2(t)) \Big)$$

$$+ (\mu((\alpha_1 - \rho + \mu W'(s)) + (\alpha_2 - \rho$$

$$+ \mu W'(s))))$$

$$= \frac{1}{2}\sum_{i=1}^{2}((\alpha_i - \rho + \mu W'(s))^2 - \beta_i s^2(t))$$

$$+ \rho(e_{10} + e_{20}) - \varepsilon W'(t)s(t)$$

为了求解上式，我们令 $W(s) = \frac{1}{2}as^2 + bs + c$，则 $W'(s) = as + b$，

$W''(s) = a$。

这样我们可以求得：

$$a = \frac{r + 2\varepsilon - \sigma^2 - \sqrt{(r + 2\varepsilon - \sigma^2)^2 + 8\mu^2(\beta_1 + \beta_2)}}{4\mu^2} < 0$$

$$b = \frac{\mu(\alpha_1 + \alpha_2 - 2\rho)a}{r + \varepsilon - 2\mu^2 a} < 0$$

$$c = \frac{\sum_{i=1}^{2}(\alpha_i - \rho + \mu b)(\alpha_i - \rho + 2\mu - \mu b) + 2\rho(e_{10} + e_{20})}{2r} > 0$$

因而，$e_i = \alpha_i - \rho + \mu W'(s) = \alpha_i - \rho + \mu(as + b)$，$i = 1$，2

证毕。

第四节　固定区间随机微分博弈解

一、非合作解

命题 7.3 假设存在连续函数 $V_i(t, s)$：$[0, T] \times R \to R$，$i = 1$，2，

其连续偏导数 $\frac{\partial}{\partial t}(V_i(t, s))$，$\frac{\partial}{\partial s}(V_i(t, s))$，$\frac{\partial^2}{\partial s^2}(V_i(t, s))$，$i = 1$，2

存在，且满足如下哈密顿 - 雅可比 - 贝尔曼 - 弗莱明（HJB - Fleming）

方程：

$$rV_i(t, s) - \frac{\partial}{\partial t}(V_i(t, s)) - \frac{\sigma^2 s^2}{2}\frac{\partial^2}{\partial s^2}(V_i(t, s))$$

$$= \max_{e_i} E\left\{ \pi_i(t) + \frac{\partial}{\partial s}(V_i(t, s))(\mu(e_i(t) + e_j^*(t, s)) - \varepsilon s(t)) \right\}$$

$$(7.26)$$

$$V_i(T, s) = gs^2 \qquad (7.27)$$

其中，$e_j^*(t, s)$ 是参与人 $j = 2$，1 的最优控制。那么，策略 $\{e_i^*(t)$，$e_j^*(t, s)\}$ 构成固定区间 $t \in [0, T)$ 非合作随机微分博弈模型（7.9）的一组反馈纳什均衡解。

定理 7.3　对非合作博弈模型（7.9），博弈的参与人 $i = 1$，2 的反馈纳什均衡解为：

$$e_i(t) = \alpha_i - \rho + \mu(A_i(t)s(t) + B_i(t)) \qquad (7.28)$$

$$V_i(t, s) = \frac{1}{2}A_i(t)(s(t))^2 + B_i s(t) + C_i(t) \qquad (7.29)$$

其中，

$A_i(t)$，$B_i(t)$，$C_i(t)$ 满足：

$$\frac{\mathrm{d}A_i(t)}{\mathrm{d}t} = rA_i(t) - \sigma^2 A_i(t) - 2\mu^2 A_i(t)A_j(t) + 2\varepsilon A_i(t) + \mu^2 A_i^2(t) + \beta_i$$

$$(7.30)$$

$$\frac{\mathrm{d}B_i(t)}{\mathrm{d}t} = rB_i(t) - \mu(\alpha_i - \rho)A_i(t) - \mu^2 A_i^2(t) - \mu^2 A_i(t)B_i(t)$$

$$- \mu(\alpha_j - \rho)A_i(t) - \mu^2 A_j(t)B_i(t) - \mu^2 A_i(t)B_j(t) + \varepsilon B_i(t)$$

$$(7.31)$$

$$\frac{\mathrm{d}C_i(t)}{\mathrm{d}t} = rC_i(t) - \frac{1}{2}(\alpha_i - \rho)^2 - \frac{1}{2}\mu^2 B_i^2(t) - \mu(\alpha_i - \rho)B_i(t)$$

$$- \mu(\alpha_j - \rho)B_i(t) - \mu^2 B_i(t)B_j(t) + \rho e_{i0} \qquad (7.32)$$

$$A_i(T) = 2g, \quad B_i(T) = 0, \quad C_i(T) = 0 \qquad (7.33)$$

证明　利用命题 7.3 及弗莱明（Fleming，2006）的随机控制理论，我们可以得到以下等式：

$$rV_i(t, s) - \frac{\partial}{\partial t}(V_i(t, s)) - \frac{\sigma^2 s^2}{2}\frac{\partial^2}{\partial s^2}(V_i(t, s))$$

$$= \max_{e_i} E\left\{ (\alpha_i - \rho)e_i(t) + \rho e_{i0} - \frac{1}{2}(e_i(t)^2 + \beta_i s^2(t)) \right.$$

$$\left. + \frac{\partial}{\partial s}(V_i(t, s))(\mu(e_i(t) + u_j^*(t, s)) - \varepsilon s(t))) \right\} \qquad (7.34)$$

$$V_1(T, s) = gs^2 \qquad (7.35)$$

对于参与人 $i = 1$，2 来说，在式（7.34）两端对 e_2 求导并运用极值条件，可以得到：

$$e_i(t) = \alpha_i - \rho + \mu \frac{\partial}{\partial s}(V_i(t, s)) \tag{7.36}$$

对于参与人 $j = 1, 2$，我们有：

$$rV_j(t, s) - \frac{\partial}{\partial t}V_j(t, s) - \frac{\sigma^2 s^2}{2}\frac{\partial^2}{\partial s^2}V_j(t, s)$$

$$= \max_{e_j} E\left\{ (\alpha_j - \rho)e_j(t) + \rho e_{j0} - \frac{1}{2}e_j^2(t) - \frac{1}{2}\beta_j s^2(t) \right.$$

$$\left. + \frac{\partial}{\partial s}V_j(t, s)(\mu(u_i^*(t, s) + e_j(t)) - \varepsilon s(t)) \right\} \tag{7.37}$$

$$V_2(T, s) = gs^2 \tag{7.38}$$

对式（7.37）右端，利用极值条件得：

$$e_j(t) = \alpha_j - \rho + \mu \frac{\partial}{\partial s}V_j(t, s) \tag{7.39}$$

把 $e_i(t)$ 和 $e_j(t)$ 代入式（7.34）得：

$$rV_i(t, s) - \frac{\partial}{\partial t}(V_i(t, s)) - \frac{\sigma^2 s^2}{2}\frac{\partial^2}{\partial s^2}(V_i(t, s))$$

$$= (\alpha_i - \rho)\left((\alpha_i - \rho) + \mu \frac{\partial}{\partial s}(V_i(t, s))\right) - \frac{1}{2}\left((\alpha_i - \rho) + \mu \frac{\partial}{\partial s}(V_i(t, s))\right)^2$$

$$+ \frac{\partial}{\partial s}(V_i(t, s))\left(\mu\left((\alpha_i - \rho) + \mu \frac{\partial}{\partial s}(V_i(t, s)) + \alpha_j - \rho\right.\right.$$

$$\left.\left. + \mu \frac{\partial}{\partial s}(V_j(t, s))\right) - \varepsilon s(t)\right) \tag{7.40}$$

$$V_i(T, s) = gs^2 \tag{7.41}$$

把 $e_j(t)$, $e_i(t)$ 代入式（7.40）得：

$$rV_j(t, s) - \frac{\partial}{\partial t}(V_j(t, s)) - \frac{\sigma^2 s^2}{2}\frac{\partial^2}{\partial s^2}(V_j(t, s))$$

$$= (\alpha_j - \rho)\left(\alpha_j - \rho + \mu \frac{\partial}{\partial s}(V_j(t, s))\right) + \rho e_{j0} - \frac{1}{2}\left((\alpha_j - \rho) + \mu \frac{\partial}{\partial s}(V_j(t, s))\right)^2$$

$$+ \frac{\partial}{\partial s}(V_j(t, s))\left(\mu\left(\alpha_i - \rho + \mu \frac{\partial}{\partial s}(V_i(t, s)) + \alpha_2 - \rho\right.\right.$$

$$\left.\left. + \mu \frac{\partial}{\partial s}(V_j(t, s))\right) - \varepsilon s(t)\right) \tag{7.42}$$

$$V_j(T, s) = gs^2 \tag{7.43}$$

这样，我们就可以得到式（7.28）~式（7.33）。

证毕。

二、合作解

根据多克纳（Dockner，2000）的研究结论，我们可以得到以下命题：

命题 7.4 假设存在一个连续函数 $W(t, s)$：$[0, T] \times R \to R$，如果该函数的连续偏导数 $\frac{\partial}{\partial t}(W(t, s))$，$\frac{\partial}{\partial s}(W(t, s))$，$\frac{\partial^2}{\partial s^2}(W(t, s))$，$i = 1, 2$ 满足如下 HJB – Fleming 方程：

$$rW(t, s) - \frac{\partial}{\partial t}(W(t, s)) - \frac{\sigma^2 s^2}{2} \frac{\partial^2}{\partial s^2}(W(t, s))$$

$$= \max_{e_1, e_2} E\left\{ \sum_{i=1}^{2} \left((\alpha_i - \rho)e_i(t) + \rho e_{i0} - \frac{1}{2}e_i^2(t) - \frac{1}{2}\beta_i s^2(t) \right) \right.$$

$$\left. + \frac{\partial}{\partial s}(W(t, s))(\mu(e_1(t) + e_2(t)) - \varepsilon s(t)) \right\} \qquad (7.44)$$

$$W(T, s) = 2gs^2 \qquad (7.45)$$

那么，寡头企业 1 和企业 2 的最优控制策略 $\{e_1^*(t, s), e_2^*(t, s)\}$ 就可以构成固定区间 $t \in [0, T)$ 合作随机微分博弈模型（7.12）的一组反馈纳什均衡解。

定理 7.4 对合作随机微分博弈模型（7.12），博弈的参与人 $i = 1, 2$ 的反馈纳什均衡解分别为：

$$e_i(t) = \alpha_i - \rho + \mu[a(t)s(t) + b(t)] \qquad (7.46)$$

$$W(t, s) = \frac{1}{2}a(t)s^2 + b(t)s + c(t) \qquad (7.47)$$

其中，

$$\frac{\mathrm{d}a(t)}{\mathrm{d}t} = (r + 2\varepsilon - \sigma^2)a(t) - 2\mu^2 a^2(t) + (\beta_1 + \beta_2)$$

$$\frac{\mathrm{d}b(t)}{\mathrm{d}t} = rb(t) - \mu(\alpha_1 + \alpha_2 - 2\rho)a(t) + (\varepsilon - 2\mu^2 a(t))b(t)$$

$$\frac{\mathrm{d}c(t)}{\mathrm{d}t} = rc(t) - \frac{1}{2}((\alpha_1 - \rho)^2 + (\alpha_2 - \rho)^2) - \mu(\alpha_1 + \alpha_2 - 2\rho)b(t)$$

$$- \mu^2 b^2(t) - \rho(e_{10} + e_{20})$$

$$a(T) = 2g, \quad b(T) = 0, \quad c(T) = 0$$

证明 利用命题 7.4 及弗莱明（Fleming，2006）的随机控制理论，我们也可以得到如下等式：

$$rW(t, s) - \frac{\partial}{\partial t}(W(t, s)) - \frac{\sigma^2 s^2}{2} \frac{\partial^2}{\partial s^2}(W(t, s))$$

$$= \max_{e_1, e_2} E\left\{ \sum_{i=1}^{2} \left((\alpha_i - \rho)e_i(t) + \rho e_{i0} - \frac{1}{2}e_i^2(t) - \frac{1}{2}\beta_i s^2(t) \right) \right.$$
$$\left. + \frac{\partial}{\partial s}(W(t, s))(\mu(e_1(t) + e_2(t)) - \varepsilon s(t)) \right\} \tag{7.48}$$

$$W(T, s) = 2gs^2 \tag{7.49}$$

在式（7.48）的两端对 e_i 求导并运用极值条件，可以得到：

$$e_i = \alpha_i - \rho + \mu W_s(s), \ i = 1, 2 \tag{7.50}$$

将式（7.25）代入式（7.22），可以得到：

$$rW(t, s) - \frac{\partial W(t, s)}{\partial t} - \frac{\sigma^2 s^2}{2} \frac{\partial^2 W(t, s)}{\partial s^2}$$

$$= \max_{e_1, e_2} E\left\{ \sum_{i=1}^{2} \left((\alpha_i - \rho)\left(\alpha_i - \rho + \mu \frac{\partial W(t, s)}{\partial s} \right) + \rho e_{i0} \right. \right.$$

$$\left. - \frac{1}{2}\left(\alpha_i - \rho + \mu \frac{\partial W(t, s)}{\partial s} \right)^2 - \frac{1}{2}\beta_i s^2(t) \right)$$

$$\left. + \frac{\partial W(t, s)}{\partial s}\left(\mu\left(\alpha_i + \alpha_j - 2\rho + 2\mu \frac{\partial W(t, s)}{\partial s} \right) - \varepsilon s(t) \right) \right\} \tag{7.51}$$

为了求解上式，我们令 $W(s) = \frac{1}{2}a(t)s^2 + b(t)s + c(t)$，则：

$$\begin{cases} \frac{\partial}{\partial t}(W(t, s)) = \frac{1}{2}a_t(t)s^2 + b_t(t)s + c_t(t) \\ \frac{\partial}{\partial s}(W(t, s)) = a(t)s + b(t) \\ \frac{\partial^2}{\partial s^2}(W(t, s)) = a(t) \end{cases} \tag{7.52}$$

这样我们从式（7.51）中可以得：

$$r\left(\frac{1}{2}a(t)s^2 + b(t)s + c(t) \right) - \left(\frac{1}{2}a_t(t)s^2 + b_t(t)s + c_t(t) \right) - \frac{\sigma^2 s^2}{2}a(t)$$

$$= \max_{e_1, e_2} E\left\{ \sum_{i=1}^{2} \left((\alpha_i - \rho)(\alpha_i - \rho + \mu(a(t)s + b(t))) + \rho e_{i0} \right. \right.$$

$$\left. - \frac{1}{2}(\alpha_i - \rho + \mu(a(t)s + b(t)))^2 - \frac{1}{2}\beta_i s^2(t) \right) + (a(t)s$$

$$+ b(t))(\mu((\alpha_i - \rho + \mu(a(t)s + b(t))) + (\alpha_j - \rho + \mu(a(t)s$$

$$+ b(t)))) - \varepsilon s(t) \right\} \tag{7.53}$$

因而，我们可以得到：

$$\frac{da(t)}{dt} = (r + 2\varepsilon - \sigma^2)a(t) - 2\mu^2 a^2(t) + (\beta_1 + \beta_2)$$

$$\frac{\mathrm{d}b(t)}{\mathrm{d}t} = rb(t) - \mu(\alpha_1 + \alpha_2 - 2\rho)a(t) - 2\mu^2 a(t)b(t) + \varepsilon b$$

$$\frac{\mathrm{d}c(t)}{\mathrm{d}t} = rc(t) - \frac{1}{2}((\alpha_1 - \rho)^2 + (\alpha_2 - \rho)^2) - \mu(\alpha_1 + \alpha_2 - 2\rho)b(t)$$

$$- \mu^2 b^2(t) - \rho(e_{10} + e_{20})$$

$$a(T) = 2g, \ b(T) = 0, \ c(T) = 0$$

这样，结合式（7.50）和式（7.52）便可以得到我们需要证明的上述结论。

证毕。

第五节 数 值 仿 真

鉴于寡头企业 1 对碳排放污染的影响是强韧类的，其对降污减排并不感兴趣，因而我们仅仅模拟非合作博弈情形下企业 2 碳排放的决策，以及合作博弈情形下两个企业的决策比较。

为了进行数值仿真方便起见，在下面两节中，我们将会根据需要有选择地固定以下部分参数：$r = 0.03$，$\varepsilon = 0.3$，$\beta_1 = 0.2$，$\beta_2 = 0.4$，$\sigma = 0.1$，$\alpha_1 = 3$，$\alpha_2 = 4$，$\rho = 1$，$\mu = 0.6$。

一、无穷区间随机微分博弈

（一）非合作博弈情况

为了简洁起见，我们仅仅针对如下几种典型情形进行数值模拟：

由图 7 – 1 可以看出，非合作反馈纳什均衡状态下，寡头企业 2 的污染物排放量 e_2^N 随着污染物的自然吸收率 ε 的增大而增大，这说明较高的自然吸收率 ε 会诱导企业扩大生产而排放出更多的污染物；寡头企业 2 的碳排放量 e_2^N 随着污染物存量 s 的增加而减小。

由图 7 – 2 可以看出，非合作反馈纳什均衡状态下，寡头企业 2 的污染物排放量 e_2^N 随着自然灾害等因素的不确定性系数 σ 的增大而减小；寡头企业 2 的污染物排放量 e_2^N 也是随着污染物存量 s 的增加而减小。

由图 7 – 3 可以看出，非合作反馈纳什均衡状态下，寡头企业 2 的污染物排放量 e_2^N 随着空气中碳存量破坏系数 β_2 的增大而减小；寡头企业 2 的碳排放量 e_2^N 也是随着污染物存量 s 的增加而减小。

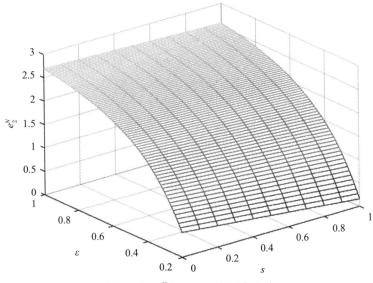

图 7 – 1 e_2^N 与 s 和 ε 的三维图形

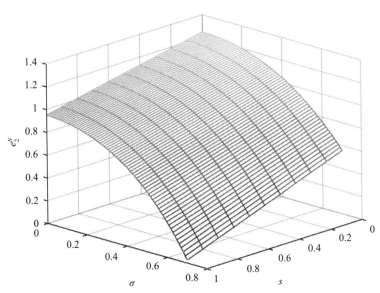

图 7 – 2 e_2^N 与 s 和 σ 的三维图形

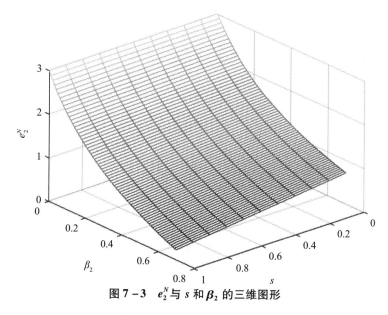

图 7 - 3　e_2^N 与 s 和 β_2 的三维图形

由图 7 - 4 可以看出，非合作反馈纳什均衡状态下，寡头企业 2 的污染物排放量 e_2^N 随着排污权价格 ρ 的增大而减小；寡头企业 2 的碳排放量 e_2^N 随着污染物存量 s 的增加而减小。

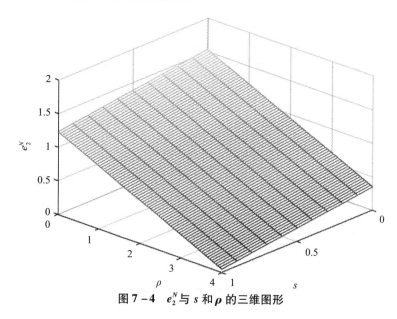

图 7 - 4　e_2^N 与 s 和 ρ 的三维图形

由图 7 - 5 可以看出，非合作反馈纳什均衡状态下，寡头企业 2 的值函数值 V_2^N 随着污染物的自然吸收率 ε 的增大而增大；寡头企业 2 的值函数值 V_2^N 随着污染物存量 s 变化的增大而减小。

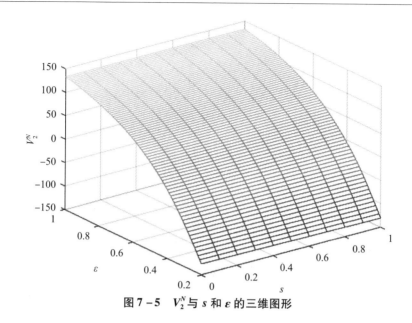

图7-5　V_2^N 与 s 和 ε 的三维图形

由图7-6可以看出，非合作反馈纳什均衡状态下，寡头企业2的值函数值 V_2^N 随着自然灾害等因素的不确定性系数 σ 的增大而减小；寡头企业2的函数值 V_2^N 也是随污染物存量 s 的增大而减小。

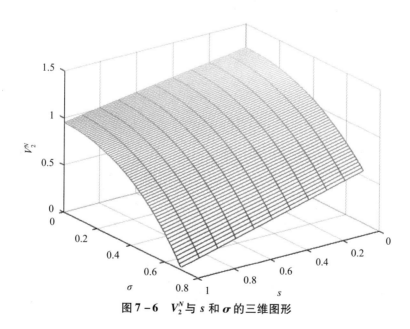

图7-6　V_2^N 与 s 和 σ 的三维图形

由图7-7可以看出，非合作反馈纳什均衡状态下，寡头企业2的值函数值 V_2^N 随着空气中碳存量破坏系数 β_2 的增大而减小；寡头企业2的值

函数值 V_2^N 也是随着空气中污染物存量 s 的增大而减小。

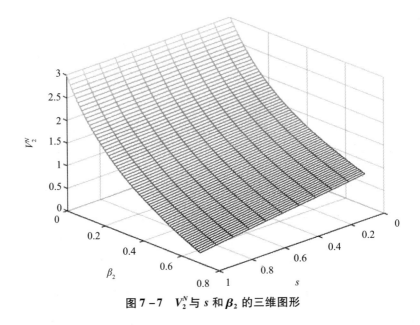

图 7 - 7 V_2^N 与 s 和 β_2 的三维图形

由图 7 - 8 可以看出，非合作反馈纳什均衡状态下，寡头企业 2 的值函数值 V_2^N 随着排污权价格 ρ 的增大而减小；寡头企业 2 的值函数值 V_2^N 也是随着空气中污染物存量 s 的增大而减小。

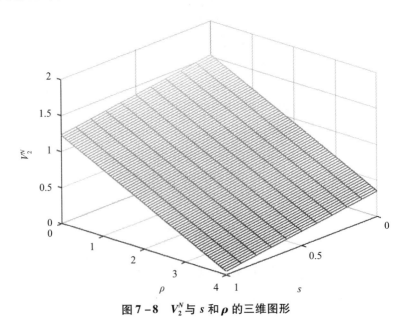

图 7 - 8 V_2^N 与 s 和 ρ 的三维图形

我们综合图 7-1～图 7-8 可以发现，非合作反馈纳什均衡状态下，寡头企业 2 的污染物排放量 e_2^N 随着排污权价格 ρ、污染物存量 s、空气中碳存量破坏系数 β_2、自然灾害等因素的不确定性系数 σ 的增大而减小，随着污染物的自然吸收率 ε 的增大而增大；寡头企业 2 的值函数值 V_2^N 也是随着排污权价格 ρ、污染物存量 s、空气中碳存量破坏系数 β_2、自然灾害等因素的不确定性系数 σ 的增大而减小，也是随着污染物的自然吸收率 ε 的增大而增大。

（二）合作博弈情况

如同非合作博弈，我们也是仅针对如下几种典型情形进行数值仿真，分析其中的变化规律：

由图 7-9 可以看出，合作反馈纳什均衡状态下，寡头企业 1 和企业 2 的碳排放量 e_1^C 和 e_2^C 随污染物的自然吸收率 ε 的增大而增大；寡头企业 1 和企业 2 的碳排放量随污染物存量 s 的增加而减小；寡头企业 2 的碳排放量比寡头企业 1 的大些。

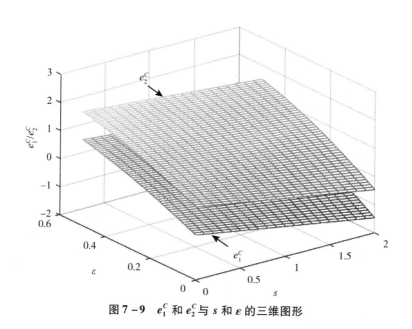

图 7-9 e_1^C 和 e_2^C 与 s 和 ε 的三维图形

图 7-10 显示，合作反馈纳什均衡状态下，寡头企业 1 和企业 2 的碳排放量 e_1^C 和 e_2^C 随着自然灾害等因素的不确定性系数 σ、污染物存量 s 的增加也相应减小；寡头企业 2 的碳排放量 e_2^C 比寡头企业 1 的 e_1^C 大一些。

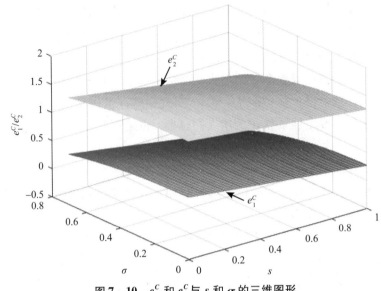

图7-10 e_1^C 和 e_2^C 与 s 和 σ 的三维图形

　　由图 7-11 可以看出，合作反馈纳什均衡状态下，寡头企业 1 和企业 2 的碳排放量 e_1^C 和 e_2^C 随着空气中碳存量破坏系数 β_2、污染物存量 s 的增加也是都在减小；寡头企业 2 的碳排放量也是比寡头企业 1 的大一些。

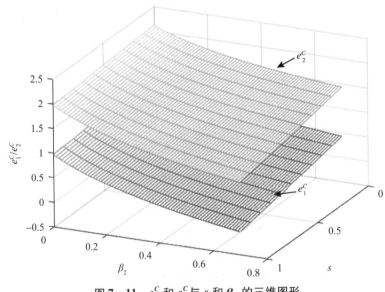

图7-11 e_1^C 和 e_2^C 与 s 和 β_2 的三维图形

　　由图 7-12 可以看出，合作反馈纳什均衡状态下，寡头企业 1 和企业 2 的碳排放量 e_1^C 和 e_2^C 随着排污权价格 ρ、污染物存量 s 的增加都在减小；

寡头企业 2 的碳排放量也是比寡头企业 1 的大一些。

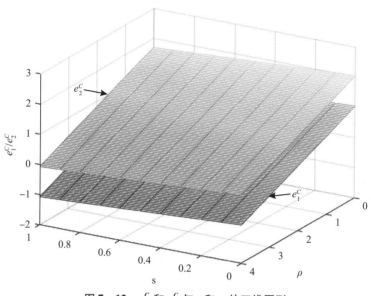

图 7－12　e_1^C 和 e_2^C 与 s 和 ρ 的三维图形

由图 7－13 可以看出，合作反馈纳什均衡状态下，寡头企业 1 和企业 2 的值函数值 W^C 随着污染物的自然吸收率 ε 的增大而增大；寡头企业 1 和企业 2 的值函数值随污染存量 s 的增加而减小。

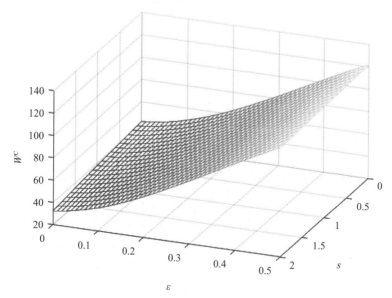

图 7－13　W^C 与 s 和 ε 的三维图形

由图 7 – 14 可以看出，合作反馈纳什均衡状态下，寡头企业 1 和企业 2 的值函数值 W^C 随着自然灾害等因素的不确定性系数 σ、污染物存量 s 的增加而减小。

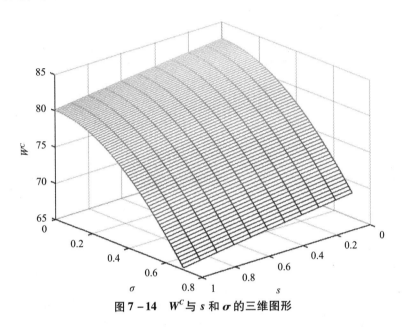

图 7 – 14 W^C 与 s 和 σ 的三维图形

由图 7 – 15 可以看出，合作反馈纳什均衡状态下，寡头企业 1 和企业 2 的值函数值 W^C 随着 β_1 和 β_2 的增大都在减小。

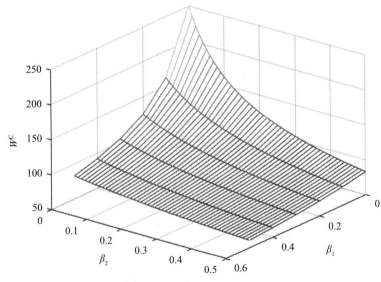

图 7 – 15 $s = 2$ 时 W^C 与 β_1 和 β_2 的三维图形

由图 7 - 16 可以看出，合作反馈纳什均衡状态下，寡头企业 1 和企业 2 的值函数值 W^c 随着排污权价格 ρ 的增大而不断增大；寡头企业 1 和企业 2 的值函数值也是随污染存量 s 的增加而减小。

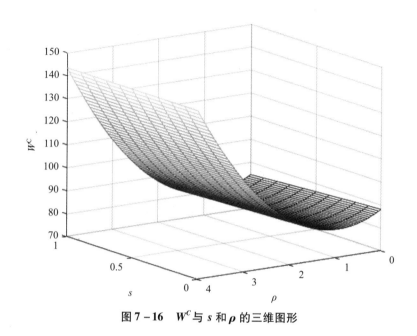

图 7 - 16　W^c 与 s 和 ρ 的三维图形

二、固定区间随机微分博弈

在本部分，我们将会有选择地固定如下初值：$A_1(1) = 0.3$，$B_1(1) = 0.6$，$C_1(1) = 0.1$，$A_2(1) = 0.2$，$B_2(1) = 0.4$，$C_2(1) = 0.1$；取步长 $h = 0.01$，取博弈的固定期限 $T = 50$。

（一）非合作博弈情况

为了方便，我们在本部分也仅就以下典型情形进行数值模拟：

我们从图 7 - 17～图 7 - 20 可以发现：在非合作反馈纳什均衡状态下，寡头企业 1 或企业 2 的污染物排放量 e_1 或 e_2 以及污染物存量水平 s 的增加都会使寡头企业 1 和企业 2 的值函数值 V_1 和 V_2 增大。

图 7 - 21 和图 7 - 22 显示，在非合作反馈纳什均衡状态下，寡头企业 1 和企业 2 的碳排放量 e_1 和 e_2 的增加都会使寡头企业 1 和企业 2 的值函数值 V_1 和 V_2 值增大。

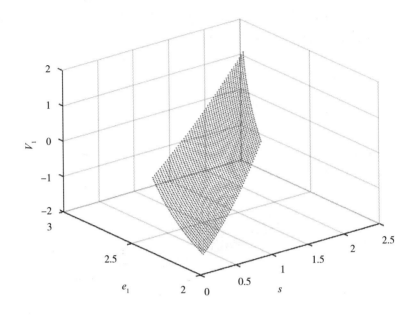

图 7 – 17 V_1 与 e_1 和 s 的关系图

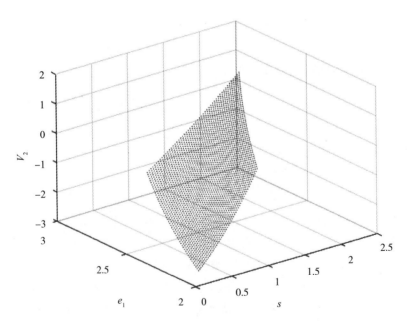

图 7 – 18 V_2 与 e_1 和 s 的关系图

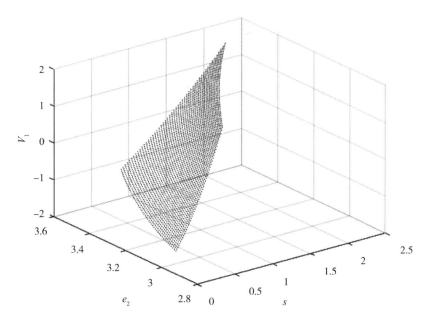

图 7-19　V_1 与 e_2 和 s 的关系图

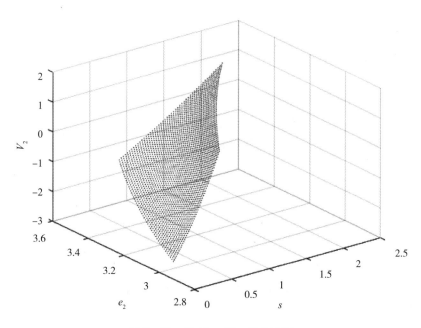

图 7-20　V_2 与 e_2 和 s 的关系图

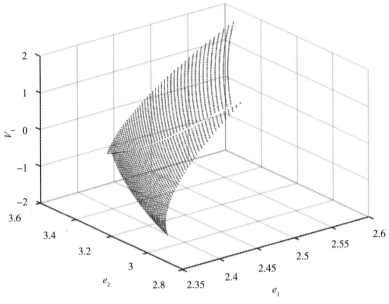

图 7-21　V_1 与 e_1 和 e_2 的关系图

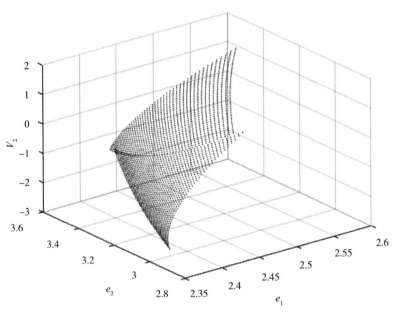

图 7-22　V_2 与 e_1 和 e_2 的关系图

(二) 合作博弈情况

如同非合作博弈部分那样，我们仅就以下几种典型的情形进行数值仿真，并分析其特性：

我们从图 7 - 23 和图 7 - 24 可以发现：在合作反馈纳什均衡状态下，寡头企业 1 和企业 2 的碳排放量 e_1 和 e_2 以及碳存量水平 s 的增加会使寡头企业 1 和企业 2 的值函数值 W^C 增大。

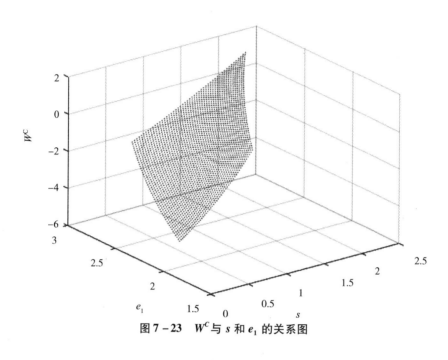

图 7 - 23 W^C 与 s 和 e_1 的关系图

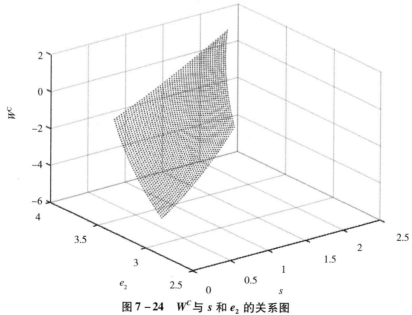

图 7 - 24 W^C 与 s 和 e_2 的关系图

我们从图7 – 25和图7 – 26可以发现：在合作反馈纳什均衡状态下，寡头企业1和企业2的碳排放量e_1和e_2的增加会使寡头企业1和企业2的值函数值W^c和空气中的污染物存量s增大。

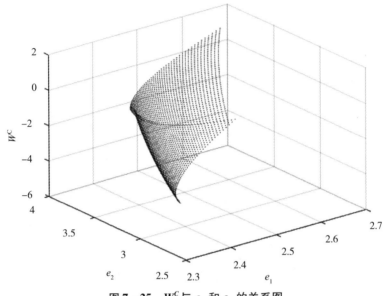

图7 – 25 W^c与e_1和e_2的关系图

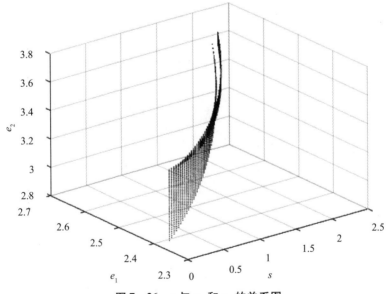

图7 – 26 s与e_1和e_2的关系图

第六节　本章小结

本章研究了嵌入排污权的双寡头企业的随机微分博弈问题，主要从固定区间和无穷区间以及合作与非合作四个角度展开，重点分析了无穷区间非合作随机微分博弈、无穷区间合作随机微分博弈、固定区间合作随机微分博弈、固定区间合作随机微分博弈共四种寡头博弈模型。

我们还将上述双寡头进行如下区分：一个寡头企业是不容易受到污染物排放污染的影响或者说根本不考虑污染物排放污染对它的损害，我们将其称为强韧类寡头或者寡头企业 1；而另一个寡头企业是容易受到污染物排放污染或者污染物排放污染对它的影响是敏感的或者其非常想控制污染物排放，该寡头企业我们称为脆弱类寡头企业或者寡头企业 2。

空气中污染物的浓度不仅受某个时刻污染物排放量的影响，而且还受污染物排放量的积累。我们建立的模型不仅要考虑每个寡头企业污染物排放量对环境质量的影响，还要考虑长时间污染物排放积累对环境的影响，进而设计优化的治理机制以达到控制污染物排放的目的。将来，我们还应该对合作博弈与非合作博弈进行收益比较，还应该将无穷区间的博弈与固定区间的博弈进行比较，进而设计最优的污染治理机制。

第八章　嵌入碳排放权的跨界寡头博弈：微分博弈的视角*

第一节　引　言

20 世纪中期以来，人口数量与经济规模的快速发展引发了非常严重的环境污染问题，已经对价值观、社会伦理、风俗习惯、粮食供给、气候变化、生物多样性和生态系统等产生了重要影响，给经济生活和社会发展烙下了深深的印记，正在改变着人类健康和社会福利。近几年，人们越来越关注工业污染，随着可持续发展和环境保护的国际条约的相继出台，全世界关心环境保护的消费者越来越多，正倒逼工业界在绿色生产实践方面不断加大投入。因而，进行降污减排的研究显得越来越重要。

为了能够重新呼吸到清洁的空气，有效遏制毁灭性的气候变化所产生的不利影响，我们迫切需要设计一些制度去规制二氧化碳的非理性排放行为，不断改善环境质量。其中最著名的制度是"总量封顶和排放权交易制度"。近几年，包括中国在内的一些国家已经在发电、钢铁和化工等高碳排放行业逐渐推行"总量封顶和排放权交易制度"。企业如果超出其最高排放限额，就必须购额外排放许可。要遵从这项制度，企业一般可以投资清洁生产技术，高效利用资源并减少碳排放，实现碳排放权的节约；企业还可以购买额外的碳排放许可，间接增加生产成本，以满足产量和碳排放增加的需求。当然，企业也可以将没有使用完毕的碳排放权出售，以获取额外收益。与碳排放税相比较而言，"总量封顶和

* 本章的主要内容已发表于 Xin B，Peng W，Sun M. Optimal Coordination Strategy for International Production Planning and Pollution Abating under Cap – and – Trade Regulations ［J］. International Journal of Environmental Research and Public Health，2019，16（18）：3490.

排放权交易制度"在碳排放权的基础上赋予了商品属性，并且可以在碳排放权市场上进行自由交易。然而，我们仍需要面对一些两难问题，例如，企业的高收益来自高产出，而高产出会带来更多二氧化碳的排放；较少地购买碳排放权或较多地售出碳排放权都需要更多的减排投入，而高的减排投入又会导致成本增加和利润减少。本章的研究就是要在"总量封顶和排放权交易制度"的框架下，平衡好生产计划与减排投入的实际需求。

跨界二氧化碳排放问题是一个很常见的污染外部性的例子，也是国际环境条约失败的一个非常重要的例证。如果在邻国间出现污染外部性问题，那么一个国家没有承担的外部性成本就会转移给其邻国。这样，生产国相对其应当承担的成本而言，就会有较低的边际成本，进而会选择生产比应当让其承担的污染成本所确定的产量更多的产品。因而，为了实现更高效率的社会产出，我们有必要设计一些治理机制以内化外部成本。在"总量封顶和排放权交易制度"的框架下，运用微分博弈理论优化其生产计划和减排投资，就不失为一种上述所言的有效方式。

本章的重点就是开发一个描述相邻两个国家产品生产和碳排放决策的微分博弈模型，在"总量封顶和排放权交易制度"的框架下优化双方决策，用以优化双方的生产计划和减排投资。运用 HJB 方程，通过分析该博弈模型的反馈均衡，研究生产效率和二氧化碳初始排放权对双方最优生产计划和减排投资的影响。

第二节　文献评述

"排污权交易"思想最早是由科斯（Coase，1960）提出的，克罗科（Croker，1966）最早提出了碳排放权交易理论，随后，达莱斯（Dales，1968）将这一思想予以应用，确立了碳排放权交易的应用理论依据；蒙哥马利（Montgomery，1972）的研究表明碳排放权交易方式要优于传统的治污方式，促进了碳排放权交易市场的发展。法雷（Fare，1993）、帕特里克（Patrick，1999）、朱跃钊（2013）、陈立芸（2014）等学者分别从边际成本角度研究了碳排放权交易定价策略。多博什（Dobos，2005，2007）假设在碳排放权价格合理的情况下，建立阿罗－卡林（Arrow－Karlin）模型，研究了碳排放权交易对生产决策过程的影响问题。布尔盖（Burger，

2007）从供需平衡理论角度分析得出了均衡状态下的碳排放权交易价格。于羽（2016）以三寡头企业为例，研究了动态博弈角度下的排污权交易问题，提出纳什均衡的存在性和稳定性。根据碳排放权交易的相关研究可知，碳排放权交易市场的发展，提高了生产企业的碳减排意识，促使其优化碳减排方案，提高治污效率，降低碳排放量，从而降低边际治污成本。

从碳减排投资角度，科普（Kopp，1980）较早地研究了碳排放治理投资问题。克林格霍夫（Klingelhofer，2009）利用灵敏性分析和线性规划理论，对碳排放权技术优化投资和碳排放权交易进行了研究。查默斯和吉布斯（Chalmers & Gibbins，2010）、斯坦格（Stanger，2011）从碳捕捉和碳封存技术角度对碳减排技术进行了研究，这是碳减排问题在微观技术研究的扩展。李寿德（2013）研究了寡头厂商在排污权交易情景下的污染投资策略和产品策略博弈问题，用博弈理论解决了生产企业的碳减排问题。张跃胜（2016）运用系统 GMM 估计方法，证明了企业采取不同的碳减排技术，会产生不同的治污效果，同时会存在地域性差异。因此，生产企业在进行碳减排投资时，要充分考虑本企业生产和碳排放的平衡问题，选择对自己最有利的投资决策。

跨界/国际二氧化碳排放和减排问题已成为当前科学研究的热点之一。微分博弈是研究国际跨界二氧化碳排放和减排问题的有力研究工具之一。朗茨（Long，1992）运用微分博弈模型构建了一个关于两个主权国家的跨界污染排放控制模型，并分析了模型的对称开环纳什均衡和斯塔克尔伯格的领导—追随关系。布雷顿、扎科和扎哈（Breton，Zaccour & Zaha，2005）提出了一种有限时间的微分博弈模型去分析环境项目的联合实施问题。李斯特和梅森（List & Mason，2001）开发了一种非对称微分博弈模型，并确定了合作与非合作均衡。于伟和辛宝贵（Yu & Xin，2013）提出了一个发展中国家与发达国家进行温室气体排放决策的随机微分博弈模型。杨荣基（Yeung，2007）提出了一个国际跨界工业污染控制的微分博弈模型，并设计了收益分配机制。杰根森（Jørgensen，2010）研究了考虑战略和污染存量外部性的邻国跨界污染的微分博弈模型。马苏迪和扎库（Masoudi & Zaccour，2013）研究了一种国际污染排放的双方博弈模型，用以表征发达国家和发展中国家交互作用，并求出了它们的合作与非合作解。沃扎茨克、舍夫科普拉斯和克斯特尤宁（Wrzaczek，Shevkoplyas & Kostyunin，2014）运用微分博弈构建了一个连续年龄结构的最优排放世代交叠模型。格罗莫瓦和普莱卡诺娃（Gromova & Plekhanova，2015）构建了一个发展中国家和发达国家相邻跨界污染排放的微分博弈模型，其持续时间被假定为呈指数分布。本奇克伦和马丁·赫兰（Benchekroun & Martín - Herrán，2015）研究了一个跨界污染排放的微分博弈问题，邻国分别为近视眼和非近视眼战略。从二氧化碳的点源污染和化石燃料的可竭尽性视角，莫尔奥克斯和魏则根（Moreaux & Withagen，2015）研究了碳捕捉和碳封存的微分博弈问题。从数学的观点看，跨界污染排放模型可以近似描述碳排放和其他类型的污染物跨界排放问题。从经济学的观点看，我们仍然可以从中发现一些细微的差别，主要反映在其目标函数和污染物存量动力学方程上，如表 8 - 1 所示。

表 8 - 1　　　　二氧化碳/污染物跨界排放的微分博弈模型梳理

文献	目标函数	污染物存量动力学方程	博弈类型
朗茨（Long，1992）	$\int_0^\infty e^{-rt}(R_h(e_h(t)) - D_i(s(t)))dt$	$\dfrac{ds(t)}{dt} = \sum_{h=1}^{2} e_h - \varepsilon s(t)$	非合作博弈
李斯特和梅森（List & Mason，2001）	$\int_0^\infty e^{-rt}(R_h(e_h(t)) - D_h(s(t)))dt$	$\dfrac{ds(t)}{dt} = \sum_{h=1}^{2} e_h - \varepsilon s(t)$	合作博弈 非合作博弈
杨荣基（Yeung，2007）	$\int_0^T e^{-rt}(R_h(q_h(t)) - G_h(I_h(t)) - D_h(q_h(t),s(t)))dt$	$\dfrac{ds(t)}{dt} = \sum_{i=1}^{2} \mu_i q_i(t) - \sum_{j=1}^{2} \gamma_j I_j(t)\sqrt{s(t)} - \varepsilon s(t)$	合作博弈
马苏迪和扎库（Masoudi & Zaccour，2013）	$\int_0^\infty e^{-rt}(R_h(e_h(t)) - D_h(s(t)))dt$	$\dfrac{ds(t)}{dt} = \mu \sum_{h=1}^{2} e_h - \varepsilon s(t)$	合作博弈 非合作博弈
贝尔蒂内利、卡马乔和邹（Bertinelli, Camacho & Zou，2014）	$\int_0^T e^{-rt}(-G_h(s_h(t),I_h(t)) - D_h(s(t)))dt + e^{-rT}S(s(T))$	$\dfrac{ds(t)}{dt} = \sum_{h=1}^{2} e_h + \mu \sum_{h=1}^{2} I_h - \varepsilon s(t)$	非合作博弈
李（Li，2014）	$\int_0^\infty e^{-rt}(R_h(e_h(t)) + M_h(e_h(t)) - D_h(s(t)))dt$	$\dfrac{ds(t)}{dt} = \sum_{h=1}^{2} e_h - \varepsilon s(t)$	合作博弈 非合作博弈
格罗莫瓦和普莱卡诺娃（Gromova & Plekhanova，2015）	$\int_0^\infty e^{-rt}(R_h(e_h(t)) - D_h(s(t)))dt$	$\dfrac{ds(t)}{dt} = \mu \sum_{h=1}^{2} e_h - \varepsilon s(t)$	合作博弈 非合作博弈

文献	目标函数	污染物存量动力学方程	博弈类型
本奇克伦和马丁·赫兰（Benchekroun & Martín-Herrán, 2015）	$\int_0^\infty e^{-rt}(R_h(e_h(t)) - D_h(s(t)))\mathrm{d}t$	$\dfrac{\mathrm{d}s(t)}{\mathrm{d}t} = \sum_{h=1}^{2} e_h - \varepsilon s(t)$	非合作博弈
黄欣等（Huang, He & Hua, 2015）	$\int_0^T e^{-rt}(R_h(q_h(t)) - G_h(I_h(t)) - D_h(s(t)))\mathrm{d}t - e^{-rT}S(s(T))$	$\dfrac{\mathrm{d}s(t)}{\mathrm{d}t} = \sum_{i=1}^{2} q_i(t) - \sum_{j=1}^{2} \gamma_j I_j(t)$ $\sqrt{s(t)} - \varepsilon s(t)$	合作博弈 非合作博弈
本部分	$\int_0^\infty e^{-rt}(R_h(I_h(t), s(t), e_h(t)) - G_h(I_h(t)) - D_h(s(t)))\mathrm{d}t$	$\dfrac{\mathrm{d}s(t)}{\mathrm{d}t} = \mu\sum_{i=1}^{2} e_h(t) - \gamma\sum_{j=1}^{2} I_j(t)$ $\sqrt{s(t)} - \varepsilon s(t)$	合作博弈 非合作博弈

说明：表 8-1 中的符号说明详见本章第三节。

第三节 建 模

一、假设

假设 8.1 假定有 2 个参与者，对应于两个国家，分别标记为 $h=1$，2，作为两个二氧化碳排放寡头，他们进行生产的过程中必然排出二氧化碳。这两个国家存在于同一个碳污染环境中，也一直合作在"总量封顶和排放权交易制度"框架下寻求生产计划和碳减排投资的均衡。

假设 8.2 每个国家的效用函数 $R_h'(\cdot)$ 都是严格凸二次型的，并且是关于产量的函数，如下所示：

$$R_h'(q_h(t)) = \alpha_h q_h(t) - \frac{1}{2}q_h(t)^2, \ h=1, 2 \tag{8.1}$$

其中，$q_h(t)$ 表示国家 h 在时间 t 所生产产品的数量，α_h 是关于国家 h 的正常数。

假设 8.3 两个国家所排出的二氧化碳是同质的，并且国家 h 排出的二氧化碳数量 $e_h(\cdot)$ 是与其产量呈正比的，如下所示：

$$e_h(q_h(t)) = \mu q_h(t) \tag{8.2}$$

其中，$\mu>0$ 是二氧化碳排放系数，其代表当前的清洁生产水平。

假设 8.4 国家 h 的二氧化碳减排数量 $u_h(\cdot)$ 是由减排努力 $I_h(t)$

和二氧化碳存量 $s(t)$ 共同决定的，可以表示为如下形式：

$$u_h(I_h(t),\ s(t)) = \gamma I_h(t)\sqrt{s(t)} \tag{8.3}$$

其中，$I_h(t)$ 表示国家 h 的减排努力，$s(t)$ 表示两个国家排放二氧化碳后的二氧化碳在时间 t 的存量水平，γ 是正常数。

假设8.5 假定国家 h 所配给的二氧化碳初始许可排放数量为 F_h，碳排放权在时间 t 时的交易价格为 $k(t)$，则国家 h 的碳排放权交易金额可以表示为如下形式：

$$R_h''(q_h(t),\ s(t),\ I_h(t)) = k(F_h + u_h(s(t),\ I_h(t)) - e_h(q_h(t)))$$

$$= k(F_h + \gamma I_h(t)\sqrt{s(t)} - \mu q_h(t)) \tag{8.4}$$

注8.1 ①如果国家 h 有剩余的碳排放权，则 $R_h''(\cdot) > 0$；②如果国家 h 的碳排放权不多不少，则 $R_h''(\cdot) = 0$；③如果国家 h 的碳排放权出现短缺，则 $R_h''(\cdot) < 0$。

假设8.6 假定国家 h 所承受的环境破坏成本 $D_h(s(t))$ 与二氧化碳存量水平 $s(t)$ 呈正比，即：

$$D_h(s(t)) = \beta_h s(t),\ h = 1,\ 2 \tag{8.5}$$

其中，β_h 是关于国家 h 的正标量参数。这说明，二氧化碳浓度越高则其所在国家所承受的破坏成本就越大。

假设8.7 假定国家 h 的减排成本函数 $G_h(I_h(t))$ 是递增的凸函数，并且其随国家 h 减排努力的变化而变化，如下所示：

$$G_h(I_h(t)) = \frac{1}{2}\sigma I_h^2(t),\ h = 1,\ 2 \tag{8.6}$$

其中，σ 是正标量参数。这意味着，国家 h 所做的减排努力越大则其减排成本就越高。

根据假设8.1~假设8.7，国家 h 的即时利润可以表示为如下形式：

$$\pi_h(t) = R_h'(q_h(t)) + R_h''(q_h(t)) - G_h(I(t)) - D_h(s(t))$$

$$= \alpha_h q_h(t) + k(F_h + \gamma I_h(t)\sqrt{s(t)} - \mu q_h(t))$$

$$- \frac{1}{2}(q_h(t)^2 + \sigma I_h^2(t)) - \beta_h s(t) \tag{8.7}$$

假设8.8 二氧化碳存量水平的衰退函数可以用线性函数 $\varepsilon s(t)$ 来表示，其中 $\varepsilon > 0$ 表示二氧化碳的自然吸引率。

二氧化碳存量水平的演化动力学模型可以用如下形式表示：

$$\dot{s}(t) = \mu \sum_{h=1}^{2} q_h(t) - \gamma \sum_{h=1}^{2} I_h(t)\sqrt{s(t)} - \varepsilon s(t)$$

$$s(0) = s_0,\ s(t) \geq 0 \tag{8.8}$$

上式说明，二氧化碳的存量水平受生产数量、减排努力水平和二氧化碳自然吸收率的影响。

二、模型

在非合作博弈中，每个国家的相关决策相互不受影响，可以独立地决定自己的生产计划和污染物减排努力水平，以实现无限期间的利润最大化。可以用如下模型进行表示：

$$\max_{q_h(t),I_h(t)} J_h = \int_0^\infty e^{-rt}\pi_h \mathrm{d}t,\ h = 1,2$$

$$\mathrm{s.t.}\ \dot{s}(t) = \mu\sum_{h=1}^2 q_h(t) - \gamma\sum_{h=1}^2 I_h(t)\ \sqrt{s(t)} - \varepsilon s(t)$$

$$s(0) = s_0,\ s(t) \geqslant 0$$

$$(8.9)$$

在合作博弈中，两个国家可以通过一个中央机构（如欧盟）的管控，联合做出生产计划和二氧化碳减排决策，以实现无限期间的利润最大化。可以用如下模型进行表示：

$$\max_{q_h(t),I_h(t)} J = \int_0^\infty e^{-rt}\sum_{h=1}^2 I_h(t)\mathrm{d}t$$

$$\mathrm{s.t.}\ \dot{s}(t) = \mu\sum_{h=1}^2 q_h(t) - \gamma\sum_{h=1}^2 I_h(t)\ \sqrt{s(t)} - \varepsilon s(t)$$

$$s(0) = s_0,\ s(t) \geqslant 0$$

$$(8.10)$$

在下文中，下标中的 na、ns、ca 和 cs 分别表示非对称非合作博弈、对称非合作博弈、非对称合作博弈、对称合作博弈。为了表述方便，下文经常会在不引起理解混乱的情况下将时间依赖和下标省略。

第四节　非合作微分博弈

一、非对称情形

（一）模型的解

根据式（8.8）和式（8.9），国家 h 的 HJB 方程可以表示为如下形式：

$$rV_h = \max_{q_h,I_h}\left\{\pi_h + \frac{\partial V_h}{\partial s}\frac{\mathrm{d}s(t)}{\mathrm{d}t}\right\}$$

$$(8.11)$$

其中，$V_h = V_h(s)$ 为国家 h 的值函数。

对式（8.11）取 q_h 和 I_h 的一阶条件，我们可以得到国家 h 的最优反馈生产计划和减排策略，如下式所示：

$$q_h^* = \alpha_h - \mu k + \mu \frac{\partial V_h}{\partial s} \tag{8.12}$$

$$I_h^* = \frac{\gamma \sqrt{s}}{\sigma}\left(k - \frac{\partial V_h}{\partial s}\right) \tag{8.13}$$

命题 8.1 在非对称非合作微分博弈中，如果值函数的纳什均衡与生产和减排的即时水平是 $\{V_h(s), q_h^*(t), I_h^*(t)\}$，其中 $h = 1, 2$，则

$$V_h(s) = a_h + b_h s \tag{8.14}$$

$$q_h^* = \alpha_h - \mu(k - b_h) \tag{8.15}$$

$$I_h^* = \frac{\gamma \sqrt{s}}{\sigma_h}(k - b_h) \tag{8.16}$$

其中，

$$a_1 = \frac{1}{2r}(2kF_1 + \alpha_1^2 + 2\mu(b_1(\alpha_1 + \alpha_2) - k\alpha_1)$$
$$+ \mu^2(k^2 + b_1(b_1 + 2b_2 - 4k))) \tag{8.17}$$

$$b_1 = \frac{\gamma^2}{2r\sigma}(k^2 + b_1(b_1 + 2b_2 - 4k)) - \frac{1}{r}(\beta_1 + \varepsilon b_1) \tag{8.18}$$

$$a_2 = \frac{1}{2r}(2kF_2 - \alpha_2^2 + 2\mu(b_2(\alpha_1 + \alpha_2) - k\alpha_2)$$
$$+ \mu^2(k^2 + b_2(b_2 + 2b_1 - 4k))) \tag{8.19}$$

$$b_2 = \frac{\gamma^2}{2r\sigma}(k^2 + b_2(b_2 + 2b_1 - 4k)) - \frac{1}{r}(\beta_2 + \varepsilon b_2) \tag{8.20}$$

证明 将式（8.12）和式（8.13）中的最优解代入式（8.11）的 HJB 方程，并简化可以得到：

$$rV_1(s) = kF_1 + \mu(\alpha_1 + \alpha_2)\frac{\partial V_1}{\partial s} - \mu k\alpha_1$$

$$+ \frac{1}{2}\left(\alpha_1^2 + \mu^2\left(k^2 + \left(\frac{\partial V_1}{\partial s} + 2\frac{\partial V_2}{\partial s} - 4k\right)\frac{\partial V_1}{\partial s}\right)\right)$$

$$+ \frac{s\gamma^2}{2\sigma}(k^2 + b_1(b_1 + 2b_2 - 4k)) - s(\beta_1 + \varepsilon b_1) \tag{8.21}$$

$$rV_2(s) = kF_2 + \mu(\alpha_1 + \alpha_2)\frac{\partial V_2}{\partial s} - \mu k\alpha_2$$

$$+ \frac{1}{2}\left(\alpha_2^2 + \mu^2\left(k^2 + \left(\frac{\partial V_2}{\partial s} + 2\frac{\partial V_1}{\partial s} - 4k\right)\frac{\partial V_2}{\partial s}\right)\right)$$

$$+\frac{s\gamma^2}{2\sigma}(k^2+b_2(b_2+2b_1-4k))-s(\beta_2+\varepsilon b_2) \qquad (8.22)$$

对式（8.14）求关于 s 的偏微分，可以得到下式：

$$\frac{\partial V_h}{\partial s}=b_h \qquad (8.23)$$

将式（8.14）和式（8.23）代入式（8.21）和式（8.22）中，再分别求式（8.21）和式（8.22）中关于 $a_h+b_h s$ 的系数，我们就可以直接得到式（8.15）和式（8.16）。

证毕。

（二）二氧化碳存量水平演变的最优轨迹

如下常微分方程（8.24）是通过将式（8.15）和式（8.16）直接代入式（8.8）并进行简化得到：

$$\dot{s}(t)=C_{na1}+\theta_{na}s(t) \qquad (8.24)$$

其中，$\theta_{na}=\frac{\gamma^2}{\sigma}(\sum\limits_{h=1}^{2}b_h-2k)-\varepsilon$ 和 $C_{na1}=\mu\sum\limits_{h=1}^{2}\alpha_h+\mu^2(\sum\limits_{h=1}^{2}b_h-2k)$。

下式（8.25）所表示的碳存量水平的演化轨迹是通过求解式（8.24）得到：

$$s(t)=-\frac{C_{na1}}{\theta_{na}}+C_{na2}e^{t\theta_{na}} \qquad (8.25)$$

其中，$C_{na2}\geqslant\frac{C_{na1}}{\theta_{na}}e^{-t\theta_{na}}$。

二、对称情形

（一）模型的解

注8.2 对于对称情形，令 $\alpha_h=\alpha$，$\beta_h=\beta$，$q_h=q$，$I_h=I$ 和 $F_h=F$，其中，$h=1$，2。

根据式（8.8）和式（8.9），我们可以求得其中任何一个国家的 HJB 方程，如下所示：

$$rV=\max_{q,I}\left\{\pi+\frac{\partial V}{\partial s}\frac{\mathrm{d}s(t)}{\mathrm{d}t}\right\} \qquad (8.26)$$

其中，$V=V(s)$ 为任意国家的值函数。

对式（8.26）取 q 和 I 的一阶条件，我们可以得到最优反馈生产计划和减排策略，如下式所示：

$$q^*=\alpha-\mu k+2\mu\frac{\partial V}{\partial s} \qquad (8.27)$$

$$I^* = \frac{\gamma\sqrt{s}}{\sigma}\left(k - 2\frac{\partial V}{\partial s}\right) \qquad (8.28)$$

命题 8.2 在对称非合作微分博弈中，如果值函数的纳什均衡解、生产和碳减排的即时水平是 $\{V(s), q^*(t), I^*(t)\}$，则

$$V(s) = a + bs \qquad (8.29)$$

$$q^* = \alpha - \mu(k - 2b) \qquad (8.30)$$

$$I^* = \frac{\gamma\sqrt{s}}{\sigma}(k - 2b) \qquad (8.31)$$

其中，

$$a = \frac{1}{2r}(2kF + (\alpha + 2\mu b - \mu k)^2) \qquad (8.32)$$

$$b = \frac{\gamma^2}{2r\sigma}(k - 2b)^2 - \frac{1}{r}(\beta + \varepsilon b) \qquad (8.33)$$

证明 将式（8.27）和式（8.28）中的最优解代入式（8.26）的 HJB 方程，并简化可以得到：

$$rV(s) = kF + \frac{1}{2}\left(\alpha + 2\mu\frac{\partial V}{\partial s} - k\mu\right)^2 + \frac{s\gamma^2}{2\sigma}\left(k - 2\frac{\partial V}{\partial s}\right)^2$$

$$- s\left(\beta + \varepsilon\frac{\partial V}{\partial s}\right) \qquad (8.34)$$

对式（8.29）求关于 s 的偏微分，可以得到下式：

$$\frac{\partial V}{\partial s} = b \qquad (8.35)$$

将式（8.29）和式（8.35）代入式（8.34）中，再求式（8.34）中关于 $a + bs$ 的系数，我们就可以直接得到式（8.30）和式（8.31）。

证毕。

（二）二氧化碳存量水平演变的最优轨迹

如下常微分方程（8.36）是通过将式（8.30）和式（8.31）直接代入式（8.8）并进行简化得到：

$$\dot{s}(t) = C_{ns1} + \theta_{ns}s(t) \qquad (8.36)$$

其中，$\theta_{ns} = \frac{2\gamma^2}{\sigma}(2b - k) - \varepsilon$ 和 $C_{ns1} = \mu(2\alpha + 4b\mu - 2k\mu)$。

通过求解式（8.36），可得到碳存量水平的演化轨迹，如下式所示：

$$s(t) = -\frac{C_{ns1}}{\theta_{ns}} + C_{ns2}e^{t\theta_{ns}} \qquad (8.37)$$

其中，$C_{ns2} \geq \frac{C_{ns1}}{\theta_{ns}}e^{-t\theta_{ns}}$。

第五节　合作微分博弈

一、非对称情形

（一）模型的解

根据式（8.8）和式（8.10），国家 h 的 HJB 方程可以表示为如下形式：

$$rV = \max_{q_h, I_h}\left\{\sum_{h=1}^{2}\pi_h + \frac{\partial V}{\partial s}\frac{\mathrm{d}s(t)}{\mathrm{d}t}\right\} \tag{8.38}$$

其中，$V = V(s)$ 是两个国家的值函数。

对式（8.38）取 q_h 和 I_h 的一阶条件，我们可以得到国家 h 的最优反馈生产计划和减排策略，如下所示：

$$q_h^* = \alpha_h - \mu k + \mu\frac{\partial V}{\partial s} \tag{8.39}$$

$$I_h^* = \frac{\gamma\sqrt{s}}{\sigma_h}\left(k - \frac{\partial V}{\partial s}\right) \tag{8.40}$$

命题 8.3　在非对称合作微分博弈中，如果值函数的纳什均衡解、生产和减排的即时水平是 $\{V_h(s), q_h^*(t), I_h^*(t)\}$，其中 $h = 1, 2$，则

$$V(s) = g + \delta s \tag{8.41}$$

$$q_h^* = \alpha_h - \mu(k - \delta) \tag{8.42}$$

$$I_h^* = \frac{\gamma\sqrt{s}}{\sigma}(k - \delta) \tag{8.43}$$

其中，

$$g = \frac{1}{r}\left(k\sum_{h=1}^{2}F_h + \frac{1}{2}\sum_{h=1}^{2}\alpha_h^2 + \mu(\delta - k)\left(\sum_{h=1}^{2}\alpha_h + \mu\delta - \mu k\right)\right) \tag{8.44}$$

$$\delta = \frac{1}{\sigma r}\left((\gamma k - \gamma\delta)^2 - \sigma\left(\sum_{h=1}^{2}\beta_h + \varepsilon\delta\right)\right) \tag{8.45}$$

证明　将式（8.42）和式（8.43）中的最优解代入式（8.38）的 HJB 方程，并简化可以得到：

$$rV(s) = k\sum_{h=1}^{2}F_h + \frac{1}{2}\sum_{h=1}^{2}\alpha_h^2 + \mu\left(\frac{\partial V}{\partial s} - k\right)\left(\sum_{h=1}^{2}\alpha_h - \mu k + \mu\frac{\partial V}{\partial s}\right)$$

$$+ \frac{s}{\sigma}\left(\left(\gamma k - \gamma\frac{\partial V}{\partial s}\right)^2 - \sigma\left(\sum_{h=1}^{2}\beta_h + \varepsilon\frac{\partial V}{\partial s}\right)\right) \tag{8.46}$$

对式（8.41）求关于 s 的偏微分，可以得到下式：

$$\frac{\partial V}{\partial s} = \delta \tag{8.47}$$

将式（8.41）和式（8.47）代入式（8.46）中，再求式（8.46）中关于 $a_h + b_h s$ 的系数，我们就可以直接得到式（8.42）和式（8.43）。

证毕。

（二）二氧化碳存量水平演变的最优轨迹

通过将式（8.42）和式（8.43）直接代入式（8.8）并化简，可得到如下微分方程。

$$\dot{s}(t) = C_{ca1} + \theta_{ca} s(t) \tag{8.48}$$

其中，$\theta_{ca} = \dfrac{2\gamma^2}{\sigma}(\delta - k) - \varepsilon$ 和 $C_{ca1} = \mu\left(\sum_{h=1}^{2}\alpha_h + 2\mu(\delta - k)\right)$。

通过求解式（8.48）可得污染存量水平的演化轨迹，如式（8.49）所示：

$$s(t) = -\frac{C_{ca1}}{\theta_{ca}} + C_{ca2} e^{t\theta_{ca}} \tag{8.49}$$

其中，$C_{ca2} \geqslant \dfrac{C_{ca1}}{\theta_{ca}} e^{-t\theta_{ca}}$。

二、对称情形

（一）模型的解

根据式（8.8）和式（8.9），我们可以得到两个国家的 HJB 方程（8.50），如下所示：

$$rV = \max_{q, I}\left\{2\pi + \frac{\partial V}{\partial s}\frac{\mathrm{d}s(t)}{\mathrm{d}t}\right\} \tag{8.50}$$

其中，$V = V(s)$ 为两个国家的值函数。

对式（8.50）取 q 和 I 的一阶条件，我们可以得到最优反馈生产计划和减排策略，如下式所示

$$q^* = \alpha - \mu k + \mu \frac{\partial V}{\partial s} \tag{8.51}$$

$$I^* = \frac{\gamma\sqrt{s}}{\sigma}\left(k - \frac{\partial V}{\partial S}\right) \tag{8.52}$$

命题 8.4 在对称合作微分博弈中，如果值函数的纳什均衡解、生产和减排的即时水平是 $\{V(s), q^*(t), I^*(t)\}$，则

$$V(s) = x + ys \tag{8.53}$$

$$q^* = \alpha - \mu(k - y) \tag{8.54}$$

$$I^* = \frac{\gamma \sqrt{s}}{\sigma}(k - y) \tag{8.55}$$

其中，

$$x = \frac{1}{r}(2kF + q(q - 2(\alpha + \mu y - \mu k))) \tag{8.56}$$

$$y = \frac{\gamma^2}{r\sigma}(k - y)^2 - \frac{1}{r}(2\beta + y\varepsilon) \tag{8.57}$$

证明　将式（8.51）和式（8.52）中的最优解代入式（8.50）的 HJB 方程，并简化可以得到：

$$rV(s) = 2kF + q\left(q - 2\left(\alpha + \mu\frac{\partial V}{\partial s} - \mu k\right)\right) + \frac{s\gamma^2}{\sigma}\left(k - \frac{\partial V}{\partial s}\right)^2 - s\left(2\beta + \varepsilon\frac{\partial V}{\partial s}\right) \tag{8.58}$$

对式（8.53）求关于 s 的偏微分，可以得到下式：

$$\frac{\partial V}{\partial s} = y \tag{8.59}$$

将式（8.53）和式（8.59）代入式（8.58）中，再求式（8.58）中关于 $a + bs$ 的系数，我们就可以直接得到式（8.54）和式（8.55）。

证毕。

（二）　二氧化碳存量水平演变的最优轨迹

如下常微分方程（8.60）是通过将式（8.54）和式（8.55）直接代入式（8.8）并进行简化得到的：

$$\dot{s}(t) = C_{cs1} + \theta_{cs}s(t) \tag{8.60}$$

其中，$\theta_{cs} = \frac{2\gamma^2}{\sigma}(y - k) - \varepsilon$ 和 $C_{cs1} = 2\mu(\alpha + \mu y - \mu k)$。

式（8.61）所表示的碳存量水平的演化轨迹是通过求解式（8.60）得到的：

$$s(t) = -\frac{C_{cs1}}{\theta_{cs}} + C_{cs2}e^{t\theta_{cs}} \tag{8.61}$$

其中，$C_{cs2} \geq \frac{C_{cs1}}{\theta_{cs}}e^{-t\theta_{cs}}$。

第六节　数值仿真

在本部分，我们将运用数值仿真的方式，研究二氧化碳初始排放权

F_1 和 $F_2(F)$ 与二氧化碳排放系数 μ 的变化对值函数 V_1 和 $V_2(V)$，生产水平 q_1^* 和 q_2^*，污染物减排努力水平 I_1^* 和 $I_2^*(I^*)$，二氧化碳存量水平 $s(t)$ 等四个方面的影响。在数值仿真过程中，我们将上述方程中的参数固定如下：$r=0.02$，$\varepsilon=0.01$，$s(0)=30$ 和 $\gamma=0.02$。在本部分和下一部分的数值绘图中，我们令 t 从 0 变化到 200。

一、非对称情形

在本部分，我们将上述方程中的如下参数进行固定：$\alpha_1=1$，$\alpha_2=4$，$\beta_1=1$ 和 $\beta_2=2$。

（一）二氧化碳初始排放权 F_1 和 F_2 的变化效应

在本部分，我们为了更好地研究二氧化碳初始排放权 F_1 和 F_2 的变化效应，固定如下参数：$\mu=0.02$ 和 $k=0.2$。在本部分的数值绘图中，我们令 F_1 和 F_2 以 0.1 的增量从 7 变化到 27。

1. 非合作微分博弈

通过将上述参数代入式（8.14）～式（8.16）和式（8.25），我们可以分别得到：

值函数的纳什均衡解为：

$$V_1(s)=11.928+10F_1-2.666s(t)，V_2(s)=365.67+10F_2-6.885s(t)$$

即时生产水平的均衡解为：

$$q_1^*(t)=0.943，q_2^*(t)=3.858$$

即时碳减排努力水平的均衡解为：

$$I_1^*(t)=5.733\sqrt{s(t)}，I_2^*(t)=14.171\sqrt{s(t)}$$

最优二氧化碳存量水平的变化轨迹为：

$$s(t)=0.235+29.765e^{-0.408t}$$

显然，两个国家的最优生产水平 $q_1^*(t)$ 和 $q_2^*(t)$ 是常数。

图 8-1 展示了两个国家在式（8.14）中的值函数 $V_1(t)$ 和 $V_2(t)$ 随二氧化碳初始排放权 F_1、F_2 和时间 t 变化的演化轨迹。从图 8-1 中我们可以发现：

（1）当 t 从 0 增加到 200 时，$V_1(t)$ 和 $V_2(t)$ 开始时都快速增加，经过一段时间后最终达到相对稳定的状态。

（2）当 $F_1(F_2)$ 增加时，$V_1(t)(V_2(t))$ 也会相应地增加。

（3）国家 2 的值函数 $V_2(t)$ 比国家 1 的值函数 $V_1(t)$ 大一些。

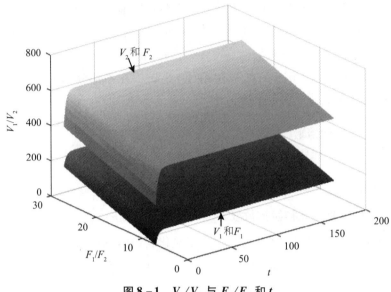

图 8 – 1 V_1/V_2 与 F_1/F_2 和 t

图 8 – 2 展示了两个国家在式（8.16）中的碳减排努力水平 I_1^* 和 I_2^* 随二氧化碳存量水平 $s(t)$ 和时间 t 变化的演化轨迹。图 8 – 2 还表明，二氧化碳存量水平 $s(t)$ 与最优减排努力水平 I_1^* 和 I_2^* 在初期会迅速降低，但最终会下降并逐渐稳定在一个较低水平上。而且，国家 2 的最优减排努力水平 I_2^* 比国家 1 的最优减排努力水平 I_1^* 高一些。

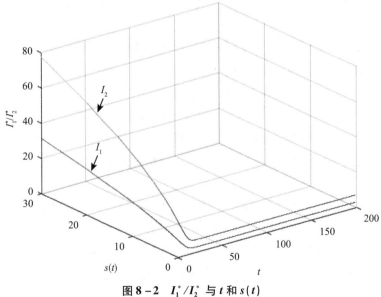

图 8 – 2 I_1^*/I_2^* 与 t 和 $s(t)$

2. 合作微分博弈

将上述参数代入式（8.41）～式（8.43）和式（8.49），通过简化，可以分别得到如下均衡解：

值函数的纳什均衡解为：

$$V(s) = 384.868 + 10(F_1 + F_2) - 8.102s(t)$$

即时生产水平的均衡解为：

$$q_1^*(t) = 0.834, \quad q_2^*(t) = 3.834$$

即时的二氧化碳减排努力水平的均衡解为：

$$I_1^*(t) = 16.604 \sqrt{s(t)}, \quad I_2^*(t) = 16.604 \sqrt{s(t)}$$

最优二氧化碳存量水平的变化轨迹为：

$$s(t) = 0.139 + 29.861e^{-0.674t}$$

显然，两个国家的最优生产水平 $q_1^*(t)$ 和 $q_2^*(t)$ 也是常数。两个国家的最优减排努力水平 $I_1^*(t)$ 和 $I_2^*(t)$ 是相等的。

图 8-3 展示了两个国家在式（8.41）中的联合值函数 $V(t)$ 随二氧化碳初始排放权 F_1、F_2 和时间 t 变化的演化轨迹。从图 8-3，我们可以发现：

（1）当 t 从 0 增加到 200 时，联合值函数 $V(t)$ 开始时是快速增加，经过一段时间后最终达到相对稳定的状态。

（2）当 F_1 和 F_2 增加时，联合值函数 $V(t)$ 也会相应地增加。

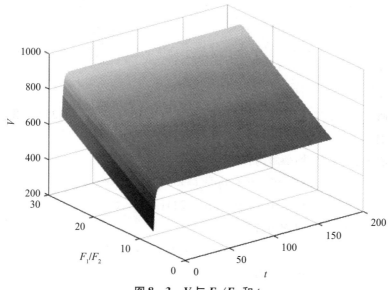

图 8-3 V 与 F_1/F_2 和 t

图 8 - 4 展示了两个国家在式（8.43）中的减排努力水平 I_1^* 和 I_2^* 随式（8.49）中的二氧化碳存量水平 $s(t)$ 和时间 t 变化的演化轨迹。图 8 - 4 还表明，两个国家的二氧化碳存量水平 $s(t)$ 与最优减排努力水平 I_1^* 和 I_2^* 在初期会迅速减小，但最终会逐渐稳定在一个较低水平上。

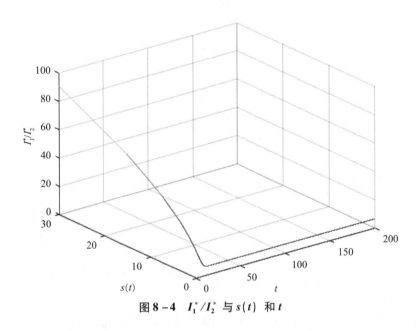

图 8 - 4 I_1^*/I_2^* 与 $s(t)$ 和 t

（二）二氧化碳排放系数 μ 的变化效应

我们研究二氧化碳排放系数 μ 的变化效应时，需要固定 $F_1 = 7$，$F_2 = 5$ 和 $k = 0.2$。在本部分的数值仿真分析过程中，我们令 μ 以 0.001 为增量，从 0.0 变化到 0.2。

1. 非合作微分博弈

通过将上述参数代入式（8.14）~式（8.16）和式（8.25），我们可以分别得到：

值函数的纳什均衡解为：

$$V_1(s) = 95 - 676.6\mu + 1150.01\mu^2 + 2.666s(t)$$

$$V_2(s) = 450 - 1761.31\mu + 2241.8\mu^2 - 6.885s(t)$$

即时生产水平的均衡解为：

$$q_1^*(t) = 1 - 2.866\mu, \quad q_2^*(t) = 4 - 7.085\mu$$

即时二氧化碳减排努力水平的均衡解为：

$$I_1^*(t) = 5.733\sqrt{s(t)}, \quad I_2^*(t) = 14.171\sqrt{s(t)}$$

最优二氧化碳存量水平的变化轨迹为：

$$s(t) = 12.253\mu - 24.387\mu^2 + (30 - 12.253\mu + 24.387\mu^2)e^{-0.408t}$$

显然，在给定的上述条件和特定参数组合下，两个国家的最优生产水平 $q_1^*(t)$ 和 $q_2^*(t)$ 均反比例于二氧化碳排放系数 μ。

图 8 - 5 展示了式（8.25）中的最优二氧化碳存量水平 $s(t)$ 随时间 t 和碳排放系数 μ 的变化规律。通过分析图 8 - 5，我们还可以发现：两个国家的二氧化碳存量水平 $s(t)$ 在初期会迅速减小，最终会逐渐稳定在一个较低水平上，但二氧化碳存量水平 $s(t)$ 会随碳排放系数 μ 的增大而增大。这表明：最优生产计划和碳减排努力水平可使二氧化碳的存量水平长期保持在一个较低的水平。

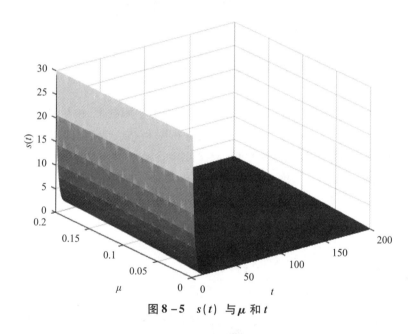

图 8 - 5 $s(t)$ 与 μ 和 t

图 8 - 6 展示了式（8.16）中的碳减排努力水平 I_1^* 和 I_2^* 随时间 t 和碳排放系数 μ 的变化规律。通过分析图 8 - 6，我们还可以发现：两个国家的碳减排努力水平 I_1^* 和 I_2^* 在初期都会迅速减小，最终会逐渐稳定在一个较低水平上，但减排努力水平 I_1^* 和 I_2^* 会随碳排放系数 μ 的增大而非常缓慢地增大。而且，国家 2 的最优减排努力水平 I_2^* 比国家 1 的最优减排努力水平 I_1^* 明显要大一些。

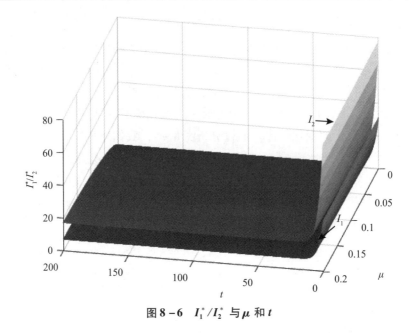

图 8-6　I_1^*/I_2^* 与 μ 和 t

图 8-7 展示了式（8.14）中的两个国家的值函数 V_1 和 V_2 随时间 t 和二氧化碳排放系数 μ 的变化规律。通过分析图 8-7，我们可以发现：

（1）当时间 t 从 0 增加到 200 的过程中，两个国家的值函数 V_1 和 V_2 在初期都会迅速增加，最终会逐渐稳定在一个较高的水平上。

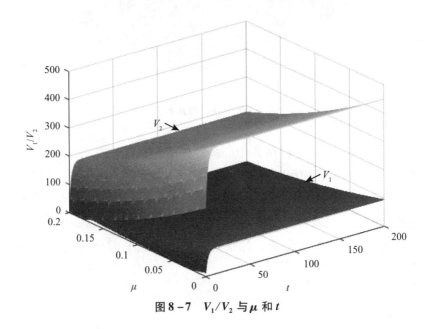

图 8-7　V_1/V_2 与 μ 和 t

（2）当 μ 从 0.0 增加 0.2 的过程中，两个国家的值函数都在不断地减小。

（3）国家 2 的值函数 V_2 明显比国家 1 的值函数 V_1 大一些。

2. 合作微分博弈

通过将上述参数代入式（8.41）~ 式（8.43）和式（8.49），简化后，我们可以分别得到如下纳什均衡解：

值函数的纳什均衡解为：

$$V(s) = 545 + \mu(3446.17\mu - 2075.5) - 8.120s(t)$$

即时生产水平的均衡解为：

$$q_1^*(t) = 1 - 8.302\mu, \quad q_2^*(t) = 4 - 8.302\mu$$

即时二氧化碳减排努力水平的均衡解为

$$I_1^*(t) = 16.604 \sqrt{s(t)}, \quad I_2^*(t) = 16.604 \sqrt{s(t)}$$

最优二氧化碳存量水平的变化轨迹为：

$$s(t) = 7.417\mu - 24.629\mu^2 + (30 - 7.417\mu + 24.629\mu^2)e^{-0.674t}$$

从以上均衡解的表达式可知，在给定的上述条件和特定参数组合下，两个国家的最优生产水平 $q_1^*(t)$ 和 $q_2^*(t)$ 均反比例于二氧化碳排放系数 μ，其最优减排努力 $I_1^*(t)$ 和 $I_2^*(t)$ 是相等的。

图 8-8 展示了式（8.49）中的最优二氧化碳存量水平 $s(t)$ 随时间 t

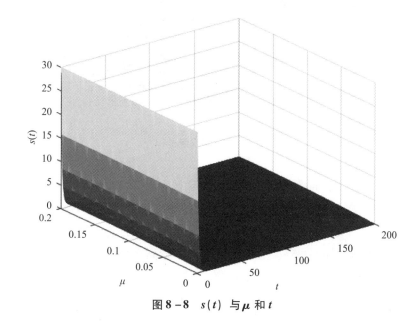

图 8-8　$s(t)$ 与 μ 和 t

和二氧化碳排放系数 μ 的变化规律。通过分析图8－8，我们可以发现：两个国家的二氧化碳存量水平 $s(t)$ 在初期会迅速减小，最终会逐渐稳定在一个较低水平上，但二氧化碳存量水平 $s(t)$ 基本不受碳排放系数 μ 的影响。以上也能够表明：最优二氧化碳存量水平长期保持在一个较低的水平。

图8－9展示了式（8.43）中两个国家的最优减排努力随时间 t 和二氧化碳排放系数 μ 的变化规律。通过分析图8－9，我们可以发现：两个国家的最优减排努力 I_1^* 和 I_2^* 在初期会迅速减小，最终会逐渐稳定在一个较低水平上，但最优减排努力水平 I_1^* 和 I_2^* 均随二氧化碳排放系数 μ 的增大而增大得较为缓慢。以上也能够表明：最优减排努力水平长期保持在一个较低的水平。

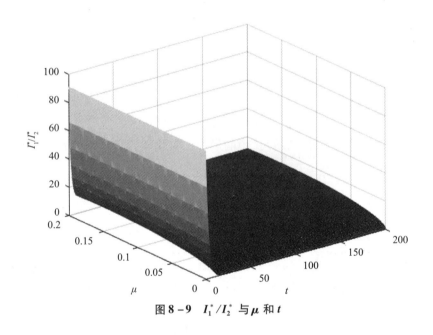

图8－9　I_1^*/I_2^* 与 μ 和 t

图8－10展示了式（8.41）中的最优值函数 $V(t)$ 随时间 t 和二氧化碳排放系数 μ 的变化规律。通过分析图8－10，我们可以发现：

（1）在 t 从0增加到200的过程中，两个国家的最优联合值函数 $V(t)$ 在初期会迅速增加，最终会逐渐稳定在一个较高水平上。

（2）两个国家的最优值函数 V 随二氧化碳排放系数 μ 的增大而减小。

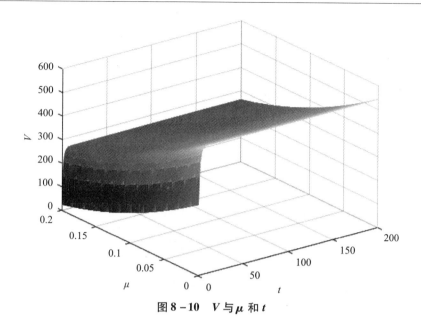

图 8 - 10 V 与 μ 和 t

二、对称情形

在本部分为了研究对称情形，我们将上述方程中的如下参数进行固定：$\alpha = 5$ 和 $\beta = 3$。

（一）二氧化碳初始排放权 F_1 和 F_2 的变化效应

在本部分，我们为了更好地研究二氧化碳初始排放权 F_1 和 F_2 的变化效应，固定如下参数：$\mu = 0.02$ 和 $k = 0.2$。在本部分的数值绘图中，我们令 F_1 和 F_2 以 0.1 的增量从 7 变化到 27。

1. 非合作微分博弈

通过将上述参数代入式（8.29）~式（8.31）和式（8.37），我们可以分别得到：

值函数的纳什均衡解为：

$$V(s) = 566.99 + 10F - 5.842s(t)$$

即时生产水平的均衡解为：

$$q^*(t) = 4.762$$

即时二氧化碳减排努力水平的均衡解为：

$$I^*(t) = 23.769 \sqrt{s(t)}$$

最优二氧化碳存量水平的变化轨迹为：

$$s(t) = 0.198 + 29.802e^{-0.961t}$$

显然，在给定的组合参数下，每个国家的最优生产水平 $q^*(t)$ 都是常数。

图 8 – 11 展示了每个国家在式（8.29）中的值函数 $V(t)$ 随二氧化碳初始排放权 F 和时间 t 变化的演化轨迹。从图 8 – 11，我们可以发现：

（1）当 t 从 0 增加到 200 时，值函数 $V_1(t)$ 和 $V_2(t)$ 开始时都是快速增加，经过一段时间后最终稳定在相对较高的状态。

（2）当 F 从 7 增加到 27 时，值函数 $V(t)$ 也会相应地增加。

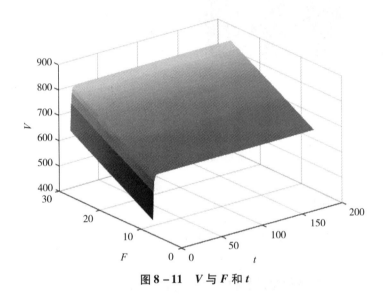

图 8 – 11 V 与 F 和 t

图 8 – 12 展示了每个国家在式（8.16）所表示中的减排努力水平 I^*

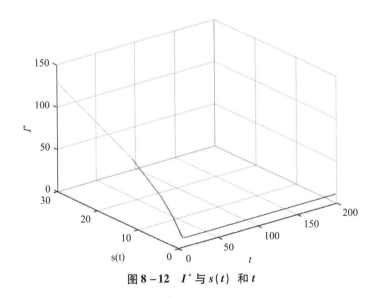

图 8 – 12 I^* 与 $s(t)$ 和 t

随二氧化碳存量水平 $s(t)$ 和时间 t 变化的演化轨迹。图 8-12 表明，二氧化碳存量水平 $s(t)$ 与最优减排努力水平 I^* 在初期会迅速减小，但最终还是会下降并逐渐稳定在一个较低的水平上。

2. 合作微分博弈

通过将上述参数代入式（8.53）~ 式（8.55）和式（8.61），通过简化，可以分别得到如下均衡解：

值函数的纳什均衡解为：

$$V(s) = 1133.98 + 20F - 11.684s(t)$$

即时生产水平的均衡解为：

$$q^*(t) = 4.762$$

即时二氧化碳减排努力水平的均衡解为：

$$I^*(t) = 23.769\sqrt{s(t)}$$

最优二氧化碳存量水平的变化轨迹为：

$$s(t) = 0.198 + 29.802e^{-0.961t}$$

显然，每个国家的最优生产水平 $q^*(t)$ 也是常数。

图 8-13 展示了每个国家在式（8.53）中的联合值函数 $V(t)$ 随二氧化碳初始排放权 F 和时间 t 变化的演化轨迹。从图 8-13，我们可以发现：

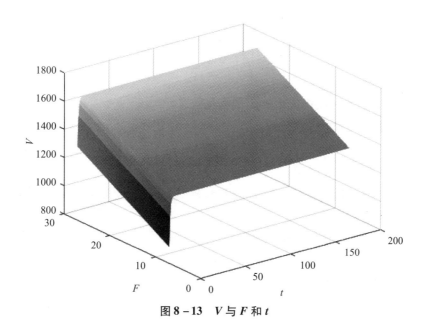

图 8-13　V 与 F 和 t

（1）当 t 从 0 增加到 200 时，联合值函数 V(t) 开始时快速增加，经过一段时间后最终达到相对稳定的状态。

（2）在 F 从 7 增加到 27 的过程中，联合值函数 V(t) 也会相应地增加。

图 8 - 14 展示了每个国家在式（8.55）中的碳减排努力水平 I^* 随式（8.49）中的二氧化碳存量水平 $s(t)$ 和时间 t 变化的演化轨迹。图 8 - 14 表明，每个国家的二氧化碳存量水平 $s(t)$ 与最优减排努力水平 I^* 在初期会迅速减小，但最终会逐渐稳定在一个较低的水平上。

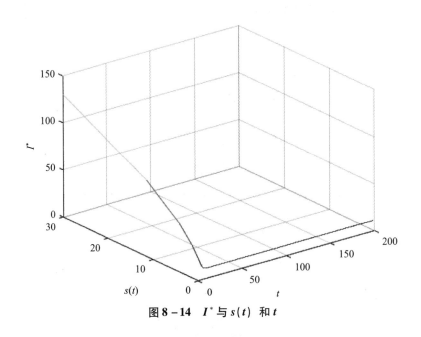

图 8 - 14 I^* 与 $s(t)$ 和 t

（二）二氧化碳排放系数 μ 的变化效应

我们研究碳排放系数 μ 的变化效应时，需要固定 $F = 6$ 和 $k = 0.2$。在本部分的数值仿真分析过程中，我们令 μ 以 0.001 为增量，从 0.0 变化到 0.2。

1. 非合作微分博弈

通过将上述参数代入式（8.29）～式（8.31）和式（8.37），我们可以分别得到：

值函数的纳什均衡解为：

$$V(s) = 685 - 2971.08\mu + 3530.92\mu^2 - 5.842s(t)$$

即时生产水平的均衡解为：

$$q^*(t) = 5 - 11.884\mu$$

即时二氧化碳减排努力水平的均衡解为：

$$I^*(t) = 23.769\sqrt{s(t)}$$

最优二氧化碳存量水平的变化轨迹为：

$$s(t) = (10.409 - 24.74\mu)\mu + (30 - 10.409\mu + 24.74\mu^2)e^{-0.961t}$$

显然，在上述给定的条件和特定参数组合下，每个国家的最优生产水平 $q^*(t)$ 均反比例于二氧化碳排放系数 μ。

图 8 - 15 展示了式（8.37）中的每个国家最优二氧化碳存量水平 $s(t)$ 随时间 t 和碳排放系数 μ 的变化规律。通过分析图 8 - 15，我们可以发现：每个国家的二氧化碳存量水平 $s(t)$ 在初期都会迅速减小，最终会逐渐稳定在一个较低水平上，但二氧化碳存量水平 $s(t)$ 会随碳排放系数 μ 的增大而增大。

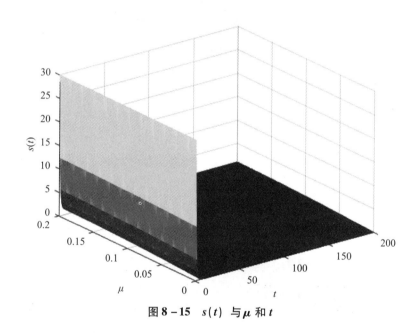

图 8 - 15　$s(t)$ 与 μ 和 t

图 8 - 16 展示了式（8.16）中的每个国家的碳减排努力水平 I^* 随时间 t 和碳排放系数 μ 的变化规律。通过分析图 8 - 16，我们可以发现：每个国家的碳减排努力水平 I^* 在初期都会迅速减小，最终会逐渐稳定在一个较低水平上，但碳减排努力水平 I^* 会随碳排放系数 μ 的增大而非常缓慢地增大。

图 8 - 17 展示了式（8.29）中的值函数 $V(t)$ 随时间 t 和碳排放系数 μ 的变化规律。通过分析图 8 - 17，我们可以发现：

（1）当时间 t 从 0 增加到 200 的过程中，值函数 $V(t)$ 在初期会迅速增加，最终会逐渐稳定在一个较高的水平上。

（2）当 μ 从 0.0 增加 0.2 的过程中，值函数 $V(t)$ 会不断减小。

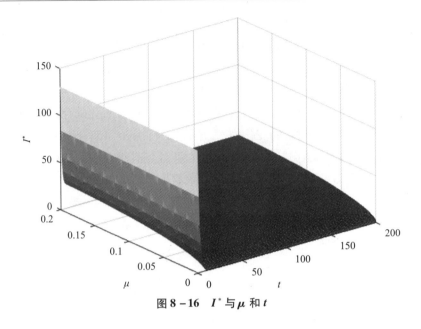

图 8 – 16 I^* 与 μ 和 t

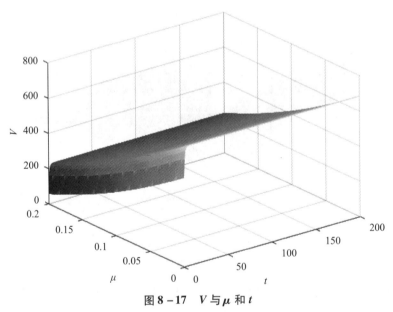

图 8 – 17 V 与 μ 和 t

2. 合作微分博弈

通过将上述参数代入式 (8.53) ~ 式 (8.55) 和式 (8.61)，简化后，我们可以分别得到如下纳什均衡解：

值函数的纳什均衡解为：

$$V(s) = 1370 - 5942.16\mu + 7061.84\mu^2 - 11.684s(t)$$

即时生产水平的均衡解为：

$$q^*(t) = 5 - 11.884\mu$$

即时碳减排努力水平的均衡解为：

$$I^*(t) = 23.769\sqrt{s(t)}$$

二氧化碳的最优存量水平的变化轨迹为：

$$s(t) = (10.409 - 24.74\mu)\mu + (30 - 10.409\mu + 24.74\mu^2)e^{-0.961t}$$

从以上均衡解的表达式可知，在给定的上述条件和特定参数组合下，最优生产水平 $q^*(t)$ 均反比例于二氧化碳排放系数 μ。

图 8 – 18 展示了式（8.61）中的二氧化碳最优存量水平 $s(t)$ 随时间 t 和碳排放系数 μ 的变化规律。通过分析图 8 – 18，我们可以发现：两个国家的二氧化碳存量水平 $s(t)$ 在初期都会迅速减小，最终会逐渐稳定在一个较低水平上，但二氧化碳存量水平 $s(t)$ 基本不受碳排放系数 μ 的影响。以上也能够表明：二氧化碳最优存量水平长期保持在一个较低的水平上。

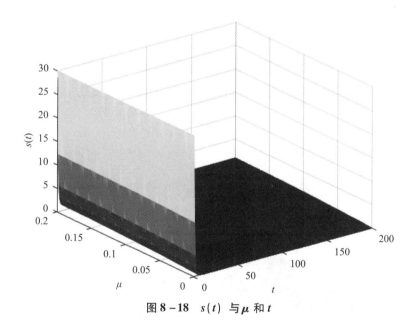

图 8 – 18　$s(t)$ 与 μ 和 t

图 8 – 19 展示了式（8.55）中的二氧化碳最优减排努力 I^* 随时间 t 和碳排放系数 μ 的变化规律。通过分析图 8 – 19，我们可以发现：最优碳减排努力 I^* 在初期会迅速减小，最终会逐渐稳定在一个较低水平上，但二氧化碳的最优减排努力 I^* 随碳排放系数 μ 的增大而增大得较为缓慢。

以上也能够表明：二氧化碳的最优碳减排努力水平长期保持在一个较低的水平上。

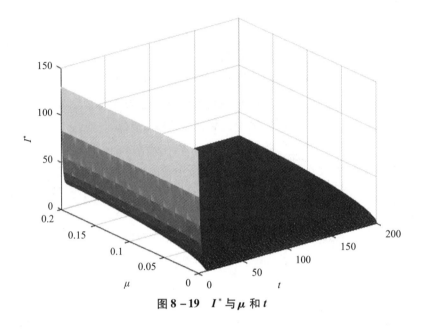

图 8 – 19 I^* 与 μ 和 t

图 8 – 20 展示了式（8.53）中的最优联合值函数 $V(t)$ 随时间 t 和碳排放系数 μ 的变化规律。通过分析图 8 – 20，我们可以发现：

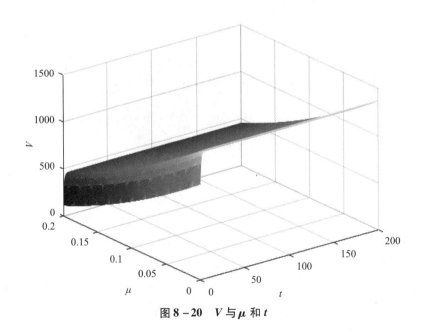

图 8 – 20 V 与 μ 和 t

（1）在 t 从 0 增加到 200 的过程中，最优联合值函数 $V(t)$ 在初期会迅速增加，最终会逐渐稳定在一个较高水平上。

（2）在 μ 从 0 变化到 0.2 的过程中，最优值函数 $V(t)$ 随碳排放系数 μ 的增大而减小。

第七节　博弈收益的讨论

在这一部分，我们仅仅考虑碳排放系数 μ 对收益分配的影响。为了便于分析这一节的收益问题，我们将一些参数进行固定如下：$r = 0.02$，$\varepsilon = 0.01$，$\gamma = 0.02$，$\alpha_1 = 1$，$\alpha_2 = 4$，$\beta_1 = 1$，$\beta_2 = 2$，$F_1 = 7$，$F_2 = 5$，$k = 0.2$，$\alpha = 5$ 和 $\beta = 3$。

一、合作收益

在本节的数值模拟分析过程中，我们令 μ 以 0.01 为增量，从 0 变化到 1。

定义 8.1　合作收益是指合作博弈的总收益与非合作博弈的总收益之差。

定义 8.2　一个合作合约是可行的，当且仅当合作微分博弈的总收益大于非合作微分博弈的总收益。

对称博弈的合作收益 CP_{cs} 与非对称博弈的合作收益 CP_{ca} 可以分别表示为：

$$CP_{cs} = 0$$

$$CP_{ca} = 185.29\mu + 486.82\mu^2 - (243.06 - 60.09\mu + 199.54\mu^2)e^{-0.674t}$$
$$+ (286.53 - 117.03\mu + 232.92\mu^2)e^{-0.408t}$$

显然，对称博弈是不存在合作收益的。在非对称博弈中，其存在合作收益的充分条件是 $CP_{ca} \geqslant 0$。该充分条件可以表示在图 8-21 中。

图 8-21 展示了非对称博弈中合作收益 CP_{ca} 随碳排放系数 μ 和时间 t 的变化规律。通过分析图 8-21，我们还可以发现：

（1）在 t 从 0 增加到 200 的过程中，合作收益 CP_{ca} 在初期会迅速增加，最终会逐渐稳定在一个较高水平上。

（2）在 μ 从 0 增加到 1 的过程中，合作收益 CP_{ca} 基本不受碳排放系数 μ 的影响。

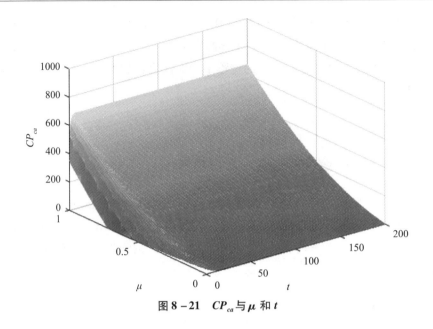

图 8−21 CP_{ca} 与 μ 和 t

注8.3 在起始时间 $t=0$ 时，非对称博弈中的合作收益的可行性条件是 $\mu \geqslant 0.41$。

二、对称收益

在本部分的分析过程中，我们令 μ 以 0.01 为增量，从 0 变化到 0.4。

定义8.3 对称收益是对称微分博弈的收益与非对称微分博弈收益之间的差。

定义8.4 一个对称合约是可行的，当且仅当对称博弈的总收益大于非对称博弈的总收益。

合作微分博弈的对称收益 CP_{sc} 与非合作微分博弈的对称收益 CP_{sn} 可以分别表示为：

$$CP_{sc} = 825 - 3928.19\mu + 3705.19\mu^2 - 11.68(30 - 10.41\mu + 24.74\mu^2)e^{-0.961t}$$
$$+ 8.1(30 - 7.42\mu + 24.63\mu^2)e^{-0.674t}$$

$$CP_{sn} = 825 - 3742.9\mu + 4192\mu^2 - 9.55(30 - 12.25\mu + 24.39\mu^2)e^{-0.408t}$$
$$- 11.68(30 - 10.41\mu + 24.74\mu^2)e^{-0.961t}$$

在合作与非合作博弈中，对称合约可行性的充分条件分别是 $CP_{sc} \geqslant 0$ 和 $CP_{sn} \geqslant 0$。上述充分条件可表示如图 8−22 所示。

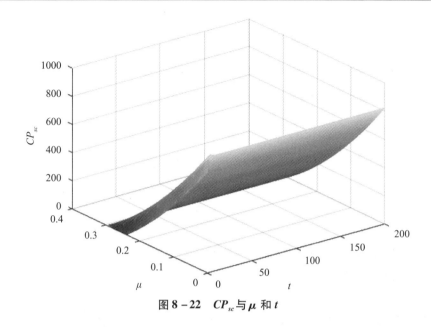

图 8 - 22　CP_{sc} 与 μ 和 t

图 8 - 22 展示了合作博弈中的对称收益 CP_{sc} 随碳排放系数 μ 变化的规律。当碳排放系数 μ 增加时，对称收益 CP_{sc} 随之减小。

图 8 - 23 展示了非合作博弈中的对称收益 CP_{sn} 随碳排放系数 μ 变化的规律。当碳排放系数 μ 增加时，对称收益 CP_{sn} 随之减小。

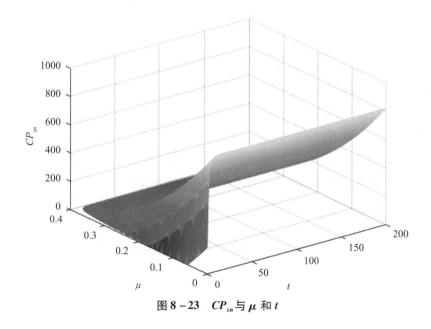

图 8 - 23　CP_{sn} 与 μ 和 t

注8.4 在初始时间 $t = 0$ 时，合作微分博弈的对称收益为：$0 \leqslant \mu \leqslant 0.24$ 或 $\mu \geqslant 0.83$。

注8.5 在初始时间 $t = 0$ 时，非合作微分博弈的对称收益为：$0 \leqslant \mu \leqslant 0.06$ 或 $\mu \geqslant 0.79$。

第八节　本章小结

在本章的研究中，我们是基于"总量封顶和排放权交易制度"框架，提出了一个无限期间的合作/非合作微分博弈模型，用以描述双寡头国家的生产计划和二氧化碳减排战略优化问题。我们通过运用 HJB 方程求得对称/非对称反馈解。

作为双寡头的两个国家都需要同时做出两个决策：在"总量封顶和排放权交易制度"框架下确定生产多少产品和减少多少二氧化碳的排放。后者的决策包含在确定产量后还需要确定减少多少二氧化碳的排放或者购买或者售出多少碳排放权。而且，这两个决策都会直接影响二氧化碳的存量水平，当然这些二氧化碳也会对上述两个决策产生一些负面影响。

从上述分析可以发现，碳排放系数和污染物初始排放权对生产计划和碳减排策略会产生重大影响。这些影响包括：

（1）随着二氧化碳排放系数的增加，生产数量会下降，而碳减排努力水平和收益都会增加。

（2）随着二氧化碳初始排放权的增加，生产数量、二氧化碳减排努力和收益都会增加，但二氧化碳的减排量会减少。

如上所述，碳减排系数和碳排放权的治理政策都会非常大地影响每个国家的决策。然而，新的清洁技术的开发一般会在研发和日常运营等方面耗费非常高的成本，但如何在两个国家之间分摊此成本就是一个非常有意思的研究主题。而且，上述均衡点也会在不确定条件下发生振动。

当然，本章还可以在如下几个方面进行有趣的拓展研究：

（1）本章的研究是基于确定性的环境破坏假设的，这种假设可以使问题更容易处理。一个进一步的扩展研究是，可以考虑环境破坏是不确定的，这就需要运用随机微分博弈进行描述该问题了。

（2）本章的微分博弈是基于环境破坏成本仅基于总的污染物存量水平，并不考虑空间扩散问题。其中的一种实现方式就是运用偏微分方程来考虑空间扩散问题。

（3）本章的微分博弈仅受污染物存量水平的约束。如果排污权是以动态价格进行交易，那么就可以考虑 2 个或者更多个动态约束，如第七章（Xin & Sun，2018）所述。

第九章 研究结论与政策建议

中共十九大报告指出："构建市场导向的绿色技术创新体系，发展绿色金融，壮大节能环保产业、清洁生产产业、清洁能源产业。推进能源生产和消费革命，构建清洁低碳、安全高效的能源体系。"本书研究成果可以为国家制定环保产业政策、推动清洁生产产业与清洁能源产业的发展提供理论依据，进而构建更加绿色和高效的生产和消费体系，贯彻习近平总书记"绿水青山就是金山银山"的战略发展理念。

第一节 研究结论

本书主要从作为追逐收益最大化的寡头企业和作为社会整体福利最大化的政府这两个角色，通过构建嵌入用能权的寡头差分博弈、嵌入水权的寡头微分博弈、嵌入排污权的双边匹配寡头博弈、嵌入碳排放权的随机寡头微分博弈和嵌入碳排放权的跨界寡头微分博弈等模型，分析其动态演化与优化规律，得出如下三个结论：

一、生态产权要素能够明显影响企业的生产决策

寡头企业在产品定价或者产量决策的同时要考虑生态产权要素，将生态产权要素的初始配额数量、节约资源或减少排放后的生态产权售出收益、过量使用资源或污染物排放后的生态产权购买成本以及节约资源或减少污染物排放行为的成本等因素与产品定价或产量决策融合在一起考虑，确定其最优的生产计划与节约生态产权要素的决策。也就是说，企业始终在考虑如何将产能与节约生态产权要素的行为组合为一种最优的状态，以实现其整体收益最大。这样，我们就可以将作为个体的企业收益与作为集体的社会福利捆绑为一个整体进行考虑，避免过于偏颇的非理性决策。

二、生态产权要素可以作为政府调控社会生产与环境保护的工具

通过分析以上五类社会福利博弈优化模型，我们可以发现：对于政府来讲，其可以通过调整生态产权要素的价格或者初始生态产权分配配额来平衡寡头企业的生产计划决策与节约生态产权要素数量的决策。在生态产权短缺时期，政策部门完全可以适当提高生态产权要素市场的保留价格并适当减少初始生态产权要素配额，去引导寡头企业采取节约资源或减少污染物排放策略，以达到缓解资源短缺或污染物浓度过高的压力的目的。如果市场出现产品短缺时，政府部门可以通过适当降低生态产权要素市场的保留价格并增加初始生态产权要素配额，去引导寡头企业采取增加产品产量的策略，以达到缓解产品短缺压力的目的。因而，政策制定者需要决定一个生态产权要素市场保留价格和寡头企业初始生态产权要素配额的最优组合。

三、生态产权要素能够明显影响社会整体福利水平

本书不仅研究了寡头企业的博弈，还考虑了政府从社会整体福利管理者的角色如何进行博弈。生态资源资产化不仅有利于实现生态产权要素的增值性和可流转性，而且有利于政府将用能权、水权、排污权和碳排放权等生态产权要素考虑进其博弈过程之中，有利于将因企业生产所造成的生态环境破坏的外部性成本内化为企业生产成本，倒逼寡头企业走清洁生产和绿色发展之路，有效推进生态保护、资源节约和污染减排，集成设计合理的生态市场与产品市场机制，协调好企业生产与生态文明建设之间的结构性关系，从而提升社会整体福利水平。

第二节　政　策　建　议

就本质而言，生态保护的行为主体追求公益，而传统寡头企业等行为主体则追求个体利益，嵌入生态产权要素的寡头博弈模型恰恰可以让这两类原本相悖的价值理念有机融合在一起，搭建好连接经济行为和环境行为之间的桥梁，将因企业生产所造成的生态环境破坏的外部性成本内化为企业生产成本，倒逼寡头企业走洁净生产和绿色发展之路，有效推进生态保护、资源节约和污染减排。我们可以提出以下四条政策建议：

一、构建平衡生态环境公益与寡头企业私益的动态机制

对于寡头企业而言，它们追求个体利益的生产活动会消耗生态资源并破坏生态环境，二者是冲突的；对于政府而言，它作为维护公共利益的制度供给者，不仅要保证社会的经济产品供给还要保证社会生态环境的保护，二者也是冲突的。利用本成果可以构建嵌入生态产权要素的寡头博弈模型，将保护生态环境与追求经济利益原本冲突的行为融合为一体，将因企业生产所造成的生态环境破坏的外部性成本内化为企业生产成本，构建平衡生态环境公益与寡头企业私益的动态机制，协调好企业生产与生态文明建设之间的结构性关系，从而促使整个国家的经济结构转型升级。

二、建立健全生态产权制度，确保企业真正成为生态产权要素市场交易主体

生态产权反映生态资源的经济价值，引导企业自主选择、节能节水、治污减排。尽管本书已经研究表明：生态产权要素价格或者初始生态产权要素分配配额可以明显地影响寡头企业的生产计划决策与节约资源数量的决策。但是，如果生态产权要素市场不健全，企业失去交易的市场主体地位，交易成本过高，企业生态产权要素交易的动力就会大大消减。进而，就会出现类似排污权交易"十年推而不广，叫好不叫座"的怪象。究其原因在于，现阶段，从国家到地方，政策文件都提出政府可以对排污权进行收储、出让与转让，这使地方政府也成为排污权交易市场上的主体之一，与企业一样进行着交易行为。也就是说，地方政府既是规则制定者，又是市场参与者，排污权交易市场企业独立性不足，交易成本过高，积极性较低。

全国的主要排污权交易市场主要集中在一级市场阶段，即企业与政府交易市场，是一种变相的生态产权要素收费方式（如排污权交易是一种变相收取排污费税的方式）。二级市场是企业之间进行生态产权要素交易的，基本没有政府作为交易主体身份介入，便可以通过市场手段倒逼企业主动治污减排，减排效果好的企业还能"赚钱"。因而，政府需要在稳住"一级市场"的基础上，不断活跃"二级市场"，建立健全生态产权要素制度，发挥节水节能、减少排放、控制污染和降低生态总成本的作用。

三、完善以生态产权要素制度为核心的生态文明的制度体系

中共十八大和中共十九大都倡导建立现代生态文明制度体系。以生态

产权要素为核心的生态文明体系主要包括两个大的方面：一方面是生态产权要素的确权与保护；另一方面是生态产权要素的使用与管控。前者需要全面建立生态要素资产产权制度和保护制度，对生态资源进行统一确权登记，同时划定生产、生活、生态空间开发管制界限，落实用途管制，特别是能源、水源、土地节约集约的使用制度；后者需要实行生态资源的有偿使用和交易制度，发展生态产权要素交易的一级和二级市场，推行生态产权要素交易制度，建立吸引社会资本投入生态产权要素的市场化机制，推行生态问题的第三方治理。

四、完善政府节能减排机制，加强节能碳减排政策执行力度

"十二五"以来，我国出台了一系列的节能减排政策，以求提高居民和企业的节能减排环保意识，有效降低能耗和碳排放量。另外，政府在2011年批准开展了的CET试点城市，并在2017年的全国人大十九次会议上再次强调了推动低碳事业发展的重要性，为我国能源和碳交易市场发展提供了保障和支持。据调查，2017我国单位GDP的二氧化碳排放量比2005年下降了46%，超过了2020年碳强度下降40%～45%的上限目标。然而，我国能源和碳交易市场还很不完善，CET市场也很不成熟，需要采取有效措施推动其发展。从政府角度来讲，要想提高碳排放企业的碳净化力度，除了本书中考虑的初始碳配额和CET政策制度外，还需要对碳排放企业的生产过程进行正确引导，实施奖惩并举的措施，例如：

（1）提供节能减排补贴。提高耗能高碳排放企业的参与度和节能减排投资力度。在节能减排事业发展初期，居民及碳排放企业的节能低碳环保意识还不够强烈的情况下，通过提供节能减排补贴来促进并加强碳排放企业的节能低碳行动是必要的。另外，当节能低碳事业发展到一定程度后，可以降低补贴力度。

（2）增加碳税。加强对不符合低碳要求企业的打击力度，对其超额排放部分实施巨额罚款，必要时将该企业关闭。

（3）建立合理的奖励机制。举办"年度低碳环保企业"评选，对优秀的符合节能低碳环保要求的企业实施奖励。在居民节能低碳意识逐渐增强的时代，这种评选活动不仅可以深化居民和企业的节能低碳意识，而且能够对企业起到一定的宣传作用，扩大企业品牌效应，提高其市场竞争力。

（4）扩大节能低碳环保宣传力度，提高碳排放企业和消费者的节能低

碳意识，使其自觉投身节能低碳环保事业，如举办节能低碳环保公益活动等。

（5）采取有效措施，完善 CET 市场。《巴黎协定》提出以来，CET 市场逐渐成长为第一大商品交易市场，碳权作为第一大商品在 CET 市场中流通。因此可借助供需平衡理论相关影响因素对 CET 市场进行合理控制，如 CET 价格影响因素，CET 宏观经济政策、消费者节能低碳意识等，建立健全 CET 市场。

（6）完善匹配—博弈机制。提高寡头和节能减排技术供应商在节能减排技术投资方面的匹配稳定性，为企业节能减排技术投资制定一定的规范，从而提高其决策的可靠性，帮助企业选择最适合自己的节能减排技术，实现经济效用和环境效用共同提高，从而实现社会有限资源的优化配置。

参 考 文 献

[1] 安新代，殷会娟．国内外水权交易现状及黄河水权转换特点 [J]．中国水利，2007（19）：35 – 37.

[2] 曹可亮．论"水权"概念在美国的界定 [J]．理论月刊，2009，24（5）：159 – 161.

[3] 曹明德．论我国水资源有偿使用制度——我国水权和水权流转机制的理论探讨与实践评析 [J]．中国法学，2004（1）：77 – 86.

[4] 曹文婷．中国水权交易制度研究 [D]．北京：中国政法大学，2007.

[5] 柴方营，李友华，于洪贤．国外水权理论和水权制度 [J]．东北农业大学学报（社会科学版），2005，3（1）：20 – 22.

[6] 陈波．中国碳排放权交易市场的构建及宏观调控研究 [J]．中国人口·资源与环境，2013，23（11）：9 – 15.

[7] 陈德湖，李寿德，蒋馥．寡头垄断和排污权初始分配 [J]．系统工程，2004，22（10）：51 – 53.

[8] 陈德湖．基于一级密封拍卖的排污权交易博弈模型 [J]．工业工程，2006，9（3）：49 – 51.

[9] 陈德湖．总量控制下排污权拍卖理论与政策研究 [M]．北京：经济科学出版社，2014.

[10] 陈栋．"有偿用能"倒逼企业转型升级 [N]．湖州日报，2015 – 09 – 26.

[11] 陈海嵩．可交易水权制度构建探析——以澳大利亚水权制度改革为例 [J]．水资源保护，2011，27（3）：91 – 94.

[12] 陈洪转，羊震，杨向辉．我国水权交易博弈定价决策机理 [J]．水利学报，2006，37（11）：1407 – 1410.

[13] 陈洪转，杨向辉，羊震．中国水权交易定价决策博弈分析 [J]．

系统工程, 2006, 24 (4): 49 - 53.

[14] 陈继光. 基于乘性加权算子的水权分配群决策 [J]. 水电能源科学, 2011, 29 (6): 134 - 136.

[15] 陈洁, 郑卓. 基于成本补偿的水权定价模型研究 [J]. 价值工程, 2008, 27 (12): 20 - 23.

[16] 陈洁. 我国风电企业排污权期权交易研究 [J]. 金融理论与实践, 2012 (8): 86 - 89.

[17] 陈磊, 张世秋. 排污权交易中企业行为的微观博弈分析 [J]. 北京大学学报 (自然科学版), 2005, 41 (6): 926 - 934.

[18] 陈立芸, 刘金兰, 王仙雅. 天津市碳排放权定价及成本节约效果分析 [J]. 管理现代化, 2014 (2): 15 - 17.

[19] 陈立芸, 刘金兰, 王仙雅, 等. 基于 DDF 动态分析模型的边际碳减排成本估算——以天津市为例 [J]. 系统工程, 2014 (9): 74 - 80.

[20] 陈龙, 李寿德. 流域初始排污权分配的 AHP 法及其应用研究 [J]. 上海管理科学, 2011, 33 (5): 109 - 112.

[21] 陈文颖, 吴宗鑫. 碳排放权分配与碳排放权交易 [J]. 清华大学学报 (自然科学版), 1998 (12): 15 - 18.

[22] 陈晓红, 王陟昀. 欧洲碳排放权交易价格机制的实证研究 [J]. 科技进步与对策, 2010, 27 (19): 142 - 147.

[23] 陈旭, 李仕明. 产业集群内双寡头企业合作创新博弈分析 [J]. 管理学报, 2007, 4 (1): 94 - 99.

[24] 陈艳萍, 吴凤平. 基于演化博弈的初始水权分配中的冲突分析 [J]. 中国人口・资源与环境, 2010, 20 (11): 48 - 53.

[25] 陈正义, 赖明勇. 寡头电信企业价格决策微分博弈模型及其分析 [J]. 财经理论与实践, 2011, 32 (3): 110 - 113.

[26] 陈忠. 排污权交易制度的经济学分析 [J]. 中共福建省委党校学报, 2004 (5): 45 - 47.

[27] 陈忠全, 徐雨森, 杨海峰. 基于 Shapley 分配的排污权交易联盟博弈 [J]. 系统工程, 2016 (1): 34 - 40.

[28] 程发新, 邵世玲, 徐立峰, 等. 基于政府补贴的企业主动碳减排最优策略研究 [J]. 中国人口・资源与环境, 2015, 25 (7): 32 - 39.

［29］ 崔传华. 水权初始分配方法初探 ［J］. 海河水利, 2005 (4)：5-6.

［30］ 崔建远. 水权与民法理论及物权法典的制定 ［J］. 法学研究, 2002 (3)：37-62.

［31］ 崔也光, 周畅. 京津冀区域碳排放权交易与碳会计现状研究 ［J］. 会计研究, 2017 (7)：3-10.

［32］ 戴天晟, 顾宝炎, 赵文会. 基于纳什均衡理论的水权交易问题分析 ［J］. 哈尔滨理工大学学报, 2011, 16 (1)：132-134.

［33］ 单以红. 水权市场建设与运作研究 ［D］. 南京：河海大学, 2007.

［34］ 刁新军, 杨德礼, 胡润波. 基于 Stackelberg 博弈均衡的双寡头企业竞争策略 ［J］. 运筹与管理, 2008, 17 (6)：20-25.

［35］ 丁胜红, 周红霞. 政企博弈、市场均衡与碳排放权的最优边界 ［J］. 学习与实践, 2014 (11)：36-43.

［36］ 丁占文, 葛栋梁, 蒋书敏. 基于多期有限理性的可再生资源寡头博弈模型与分析 ［J］. 运筹与管理, 2013 (5)：140-145.

［37］ 窦明, 王艳艳, 李胚. 最严格水资源管理制度下的水权理论框架探析 ［J］. 中国人口·资源与环境, 2014, 24 (12)：132-137.

［38］ 窦一杰. 消费者偏好、市场准入与产品安全水平：基于双寡头两阶段博弈模型分析 ［J］. 运筹与管理, 2015, 24 (1)：149-156.

［39］ 杜清燕. 我国碳排放影子价格的研究 ［D］. 成都：西南财经大学, 2013.

［40］ 杜少甫, 董骏峰, 梁樑, 等. 考虑排放许可与交易的生产优化 ［J］. 中国管理科学, 2009, 17 (3)：81-86.

［41］ 杜振华, 谌海云, 石明江, 等. 线性系统的奇异最优控制方法研究 ［J］. 制造业自动化, 2013, 35 (8)：96-97.

［42］ 段兆昌. 我国水权交易法律制度研究 ［D］. 开封：河南大学, 2011.

［43］ 樊治平, 陈希. 电子中介中基于公理设计的多属性交易匹配研究 ［J］. 管理科学, 2009, 22 (3)：83-88.

［44］ 范定祥, 范晓阳. 排污权价格实现模式的贝叶斯博弈分析 ［J］. 资源开发与市场, 2010, 26 (12)：1086-1088.

［45］ 冯亮明, 肖友智. 企业碳排放权需求变量及其影响分析 ［J］. 福建农林大学学报 (哲学社会科学版), 2007, 10 (5)：47-51.

［46］冯文琦，纪昌明．水资源优化配置中的市场交易博弈模型［J］．华中科技大学学报（自然科学版），2006，34（11）：83 - 85.

［47］付强，郑长德．碳排放权初始分配方式及我的选择［J］．西南民族大学学报（人文社科版），2013（10）：152 - 157.

［48］傅春，胡振鹏．水权、水权转让与南水北调工程基金的设想［J］．中国水利，2001（2）：29 - 30.

［49］高而坤．中国水权制度建设［M］．北京：中国水利水电出版社，2007.

［50］高广生．气候变化与碳排放权分配［J］．气候变化研究进展，2007，3：87 - 91.

［51］龚利，郭菊娥，张国兴．可进入与退出的不对称双寡头投资博弈模型［J］．中国管理科学，2010，18（1）：52 - 57.

［52］关涛．民法中的水权制度［J］．烟台大学学报（哲学社会科学版），2002，15（4）：389 - 396.

［53］郭洁．水权交易中新的定价方法——实物期权方法［J］．中国农村水利水电，2006（4）：42 - 44.

［54］郭军华，李帮义，倪明．双寡头再制造进入决策的演化博弈分析［J］．系统工程理论与实践，2013，33（2）：370 - 377.

［55］韩国文，代木林，杨迪，等．碳排放权定价的理论与实证研究［J］．武汉理工大学学报（信息与管理工程版），2014（5）：722 - 725.

［56］韩敬稳，赵道致，秦娟娟．Bertrand双寡头对上游供应商行为的演化博弈分析［J］．管理科学，2009，22（2）：57 - 63.

［57］郝海青．欧美碳排放权交易法律制度研究［M］．青岛：中国海洋大学出版社，2011.

［58］何晶晶．构建中国碳排放权交易法初探［J］．中国软科学，2013（9）：10 - 22.

［59］何梦舒．我国碳排放权初始分配研究——基于金融工程视角的分析［J］．管理世界，2011（11）：172 - 173.

［60］何暑子，范从来．人民币升值对出口企业研发活动的影响——异质企业双寡头博弈分析［J］．经济管理，2012（5）：1 - 9.

［61］洪江涛，陈俊芳．企业动态竞争战略选择的微分博弈分析［J］．上海交通大学学报，2007，41（12）：1975 - 1978.

[62] 洪涓，陈静．我国碳交易市场价格影响因素分析 [J]．价格理论与实践，2009（12）：65 – 66.

[63] 胡鞍钢，王亚华．转型期水资源配置的公共政策：准市场和政治民主协商 [J]．中国水利，2000（11）：5 – 11.

[64] 胡继连，葛颜祥，周玉玺．水权市场与农用水资源配置研究：兼论水利设施产权及农田灌溉的组织制度 [M]．北京：中国农业出版社，2005.

[65] 胡民．基于交易成本理论的排污权交易市场运行机制分析 [J]．理论探讨，2006（5）：83 – 85.

[66] 胡民．排污权定价的影子价格模型分析 [J]．价格月刊，2007（2）：19 – 22.

[67] 胡晓寒，纪昌明，王丽萍．基于优化和博弈理论的农业用户间水权交易分析 [J]．水利学报，2010，41（5）：608 – 612.

[68] 胡学萃．企业用能权将如何交易 [N]．第一财经日报，2015 – 11 – 18（A3）.

[69] 胡妍斌．排污权交易问题研究 [D]．上海：复旦大学，2003.

[70] 胡支军，赵波．双寡头动态定位定价博弈分析 [J]．运筹与管理，2003，12（2）：27 – 30.

[71] 胡宗义，刘亦文．能源消耗、污染排放与区域经济增长关系的空间计量分析 [J]．数理统计与管理，2015（1）：1 – 9.

[72] 胡宗义，唐李伟，苏静．省域碳排放强度的收敛性与动态演进 [J]．资源科学，2015，37（1）：142 – 151.

[73] 黄平，王宇露．我国碳排放权价格形成的研究——基于 CDM 项目的价值网络分析 [J]．价格理论与实践，2010（8）：24 – 25.

[74] 黄锡生．论水权的概念和体系 [J]．现代法学，2004，26（4）：134 – 138.

[75] 姜国辉，张如强，李玉清，等．基于水市场的水权水资源税博弈分析 [J]．中国农村水利水电，2012（5）：160 – 162.

[76] 姜文来．水权及其作用探讨 [J]．中国水利，2000（12）：13 – 14.

[77] 蒋忠中，喻海飞，盛莹．电子中介中多数量的多属性商品交易匹配模型与算法 [J]．系统管理学报，2010，19（5）：593 – 600.

[78] 金常飞，曹二保，赖明勇．双寡头零售市场绿色营销演化博弈分析 [J]．系统工程学报，2012，27（3）：383 – 389.

[79] 金帅. 排污权交易系统分析及优化研究：复杂性科学视角 [M]. 南京：南京大学出版社，2013.

[80] 康芒斯. 制度经济学 [M]. 北京：商务印书馆，1962.

[81] 孔珂，解建仓，岳新利，等. 水市场的博弈分析 [J]. 水利学报，2005，36（4）：491 – 495.

[82] 赖纯见，陈迅. 房地产寡头有限理性博弈模型的复杂性分析 [J]. 系统工程学报，2013，28（3）：285 – 296.

[83] 雷玉桃，周雯. 广州市二氧化硫初始排污权分配模型研究 [J]. 环境科学与技术，2013（7）：177 – 182.

[84] 李爱年，詹芳. 排污权交易与环境税博弈下的抉择——以构建排污权交易制度为视角 [J]. 时代法学，2012，10（2）：60 – 66.

[85] 李登峰. 微分对策及其应用 [M]. 北京：国防工业出版社，2000.

[86] 李东英，胡见义. 东北地区有关水土资源配置、生态与环境保护和可持续发展的若干战略问题研究 [M]. 北京：科学出版社，2007.

[87] 李冬冬，杨晶玉. 基于跨期排污权交易的最优环境监管策略 [J]. 系统管理学报，2017（5）：933 – 940.

[88] 李刚军，李娟，李怀恩，等. 基于标度转换的模糊层次分析法在宁夏灌区水权分配中的应用 [J]. 自然资源学报，2007，22（6）：872 – 879.

[89] 李海红，王光谦. 水权交易中的水价估算 [J]. 清华大学学报（自然科学版），2005，45（6）：768 – 771.

[90] 李浩. 水权转换市场的建设与管理研究 [D]. 泰安：山东农业大学，2012.

[91] 李炯. 区域碳排放权市场制度及运行模式研究 [M]. 北京：中国社会科学出版社，2016.

[92] 李凯杰，曲如晓. 碳排放交易体系初始排放权分配机制的研究进展 [J]. 经济学动态，2012（6）：130 – 138.

[93] 李磊. 我国水权交易的新思路——实物期权交易 [J]. 价格理论与实践，2004（8）：54 – 55.

[94] 李良序，罗慧. 中国水资源管理博弈特征分析 [J]. 中国人口·资源与环境，2006，16（2）：37 – 41.

[95] 李梦. 美国西部先占水权制度研究 [D]. 厦门: 厦门大学, 2014.

[96] 李铭洋, 樊治平, 乐琦. 考虑稳定匹配条件的一对多双边匹配决策方法 [J]. 系统工程学报, 2013, 28 (4): 454 - 463.

[97] 李寿德, 黄采金, 顾孟迪, 等. 基于排污权交易的厂商污染治理新技术投资决策的期权博弈模型 [J]. 系统管理学报, 2007, 16 (6): 701 - 705.

[98] 李寿德, 黄采金, 魏伟, 等. 排污权交易条件下寡头垄断厂商污染治理 R&D 投资与产品策略 [J]. 系统管理学报, 2013, 22 (4): 586 - 591.

[99] 李寿德, 黄桐城. 初始排污权的免费分配对市场结构的影响 [J]. 系统管理学报, 2005, 14 (4): 294 - 298.

[100] 李寿德, 黄桐城. 初始排污权分配的一个多目标决策模型 [J]. 中国管理科学, 2003, 11 (6): 40 - 44.

[101] 李寿德, 王家祺. 初始排污权不同分配下的交易对市场结构的影响研究 [J]. 武汉理工大学学报 (交通科学与工程版), 2004, 28 (1): 40 - 43.

[102] 李寿德, 王家祺. 初始排污权免费分配下交易对市场结构的影响 [J]. 武汉理工大学学报 (信息与管理工程版), 2003, 25 (5): 122 - 125.

[103] 李寿德, 王家祺. 排污权交易制度的经济学基础分析 [J]. 武汉理工大学学报 (信息与管理工程版), 2004, 26 (4): 169 - 173.

[104] 李寿德, 薛耀文. 排污权交易制度下厂商与环保部门之间的非合作博弈分析 [J]. 太原科技大学学报, 2005, 26 (3): 233 - 236.

[105] 李寿德. 排污权交易的条件、功能与存在的问题探析 [J]. 科研管理, 2003, 24 (6): 21 - 27.

[106] 李晓华, 谭旭东. 对中国移动、中国联通价格竞争的一种解释——存在转换成本的双寡头价格博弈 [J]. 经济管理, 2006 (7): 80 - 83.

[107] 李燕玲. 国外水权交易制度对我国的借鉴价值 [J]. 水土保持应用技术, 2003 (4): 12 - 15.

［108］李长杰，王先甲，范文涛．水权交易机制及博弈模型研究 ［J］．系统工程理论与实践，2007，27（5）：90－94.

［109］李志学，张肖杰，董英宇．中国碳排放权交易市场运行状况、问题和对策研究［J］．生态环境学报，2014（11）：1876－1882.

［110］梁海明，姜艳萍．二手房组合交易匹配决策方法［J］．系统工程理论与实践，2015，35（2）：358－367.

［111］梁琳琳，齐中英．考虑需求因素的国际石油市场寡头厂商博弈模型［J］．管理工程学报，2009，23（4）：160－162.

［112］梁素玟．水权市场与河北省农用水资源管理研究［D］．保定：河北农业大学，2005.

［113］林云华，严飞．初始排污权免费分配对市场结构和市场效率的影响［J］．三峡论坛，2010（2）：102－105.

［114］林云华．排污权影子价格模型的分析及启示［J］．环境科学与管理，2009，34（2）：16－19.

［115］刘斌．关于水权的概念辨析［J］．中国水利，2003（1）：32－33.

［116］刘斌．浅议初始水权的界定［J］．水利发展研究，2003，3（2）：26－27.

［117］刘畅，顾春．企业用能随意不成［N］．人民日报，2016－01－15（2）.

［118］刘芳，刘琪．碳排放权交易拍卖机制博弈分析［J］．现代经济信息，2015（11）.

［119］刘玒玒，汪妮，解建仓，等．基于蚁群算法的水资源优化配置博弈分析［J］．西北农林科技大学学报（自然科学版），2014，42（8）：205－211.

［120］刘嘉．水权概念和体系的探析——基于资源水与产品水的划分视角［J］．当代财经，2012（6）：26－34.

［121］刘军，李成金．产量—价格策略下的双寡头动态多维博弈［J］．中国管理科学，2008，16（6）：150－155.

［122］刘明明．论构建中国用能权交易体系的制度衔接之维［J］．中国人口·资源与环境，2017（10）：217－224.

［123］刘娜，何继新，周俊，等．碳排放权交易的双向拍卖博弈研究［J］．安徽农业科学，2010，38（6）：3202－3203.

[124] 刘天卓, 陈晓剑, 王荣. 知识溢出与空间集聚的双寡头博弈分析 [J]. 科学学研究, 2005, 23 (b12): 166 – 171.

[125] 刘文, 黄河, 王春元. 培育水权交易机制促进水资源优化配置 [J]. 水利发展研究, 2001, 1 (1): 18 – 21.

[126] 刘文祥. 水资源危机 [M]. 贵阳: 贵州科技出版社, 2001.

[127] 刘秀丽, 陈锡康, 张红霞, 等. 水资源影子价格计算和预测模型研究 [J]. 中国人口·资源与环境, 2009, 19 (2): 162 – 165.

[128] 刘秀丽, 邹璀. 全国及九大流域分类用水影子价格的计算与预测 [J]. 水利水电科技进展, 2014, 34 (4): 10 – 15.

[129] 刘妍, 郑丕谔. 初始水权分配的博弈分析 [J]. 统计与决策, 2007 (6): 48 – 49.

[130] 刘妍. 水权交易的相关理论和方法研究 [D]. 天津: 天津大学, 2007.

[131] 刘亦文, 胡宗义. 中国碳排放效率区域差异性研究——基于三阶段 DEA 模型和超效率 DEA 模型的分析 [J]. 山西财经大学学报, 2015, 37 (2): 23 – 34.

[132] 卢晓敏. 广东省东江流域水权交易问题研究 [D]. 广州: 华南理工大学, 2010.

[133] 卢艺芬. 碳排放权分配激励机制博弈分析 [J]. 现代经济信息, 2014 (20): 85 – 86.

[134] 陆海曙, 单以红, 唐德善. 基于异质型寡头博弈模型的产出和初始排污权分配研究 [J]. 科技管理研究, 2014, 34 (22): 187 – 195.

[135] 罗慧. 中国可持续发展条件下的水权交易机制研究 [M]. 北京: 气象出版社, 2007.

[136] 罗琰, 刘晓星. 基于随机微分博弈的最优投资 [J]. 经济数学, 2015 (2): 21 – 26.

[137] 吕秀梅, 邵腾伟. 非对称寡头市场的期权博弈 [J]. 系统工程, 2015 (12): 23 – 27.

[138] 吕一兵, 万仲平, 胡铁松. 初始排污权分配及定价的双层多目标规划模型 [J]. 运筹与管理, 2014 (6): 17 – 22.

[139] 马国顺, 冯华. 基于三角形分布的一级密封竞价风险拍卖排污权演化博弈研究 [J]. 商业时代, 2013 (16): 69 – 70.

[140] 马国忠. 关于水权概念的探讨 [J]. 水利经济，2007，25 (4)：46-48.

[141] 马洪宽. 博弈论 [M]. 上海：同济大学出版社，2015.

[142] 马如飞，王嘉. 动态研发竞争与合作：基于微分博弈的分析 [J]. 科研管理，2011，32 (5)：36-42.

[143] 马晓强. 水权与水权的界定——水资源利用的产权经济学分析 [J]. 北京行政学院学报，2002 (1)：37-41.

[144] 马玉莲，忻仕海. 碳足迹评价方法学在 PVC 产品中的应用 [J]. 氯碱工业，2011，47 (1)：1-6.

[145] 马中，杜丹德. 论总量控制与排污权交易 [M]. 北京：中国环境科学出版社，1999.

[146] 孟戈，邱元锋. 福建省大中型灌区水权界定及交易研究 [J]. 水利经济，2009，27 (5)：61-64.

[147] 孟志敏. 国外水权交易市场——机构设置、运作表现及制约情况 [J]. 水利规划与设计，2001 (1)：34-38.

[148] 木也色尔·阿布力米提. 考虑排污权交易的有限理性企业博弈模型研究 [J]. 系统仿真技术，2012，8 (3)：214-220.

[149] 聂力，王文举. 我国碳排放权成交价格博弈研究 [J]. 价格理论与实践，2014 (5)：38-40.

[150] 聂力. 中国碳排放权交易博弈分析 [M]. 北京：首都经济贸易大学出版社，2014.

[151] 宁亚春，罗之仁. 政府管制与双寡头企业社会责任行为的博弈研究 [J]. 中国管理科学，2010，18 (2)：157-164.

[152] 庞韬，周丽，段茂盛. 中国碳排放权交易试点体系的连接可行性分析 [J]. 中国人口·资源与环境，2014，24 (9)：6-12.

[153] 裴丽萍. 水权制度初论 [J]. 中国法学，2001 (2)：90-101.

[154] 裴庆冰. 我国用能权交易与其他资源环境权益交易制度比较研究 [J]. 工业经济论坛，2017，4 (2)：39-44.

[155] 彭伟，段静静，唐振鹏. 企业专利投资的期权博弈研究——基于不对称双寡头模型的分析 [J]. 中国管理科学，2014，22 (10)：38-43.

[156] 彭祥，胡和平. 不同水权模式下流域水资源配置博弈的一般性解释 [J]. 水利水电技术，2006，37 (2)：53-56.

［157］彭运芳. 信息不对称情况下寡头市场决策的动态博弈 ［J］. 中国软科学, 2004 （5）: 140 – 143.

［158］齐绍洲. 低碳经济转型下的中国碳排放权交易体系 ［M］. 北京: 经济科学出版社, 2016.

［159］丘志鸿, 翁瀚, 张成科. 基于 T – S 模糊建模思想的一类双人非线性非合作微分博弈的 Nash 均衡解 ［J］. 广东工业大学学报, 2011, 28 （1）: 68 – 72.

［160］邱菀华, 余冬平. 寡头垄断企业战略投资期权博弈模型 ［J］. 北京航空航天大学学报, 2006, 32 （10）: 1220 – 1225.

［161］饶从军, 王成, 段鹏. 基于贝叶斯博弈的排污权交易模型 ［J］. 统计与决策, 2008 （15）: 48 – 49.

［162］沙景华, 王倩宜, 张亚男, 等. 国外水权及水资源管理制度模式研究 ［J］. 中国国土资源经济, 2008, 21 （1）: 35 – 37.

［163］山敬宇, 许振成. 期权方法的排污权定价政策选择对异质企业行为影响初探 ［J］. 港澳经济, 2014 （22）: 18 – 21.

［164］沈芳. 环境规制的工具选择: 成本与收益的不确定性及诱发性技术革新的影响 ［J］. 当代财经, 2004 （6）: 10 – 12.

［165］沈剑飞, 伊静. 我国碳排放权定价机制研究——基于碳排放权内在价值的分析 ［J］. 价格理论与实践, 2015 （7）: 37 – 39.

［166］沈菊琴, 陆庆春. 浅谈水权市场与水资源资产 ［J］. 中国水利, 2003 （8）: 9 – 10.

［167］沈满洪, 陈锋. 我国水权理论研究述评 ［J］. 浙江社会科学, 2002 （5）: 175 – 180.

［168］沈满洪, 赵丽秋. 排污权价格决定的理论探讨 ［J］. 浙江社会科学, 2005 （2）: 26 – 30.

［169］沈满洪. 论水权交易与交易成本 ［J］. 人民黄河, 2004, 26 （7）: 19 – 22.

［170］沈满洪. 排污权交易机制研究 ［M］. 北京: 中国环境科学出版社, 2009: 135 – 140.

［171］沈士根, 黄龙军, 胡珂立, 等. 基于微分博弈的在线社交网络恶意程序传播优化控制方法 ［J］. 电信科学, 2015, 31 （10）: 66 – 73.

［172］施圣炜, 黄桐城. 期权理论在排污权初始分配中的应用 ［J］.

中国人口·资源与环境，2005，15（1）：52－55.

[173] 施熙灿，徐霞. 影子水价测算［J］. 水利规划与设计，1996（4）：25－29.

[174] 石玉波. 关于水权与水市场的几点认识［J］. 中国水利，2001（2）：31－32.

[175] 史和娣. 多维不确定线性二次最优控制［D］. 南京：南京理工大学，2013.

[176] 宋国君. 排污权交易［M］. 北京：化学工业出版社，2004.

[177] 宋国君. 总量控制与排污权交易［J］. 上海环境科学，2000（4）：146－148.

[178] 宋阳. 浙江趟路用能权改革［N］. 中国经济导报，2015－01－19（A3）.

[179] 苏青. 河流水权和黄河取水权市场研究［D］. 南京：河海大学，2002.

[180] 孙景瑞. 线性二次二人零和随机微分对策［D］. 合肥：中国科学技术大学，2014.

[181] 孙克辉，刘璇，朱从旭. The 0－1 test algorithm for chaos and its applications［J］. 中国物理B：英文版，2010，19（11）：200－206.

[182] 孙鹏程，贾婷，成钢. 排污权有偿使用和交易制度设计、实施与拓展［M］. 北京：化学工业出版社，2017.

[183] 孙卫，李寿德，胡巍，等. 排污权期权价值评估模型研究［J］. 西安交通大学学报，2007，41（1）：106－109.

[184] 泰坦伯格. 排污权交易：污染控制政策的改革［M］. 上海：三联书店，1992.

[185] 谭德庆，胡培. 关于产量策略双寡头多维博弈模型及其分析［J］. 管理工程学报，2004，18（1）：123－125.

[186] 唐曲. 国内外水权市场研究综述［J］. 水利经济，2008，26（2）：22－25.

[187] 唐万生，李光泉. 广义系统的微分对策问题［M］//全国青年管理科学与系统科学论文集. 西安：西安交通大学出版社，1991：274－279.

[188] 唐万生，许艳丽，刘则毅，等. 广义系统的二人零和对策［J］.

管理科学学报，1996（1）：77-79.

[189] 田佳良. 中国水市场的运作模型研究 [J]. 水利水电科技进展，2001，21（4）：37-40.

[190] 田双亮，房保言，王志刚. 基于楔形基函数的微分博弈两点边值问题的逼近 [J]. 山东大学学报（理学版），2011，46（8）：38-41.

[191] 涂正革，谌仁俊. 排污权交易机制在中国能否实现波特效应？[J]. 经济研究，2015（7）：160-173.

[192] 万谦，孟卫东. 技术创新扩散补贴机制研究——基于微分博弈分析 [J]. 科技进步与对策，2011，28（17）：101-105.

[193] 汪珊珊，李念，王晶晶，等. Black-Scholes 模型在排污权初始分配定价中的应用 [J]. 上海环境科学，2013（4）：149-152.

[194] 汪恕诚. 水权和水市场——谈实现水资源优化配置的经济手段 [J]. 水电能源科学，2001（1）：6-9.

[195] 汪晓芬. 碳排放权定价研究 [D]. 南昌：华东交通大学，2013.

[196] 王尔德，杨伟民. "十三五" 发展用能权、用水权、排污权和碳排放权交易市场 [N]. 21世纪经济报道，2015-11-12.

[197] 王飞. 空间双寡头竞争下的创新扩散——基于博弈论的模型 [J]. 南开经济研究，2007（3）：80-96.

[198] 王光臣. 部分可观测的随机控制系统及其应用 [D]. 济南：山东大学，2007.

[199] 王浩，王干. 水权理论及实践问题浅析 [J]. 行政与法，2004（6）：89-91.

[200] 王江，隋伟涛. 碳排放权交易问题的博弈研究 [J]. 中国市场，2010（14）：64-65.

[201] 王军锋，张静雯，刘鑫. 碳排放权交易市场碳配额价格关联机制研究——基于计量模型的关联分析 [J]. 中国人口·资源与环境，2014，24（1）：64-69.

[202] 王凯. 中国碳排放权分配制度研究 [D]. 北京：北京建筑大学，2015.

[203] 王珂，毕军，张炳. 排污权有偿使用政策的寻租博弈分析 [J]. 中国人口·资源与环境，2010，20（9）：95-99.

［204］王力中．德清企业资源要素配置开始市场化［N］．湖州日报，2015 - 07 - 19.

［205］王丽霞，李双东．基于随机微分博弈的负债型保险公司最优投资策略［J］．淮南师范学院学报，2015（5）：23 - 25.

［206］王素凤．中国排污权初始分配、交易效率与区域补偿研究［M］．合肥：合肥工业大学出版社，2014.

［207］王卫华，孙艺新，施应玲．基于期权理论的发电企业排污权交易［J］．中国电力教育，2006（S4）：196 - 198.

［208］王小军．美国水权交易制度研究［J］．中南大学学报（社会科学版），2011，17（6）：120 - 126.

［209］王学渊，韩洪云，赵连阁．浅议我国的水权界定［J］．水利经济，2004，22（5）：18 - 20.

［210］王亚华．水权解释［M］．上海：上海人民出版社，2005.

［211］王艳艳，窦明，李桂秋，等．基于和谐目标优化的流域初始排污权分配方法［J］．水利水电科技进展，2015，35（2）：12 - 16.

［212］王一涵，赵令锐．碳排放权交易下的异质性企业博弈模型分析［J］．工业技术经济，2015（8）：23 - 30.

［213］王毅刚．中国碳排放权交易体系设计研究［M］．北京：经济管理出版社，2011.

［214］王莹．兰溪年底前推行用能权有偿使用［N］．金华日报，2015 - 05 - 18.

［215］王宇露，林健．我国碳排放权定价机制研究［J］．价格理论与实践，2012（2）：87 - 88.

［216］王宇雯．实物期权视角下排污权定价策略研究——基于环境成本的初始分配分析框架［J］．价格理论与实践，2007（10）：44 - 45.

［217］王月欣．从动态博弈视角谈碳排放权价格形成与策略选择［J］．生态经济（中文版），2013（9）：58 - 60.

［218］王陟昀．碳排放权交易模式比较研究与中国碳排放权市场设计［D］．长沙：中南大学，2012.

［219］王宗志，胡四一，王银堂．基于水量与水质的流域初始二维水权分配模型［J］．水利学报，2010，39（5）：524 - 530.

［220］魏东，岳杰，王景珉．碳排放权交易风险管理的识别、评估与

应对 [J]. 中国人口·资源与环境, 2012, 22 (8): 28 – 32.

[221] 魏冉. 基于博弈论的碳排放权交易会计问题浅析 [J]. 江苏商论, 2014 (30): 244 – 245.

[222] 魏圣香, 王慧. 美国排污权交易机制的得失及其镜鉴 [J]. 中国地质大学学报 (社会科学版), 2013, 13 (6): 34 – 39.

[223] 邬玮玮, 史小珍. 基于非线性随机微分博弈的旅游最优策略选择 [J]. 统计与决策, 2014 (12): 38 – 40.

[224] 吴丹, 王亚华. 区域再生水水权分配制度探讨 [J]. 水利水电科技进展, 2013, 33 (3): 34 – 38.

[225] 吴丹. 流域初始水权配置复合系统优化研究 [M]. 南京: 河海大学出版社, 2013.

[226] 吴丹. 我国水权配置前沿问题研究 [M]. 南京: 河海大学出版社, 2016.

[227] 吴健. 排污权交易: 环境容量管理制度创新 [M]. 北京: 中国人民大学出版社, 2005.

[228] 吴静. 关于中国碳排放权交易机制的构想 [J]. 生态经济 (中文版), 2011 (8): 57 – 60.

[229] 吴丽, 何斌, 周惠成, 等. 区域外调水水权分配模型及应用 [J]. 水利水电科技进展, 2009, 29 (4): 67 – 72.

[230] 吴丽, 周惠成. 基于合作博弈的水权交易模型研究 [J]. 水力发电学报, 2012, 31 (3): 53 – 58.

[231] 吴同新. 奇异系统无穷时间线性二次微分对策 [D]. 济南: 山东大学, 2012.

[232] 武普照, 王倩. 排污权交易的经济学分析 [J]. 中国人口·资源与环境, 2010, 15: 55 – 58.

[233] 夏朋, 倪晋仁. 政府管制下的水权制度博弈分析 [J]. 中国人口·资源与环境, 2007, 17 (5): 75 – 79.

[234] 夏兆敏, 孙世民. 基于微分博弈的二级猪肉供应链质量行为协调机制研究 [J]. 运筹与管理, 2014 (2): 198 – 205.

[235] 夏梓耀. 碳排放权研究 [M]. 北京: 中国法制出版社, 2016.

[236] 肖淳, 邵东国, 杨丰顺, 等. 基于友好度函数的流域初始水权分配模型 [J]. 农业工程学报, 2012, 28 (12): 80 – 85.

[237] 肖江文, 罗云峰, 赵勇, 等. 初始排污权拍卖的博弈分析 [J].

华中科技大学学报（自然科学版），2001，29（9）：37 – 39.

[238] 肖江文，罗云峰，赵勇，等. 寡头垄断条件下环境污染税收的博弈分析［J］. 系统工程，2001，19（2）：29 – 32.

[239] 肖江文，赵勇，罗云峰，等. 寡头垄断条件下的排污权交易博弈模型［J］. 系统工程理论与实践，2003，23（4）：27 – 31.

[240] 谢识予. 经济博弈论［M］. 上海：复旦大学出版社，1997.

[241] 谢文轩，许长新. 水权交易中定价模型研究［J］. 人民长江，2009，40（21）：101 – 103.

[242] 邢明青，等. 在消费者偏好不确定下双寡头定位定价博弈［J］. 运筹与管理，2007，16（2）：40 – 44.

[243] 熊轶，等. 总量控制和交易环境下考虑随机需求的企业决策分析［J］. 运筹与管理，2015，24（6）：25 – 33.

[244] 徐国卫，徐琛. 基于期限结构理论的碳排放权定价研究［J］. 经济师，2012，7（3）：61 – 62.

[245] 徐双明. 基于产权分离的生态产权制度优化研究［J］. 财经研究，2017，43（1）：63 – 74.

[246] 徐玉高，郭元，吴宗鑫. 碳权分配：全球碳排放权交易及参与激励［J］. 数量经济技术经济研究，1997（3）：72 – 77.

[247] 许晓明. 带随机违约时间的倒向随机微分方程，超前倒向随机微分方程及其相关结果［D］. 济南：山东大学，2010.

[248] 薛伟贤，冯宗宪，陈爱娟. 寡头市场的博弈分析［J］. 系统工程理论与实践，2002，22（11）：82 – 86.

[249] 鄢敏. 碳排放规制问题研究［D］. 杭州：浙江大学，2011.

[250] 严明慧，周洪涛，曾伟. 基于二阶段博弈的碳排放权分配机制研究［J］. 价值工程，2014（2）：3 – 6.

[251] 颜蕾，彭建华. SO_2 初始排污权分配模式研究［J］. 重庆理工大学学报（社会科学版），2010，24（10）：60 – 64.

[252] 颜蕾，巫腾飞. 基于影子价格的排污权初始分配和交易模型［J］. 重庆理工大学学报（社会科学），2010，24（2）：53 – 56.

[253] 杨彩霞，李冬明，李磊. 基于实物期权理论的水资源价值研究［J］. 商业研究，2006（18）：26 – 29.

[254] 杨芳，肖淳，邵东国，等. 基于投影寻踪混沌优化算法的流域初始水权分配模型［J］. 武汉大学学报（工学版），2014，47

(5): 621 - 624.

[255] 杨骞. 排放约束下我国能源效率的区域差异及节能指标分解研究 [M]. 北京: 经济科学出版社, 2016.

[256] 杨鹏, 林祥. 随机微分博弈下的资产负债管理 [J]. 中山大学学报 (自然科学版), 2013, 52 (6): 30 - 33.

[257] 杨鹏. 基于再保险和投资的随机微分博弈 [J]. 数学杂志, 2014, 34 (4): 779 - 786.

[258] 杨荣基, 彼得罗相, 李颂志. 动态合作: 尖端博弈论 [M]. 北京: 中国市场出版社, 2007.

[259] 杨向辉. 我国水权转换模式及转换价值评估研究 [D]. 南京: 河海大学, 2006.

[260] 杨晓花, 夏火松, 罗云峰. 双重内生选择下双寡头博弈的均衡研究 [J]. 中国管理科学, 2010, 18 (3): 141 - 147.

[261] 杨枝煌, 易昌良. 中国能源新常态新格局的建构研究 [J]. 中国市场, 2015 (48): 3 - 7.

[262] 姚闯, 栾敬东. 排污权交易制度的经济学分析 [J]. 安徽农学通报, 2008, 14 (16): 118 - 119.

[263] 姚恩全, 饶逸飞, 李作奎. 基于重置成本法的排污权定价测算研究——以沈阳市 COD 排放为例 [J]. 辽宁师范大学学报 (自然科学版), 2012 (4): 557 - 562.

[264] 姚国金, 匡民. 对培育和发展无锡水市场的几点认识 [J]. 江苏水利, 2001 (7): 26 - 27.

[265] 姚洪兴, 刘存绪. 信号显示博弈与国际寡头最优进入策略的选择 [J]. 财经研究, 2005, 31 (10): 5 - 13.

[266] 姚洪兴, 徐峰. 双寡头有限理性广告竞争博弈模型的复杂性分析 [J]. 系统工程理论与实践, 2005, 25 (12): 32 - 37.

[267] 叶荣, 陈皓勇, 娄二军. 基于微分博弈理论的频率协调控制方法 [J]. 电力系统自动化, 2011, 35 (20): 41 - 46.

[268] 叶荣, 陈皓勇, 卢润戈. 基于微分博弈理论的两区域自动发电控制协调方法 [J]. 电力系统自动化, 2013, 37 (18): 48 - 54.

[269] 易永锡, 李寿德, 魏伟. 基于信息外溢的寡头垄断厂商污染治理技术投资动态博弈 [J]. 系统管理学报, 2012, 21 (3): 416 - 420.

[270] 尹云松，糜仲春，刘亮. 流域内不同地区间水权交易的博弈模型研究 [J]. 水利经济，2004，22（6）：5－7.

[271] 于杰，周伟铎，蒋金星. 排污权交易：理论引进与本土化实践 [J]. 中国地质大学学报（社会科学版），2014，14（6）：96－104.

[272] 于天飞. 碳排放权交易的市场研究 [D]. 南京：南京林业大学，2007.

[273] 于维生，于羽. 基于伯川德推测变差的有限理性动态寡头博弈的复杂性 [J]. 数量经济技术经济研究，2013（2）：126－137.

[274] 于伟，辛宝贵. 机床行业产品质量控制的非合作均衡策略研究——随机微分博弈的视角 [J]. 组合机床与自动化加工技术，2013（1）：126－128.

[275] 于羽. 排污权交易机制下的有限理性动态寡头博弈研究 [D]. 长春：吉林大学，2014.

[276] 于羽. 排污权政策模拟和系统动力学研究——基于动态博弈的视角 [J]. 中国人口·资源与环境，2016，26（7）：119－127.

[277] 于志勇. 随机控制和对策理论中的一些倒向问题 [D]. 济南：山东大学，2008.

[278] 袁持平. 外部性条件下市场失灵的自发调节 [J]. 许昌学院学报，2004，23（6）：18－20.

[279] 张成科，王行愚. 线性二次广义系统中的多随从闭环 Stackelberg 策略 [J]. 华东理工大学学报，1998（3）：339－346.

[280] 张成科，王行愚. 线性时变二次微分对策 Nash 策略的小波分析法（Ⅱ）——小波逼近解的收敛性 [J]. 控制理论与应用，2002，19（2）：178－182.

[281] 张成科. 奇异线性二次型微分鞍点对策的小波逼近解法 [J]. 系统工程与电子技术，2003，25（6）：707－711.

[282] 张锋. 线性二次型最优控制问题的研究 [D]. 天津：天津大学，2009.

[283] 张光宇，肖伟. 双寡头垄断市场中新技术研发投资的动态博弈 [J]. 系统工程，2006，24（7）：78－82.

[284] 张国兴，郭菊娥，刘东霖. 建设时间和投资成本不对称的双寡头期权博弈模型 [J]. 管理科学，2008，21（4）：75－81.

[285] 张国兴, 郭菊娥, 晏文隽. 拥有 "暂停期权" 的不对称双寡头投资博弈模型 [J]. 运筹与管理, 2008, 17 (3): 140－145.

[286] 张海燕, 邓伟, 王光臣. 部分可观测的完全耦合正倒向随机控制系统的最大值原理 [J]. 应用数学, 2007, 20 (2): 243－247.

[287] 张红亮. 碳排放权初始分配方法比较 [J]. 环境保护与循环经济, 2009, 29 (12): 16－18.

[288] 张骧骧, 达庆利. 双寡头不同理性博弈模型分析 [J]. 东南大学学报 (自然科学版), 2006, 36 (6): 1029－1033.

[289] 张建斌, 刘清华. 政府在水权交易中的经济政策探究——基于不完全信息动态博弈的视角 [J]. 兰州商学院学报, 2014 (1): 32－37＋42.

[290] 张建清, 周丽丽, 郭荣鑫. 我国碳排放权定价方式选择——基于 Black－Scholes 模型检验 [J]. 广东外语外贸大学学报, 2012 (5): 51－55.

[291] 张丽, 宋士强, 张艳红, 等. 基于熵权的模糊物元模型在水权分配中的应用 [J]. 人民黄河, 2008 (8): 56－57.

[292] 张明星. 内蒙古黄河南岸灌区水权转换评价研究 [D]. 呼和浩特: 内蒙古农业大学, 2012.

[293] 张清华. 中国区域工业能源效率时空效应 [M]. 北京: 经济管理出版社, 2017.

[294] 张嗣瀛. 微分对策 [M]. 北京: 科学出版社, 1987.

[295] 张为程, 王庚哲, 李薇, 等. 总量控制前提下排污权初始分配博弈分析 [J]. 商业时代, 2015 (23): 94－95.

[296] 张维迎. 博弈论与信息经济学 [M]. 上海: 上海人民出版社, 2012: 29－30.

[297] 张文彬, 张理芃, 张可云. 中国环境规制强度省际竞争形态及其演变——基于两区制空间 Durbin 固定效应模型的分析 [J]. 管理世界, 2010 (12): 34－44.

[298] 张文军, 唐德善. 水权制度与政府效用的博弈分析 [J]. 水利经济, 2007, 25 (2): 32－35.

[299] 张小强. 企业排污权的博弈分析 [J]. 南京审计学院学报, 2009, 6 (2): 18－23.

［300］张晓亮. 排污权交易中的中央政府与地方政府博弈研究［D］.
　　　长沙：中南大学，2009.

［301］张晓梅，庄贵阳. 中国省际区域碳减排差异问题的研究进展
　　　［J］. 中国人口·资源与环境，2015，25（2）：135 – 143.

［302］张旭，李玲，贾磊磊. 基于微分博弈的多机器人追逃策略研究
　　　及仿真［J］. 装备制造技术，2015（9）：9 – 12.

［303］张璇，朱玮. 基于相对关联度的流域初始水权分配群决策研究
　　　［J］. 水电能源科学，2015（10）：128 – 132.

［304］张勇，常云昆. 国外典型水权制度研究［J］. 经济纵横，2006
　　　（3）：63 – 66.

［305］张跃胜. 碳减排技术进步与扩散的影响因素研究［J］. 经济管
　　　理，2016（9）：18 – 28.

［306］张泽群. 纳入排污权交易的异质双寡头动态博弈的复杂性分析
　　　［D］. 长春：吉林大学，2014.

［307］张志乐. 水作为供水项目产出物的影子价格测算理论和方法
　　　［J］. 水利科技与经济，1999（1）：8 – 11.

［308］张志勋. 论我国碳排放权交易体系的构建［J］. 企业经济，
　　　2012（6）：178 – 181.

［309］张智勇，等. 基于微分博弈的双渠道广告合作协调策略研究
　　　［J］. 控制与决策，2014（5）：873 – 879.

［310］赵德余，顾海英，刘晨. 双寡头垄断市场的价格竞争与产品差
　　　异化策略———一个博弈论模型及其扩展［J］. 管理科学学报，
　　　2006，9（5）：1 – 7.

［311］赵令锐，张骥骧. 考虑碳排放权交易的双寡头有限理性博弈分
　　　析［J］. 复杂系统与复杂性科学，2013，10（3）：12 – 19.

［312］赵令锐，张骥骧. 碳排放权交易中企业减排行为的演化博弈分
　　　析［J］. 科技管理研究，2016，36（5）：215 – 221.

［313］赵令锐. 考虑碳排放权交易的有限理性企业竞争博弈研究
　　　［D］. 南京：南京航空航天大学，2014.

［314］赵捧莲. 国际碳交易定价机制及中国碳排放权价格研究［D］.
　　　上海：华东师范大学，2012.

［315］赵文会，高岩，戴天晟. 初始排污权分配的优化模型［J］. 系
　　　统工程，2007，25（6）：57 – 61.

［316］赵文会，侯建朝．寡头垄断市场中的指令控制与排污权交易比较［J］．系统工程，2010（8）：113－116．

［317］赵文会．初始排污权分配理论研究综述［J］．工业技术经济，2008（8）：111－113．

［318］赵云芬，朱琳．我国温室气体排放权分配之伦理原则［J］．宁夏社会科学，2012（5）：8－13．

［319］郑剑锋，雷晓云，王建北，等．基于满意度决策理论的玛纳斯河取水权分配研究［J］．水资源与水工程学报，2006，17（2）：1－4．

［320］郑士源．基于系统动力学的两厂商投资微分博弈模拟［J］．上海海事大学学报，2006，27（4）：70－74．

［321］郑玮．碳排放权初始分配方式设定的探究［J］．科技和产业，2011，11（10）：105－107．

［322］郑志来．土地流转背景下缺水地区农用水权置换的双方博弈［J］．财经科学，2015（9）：110－119．

［323］郑忠萍．我国水权的界定和配置研究［D］．广州：华南理工大学，2005．

［324］支海宇．排污权交易理论及其在中国的应用研究［M］．大连：东北财经大学出版社，2014．

［325］舟丹．哥本哈根世界气候大会［J］．中外能源，2011（12）：73－73．

［326］周海英．广义随机线性系统的非合作微分博弈及应用研究［D］．广州：广东工业大学，2015．

［327］周蓉．具有学习效应的寡头厂商重复博弈均衡分析［J］．复旦学报（自然科学版），2003，42（5）：692－698．

［328］周文波，陈燕．论我国碳排放权交易市场的现状、问题与对策［J］．江西财经大学学报，2011（3）：12－17．

［329］朱富强．博弈论［M］．北京：经济管理出版社，2013．

［330］朱怀念，张成科，李云龙，等．一类不定仿线性二次型随机微分博弈的鞍点均衡策略［J］．广东工业大学学报，2012，29（3）：35－38．

［331］朱怀念，植璟涵，张成科，等．带 Markov 切换参数的线性二次零和随机微分博弈［J］．系统科学与数学，2013，33（12）：

1391 - 1403.

[332] 朱怀念. 线性 Markov 切换系统的随机微分博弈理论及在金融保险中的应用研究 [D]. 广州：广东工业大学，2013.

[333] 朱玮. 日本的水资源管理与水权制度概略 [J]. 中国水利，2007 (2)：52 - 53.

[334] 朱跃钊，陈红喜，赵智敏. 基于 B - S 定价模型的碳排放权交易定价研究 [J]. 科技进步与对策，2013，30 (5)：27 - 30.

[335] 朱志强. 碳排放权配额期货价格研究 [D]. 哈尔滨：哈尔滨工业大学，2012.

[336] Aatola P, Ollikainen M, Toppinen A. Impact of the Carbon Price on the Integrating European Electricity Market [J]. Energy Policy, 2013, 61 (43)：1236 - 1251.

[337] Agarwal A, Narain S. Global Warming in an Unequal World：A Case of Environmental Colonialism [M]//Conca K, Dabelko G, editor, Green Planet Blues：Environmental Politics from Stockholm to Kyoto. Boulder：Westview Press, 1998.

[338] Aihman M, Zetterberg L. Options for Emission Allowance Allocation under the Eu Emissions Trading Directive [J]. Mitigation & Adaptation Strategies for Global Change, 2005, 10 (4)：597 - 645.

[339] Aileen M. Property and the Law in Energy and Natural Resources [M]. Oxford：Oxford University Press, 2010：401 - 402.

[340] Akimoto K, Matsunaga A, Fujii Y, et al. Game Theoretic Analysis for Carbon Emission Permits Trading Among Multiple World Regions with an Optimizing Global Energy Model [J]. Electrical Engineering in Japan, 2015, 131 (2)：40 - 50.

[341] Azevedo E M, Leshno J D. A Supply and Demand Framework for Two - Sided Matching Markets [J]. Journal of Political Economy, 2016, 124 (5)：1235 - 1268.

[342] Azevedo E M. Imperfect Competition in Two - Sided Matching Markets [J]. Games & Economic Behavior, 2014, 83 (1)：207 - 223.

[343] Baillie R T, Booth G G, Tse Y, et al. Price Discovery and Common Factor Models [J]. Journal of Financial Markets, 2002, 5 (3)：309 - 321.

[344] Baumol W J, Oates W E. The Use of Standards and Prices for Protection of the Environment [J]. Swedish Journal of Economics, 1971, 73 (1): 42 – 54.

[345] Becker N. Value of Moving from Central Planning to a Market System: Lessons from the Israeli Water Sector [J]. Agricultural Economics of Agricultural Economists, 1995, 12 (1): 11 – 21.

[346] Benchekroun H, Martín – Herrán G. The Impact of Foresight in a Transboundary Pollution Game [J]. European Journal of Operational Research, 2015, 251 (1): 300 – 309.

[347] Benz E A, Hengelbrock J. Price Discovery and Liquidity in the European CO_2 Futures Market: An Intraday Analysis [J]. SSRN Electronic Journal, 2008, ssrn. 1143923.

[348] Benz E, Trück S. Modeling the Price Dynamics of CO_2 Emission Allowances [J]. Energy Economics, 2009, 31 (1): 4 – 15.

[349] Bernard A, Haurie A, Vielle M, et al. A Two – Level Dynamic Game of Carbon Emission Trading between Russia, China, and Annex B countries [J]. Journal of Economic Dynamics & Control, 2008, 32 (6): 1830 – 1856.

[350] Bertinelli L, Camacho C, Zou B. Carbon Capture and Storage and Transboundary Pollution: A Differential Game Approach [J]. European Journal of Operational Research, 2014, 237 (2): 721 – 728.

[351] Borenstein S. On the Efficiency of Competitive Markets for Operating Licenses [J]. Quarterly Journal of Economics, 1988, 103 (103): 357 – 385.

[352] Bosello F, Roson R. Carbon Emissions Trading and Equity in International Agreements [J]. Environmental Modeling & Assessment, 2002, 7 (1): 29 – 37.

[353] Boyce J. The Political Economy of the Environment [M]. Cheltenham: Edward Elgar Publishing, 2002.

[354] Brady G L. Governing the Commons: The Evolution of Institutions for Collective Action [J]. Southern Economic Journal, 1993, 60 (1): 249 – 251.

[355] Brajer V, Martin W. Water Rights Markets: Social and Legal Con-

siderations: Resource's "Community" Value, Legal Inconsistencies and Vague Definition and Assignment of Rights Color Issues [J]. American Journal of Economics & Sociology, 1990, 49 (1): 35 – 44.

[356] Brennan D. Water Policy Reform in Australia: Lessons from the Victorian Seasonal Water Market [J]. Australian Journal of Agricultural & Resource Economics, 2010, 50 (3): 403 – 423.

[357] Breton M, Zaccour G, Zahaf M. A Differential Game of Joint Implementation of Environmental Projects [J]. Automatica, 2005, 41 (10): 1737 – 1749.

[358] Broek W, Engwerda J C, Schumacher J M. Robust Equilibria in Indefinite Linear – Quadratic Differential Games [J]. Journal of Optimization Theory & Applications, 2003, 119 (3): 565 – 595.

[359] Broek W. Moving Horizon Control in Dynamic Games [J]. Journal of Economic Dynamics & Control, 2002, 26 (6): 937 – 961.

[360] Burger M, Graeber B, Schindlmayr G. Managing Energy Risk: An Integrated View on Power and Other Energy Markets [M]. New Jersey: John Willey & Sons, 2007.

[361] Burniaux J M. A Multi – Gas Assessment of the Kyoto Protocol [J]. OECD Economics Department Working Papers, 2000, 401 (6753): 549 – 555.

[362] Byrne J, Wang Y D, Ham K H, et al. The Political Economy of Energy, Environment and Development [J]. Journal of Environmental Studies, 1992, 30: 278 – 310.

[363] Cable D M, Judge T A. Pay Preferences and Job Search Decisions: A Person – Organization Fit Perspective [J]. Personnel Psychology, 1994, 47 (2): 317 – 348.

[364] Calatrava J, Garrido A. Modelling Water Markets Under Uncertain Water Supply [J]. European Review of Agricultural Economics, 2002, 32 (2): 119 – 142.

[365] Candela G, Cellini R. Investment in Tourism Market: A Dynamic Model of Differentiated Oligopoly [J]. Environmental & Resource Economics, 2006, 35 (1): 41 – 58.

[366] Cellini R, Lambertini L. A Differential Oligopoly Game with Differentiated Goods and Sticky Prices [J]. European Journal of Operational Research, 2007, 176 (2): 1131 – 1144.

[367] Cellini R, Lambertini L. Dynamic Oligopoly with Sticky Prices: Closed – Loop, Feedback, and Open – Loop Solutions [J]. Journal of Dynamical and Control Systems, 2004, 10 (3): 303 – 314.

[368] Cetin U, Verschuere M. Pricing and Hedging in Carbon Emissions Markets [J]. International Journal of Theoretical & Applied Finance, 2009, 12 (7): 949 – 967.

[369] Chalmers H, Gibbins J. Carbon Capture and Storage: More Energy or Less Carbon? [J]. Journal of Renewable & Sustainable Energy, 2010, 2 (3): 1163.

[370] Chatterjee K, Samuelson W F. Game Theory and Business Applications [M]. Springer US, 2001.

[371] Choi H, Tahk M, Bang H. Neural Network Guidance Based on Pursuit – Evasion Games with Enhanced Performance [J]. Control Engineering Practice, 2006, 14 (7): 735 – 742.

[372] Coase R. The Problem of Social Cost [J]. Journal of Law & Economics, 1960, 3 (4): 1 – 44.

[373] Considine T. The Impacts of Weather Variations on Energy Demand and Carbon Emissions [J]. Resource & Energy Economics, 2000, 22 (4): 295 – 314.

[374] Cramton P, Kerr S. Tradeable Carbon Permit Auctions: How and Why to Auction Not Grandfather [J]. Papers of Peter Cramton, 2002, 30 (4): 333 – 345.

[375] Criqui P, Mima S, Viguier L. Marginal Abatement Costs of CO_2 Emission Reductions, Geographical Flexibility and Concrete Ceilings: An Assessment Using the POLES Model [J]. Energy Policy, 1999, 27 (10): 585 – 601.

[376] Crocker T. The Structuring of Atmospheric Pollution Control Systems [J]. Economics of Air Pollution, 1966, 29 (2): 288.

[377] Dales J. Pollution, Property & Prices: An Essay in Policy-making and Economics [M]. Toronto: University of Toronto Press, 1968.

[378] Daskalakis G, Psychoyios D, Markellos R N. Modeling CO_2 Emission Allowance Prices and Derivatives: Evidence from the European Trading Scheme [J]. Journal of Banking & Finance, 2009, 33 (7): 1230 – 1241.

[379] Dobos I. The Effects of Emission Trading on Production and Inventories in the Arrow – Karlin Model [J]. International Journal of Production Economics, 2005, 93 (1): 301 – 308.

[380] Dobos I. Tradable Permits and Production – Inventory Strategies of the Firm [J]. International Journal of Production Economics, 2007, 108 (1 – 2): 329 – 333.

[381] Dockner E J, Jørgensen S, Long N V, et al. Differential Games in Economics and Management Science [M]. Cambridge: Cambridge University Press, 2000.

[382] Driskill R, Mccafferty S. Dynamic Duopoly with Adjustment Costs: A Differential Game Approach [J]. Journal of Economic Theory, 1989, 49 (2): 324 – 338.

[383] Engwerda J. Feedback Nash Equilibria in the Scalar Infinite Horizon LQ – Game [J]. Automatica, 2000, 36 (1): 135 – 139.

[384] Falconer I, Gottwald G, Melbourne I, et al. Application of the 0 – 1 Test for Chaos to Experimental Data [J]. SIAM Journal on Applied Dynamical Systems, 2007, 6 (2): 395 – 402.

[385] Fare R, Grosskopf S, Lovell C, et al. Derivation of Shadow Prices for Undesirable Outputs: A Distance Function Approach [J]. Review of Economics & Statistics, 1993, 75 (2): 374 – 380.

[386] Feichtinger G, Lambertini L, Leitmann G, et al. R&D for Green Technologies in a Dynamic Oligopoly: Schumpeter, Arrow and Inverted – U'S [J]. European Journal of Operational Research, 2016, 249 (3): 1131 – 1138.

[387] Fershtman C, Kamien M. Dynamic Duopolistic Competition with Sticky Prices [J]. Econometrica: Journal of the Econometric Society, 1987: 1151 – 1164.

[388] Fleming W, Mceneaney W M. Risk Sensitive Optimal Control and Differential Games [M]. Berlin: Springer Berlin Heidelberg,

1992: 185 – 197.

[389] Fleming W H. Optimal Continuous – Parameter Stochastic Control [J]. SIAM Review, 2006, 11 (4): 470 – 509.

[390] Folmer H, Gabel H. Principles of Environmental and Resource Economics: A Guide for Students and Decision – Makers [M]. Cheltenham: Edward Elgar Publishing Ltd, 2000.

[391] Fowlie M. Allocating Emissions Permits in Cap – and – Trade Programs: Theory and Evidence [D]. Berkeley, University of California, 2010.

[392] Fruchter G, Jaffe E, Nebenzahl I. Dynamic Brand – Image – Based Production Location Decisions [J]. Automatica, 2006, 42 (8): 1371 – 1380.

[393] Fruchter G, Messinger P. Optimal Management of Fringe Entry Over Time [J]. Journal of Economic Dynamics & Control, 2003, 28 (3): 445 – 466.

[394] Fudenberg D, Jean T. Game Theory [M]. Cambridge: MIT Press, 1991.

[395] Galaz V. Stealing from the Poor? Game Theory and the Politics of Water Markets in Chile [J]. Environmental Politics, 2004, 13 (2): 414 – 437.

[396] Gale D, Shapley L S. College Admissions and the Stability of Marriage [J]. American Mathematical Monthly, 1962, 69 (1): 9 – 15.

[397] Gao X, Zhong W J. A Differential Game Approach to Information Security Investment under Hackers' Knowledge Dissemination [J]. Operations Research Letters, 2013, 41 (5): 421 – 425.

[398] Garrido A. A Mathematical Programming Model Applied to the Study of Water Markets Within the Spanish Agricultural Sector [J]. Annals of Operations Research, 2000, 94 (1 – 4): 105 – 123.

[399] Gleick P. Climate Change, Hydrology, and Water Resources [J]. Reviews of Geophysics, 1989, 27 (3): 329 – 344.

[400] Goeree J, Palmer K, Holt C, et al. An Experimental Study of Auctions Versus Grandfathering to Assign Pollution Permits [J]. Journal of the European Economic Association, 2009, 8 (2 – 3):

514 – 525.

[401] Gottwald G, Melbourne I. Comment on "Reliability of the 0 – 1 Test for Chaos" [J]. Physical Review Economics, 2008, 77 (2): 028201.

[402] Grimm V, Ilieva L. An Experiment on Emissions Trading: The Effect of Different Allocation Mechanisms [J]. Journal of Regulatory Economics, 2013, 44 (3): 308 – 338.

[403] Gromova E, Plekhanova K. A Differential Game of Pollution Control with Participation of Developed and Developing Countries [J]. Contributions to Game Theory and Management, 2015 (8): 64 – 83.

[404] Grubb M. Global Policies for Global Problems: The Case of Climate Change [M]. Berlin: Springer Netherlands, 1994: 283 – 308.

[405] Guegan D, Marius – Cristian F, Antonin L. Dynamic Factor Analysis of Carbon Allowances Prices: From Classic Arbitrage Pricing Theory to Switching Regimes [R]. CES Working Paper, 2010: No. halshs – 00646211.

[406] Günther M, Wallace R, Marcel S. Water Costs Allocation in Complex Systems Using a Cooperative Game Theory [J]. Water Resources Management, 2013, 27 (6): 1781 – 1796.

[407] Guo H, Liang J. An Optimal Control Model for Reducing and Trading of Carbon Emissions [J]. Physica A, 2016, 446: 11 – 21.

[408] Hahn R. Market Power and Transferable Property Rights [J]. Quarterly Journal of Economics, 1984, 99 (4): 753 – 765.

[409] Hasnas I, Lambertini L, Palestini A. Open Innovation in a Dynamic Cournot Duopoly [J]. Economic Modelling, 2014, 36 (1): 79 – 87.

[410] Hass J, Dales J. Pollution, Property and Prices [M]. Toronto: University of Toronto Press, 1968.

[411] Haurie A. A Note on Nonzero – Sum Differential Games with Bargaining Solution [J]. Journal of Optimization Theory & Applications, 1976, 18 (1): 31 – 39.

[412] Heller T. The Path to EU Climate Change Policy [C]. Global Competition and EU Environmental Policy, London: Taylor & Francis

Group, 1998: 108 – 141.

[413] Hirata D, Kasuya Y. On Stable and Strategy – Proof Rules in Matching Markets with Contracts [J]. Journal of Economic Theory, 2017, 168: 27 –43.

[414] Honjo K. Cooperative Emissions Trading Game: International Permit Market Dominated by Buyers [J]. Plos One, 2015, 10 (8): e0132272.

[415] Hou T, Zhang W, Ma H. A Game – Based Control Design for Discrete – Time Markov Jump Systems with Multiplicative Noise [J]. IET Control Theory & Applications, 2013, 7 (5): 773 –783.

[416] Howe C W, Goemans C. Water Transfers and Their Impacts: Lessons from Three Colorado Water Markets [J]. JAWRA Journal of the American Water Resources Association, 2010, 39 (5): 1055 – 1065.

[417] Huang X, He P, Hua Z. A Cooperative Differential Game of Transboundary Industrial Pollution between Two Regions [J]. Journal of Cleaner Production, 2015, 120: 43 –52.

[418] Isaacs R. Differential Games [M]. New York: John Wiley & Sons, 1965.

[419] Ivanov G. Guaranteed Control in Differential Games with Ellipsoidal Payoff [J]. Journal of Applied Mathematics & Mechanics, 1998, 62 (4): 555 –563.

[420] Janssen M. Allocation of Fossil CO_2 Emission Rights Quantifying Cultural Perspectives [J]. Ecological Economics, 1995, 13 (1): 65 –79.

[421] Johansson R C, Tsur Y, Roe T L, et al. Pricing Irrigation Water: A Review of Theory and Practice [J]. Water Policy, 2015, 4 (2): 173 – 199.

[422] Jørgensen S. A Dynamic Game of Waste Management [J]. Journal of Economic Dynamics & Control, 2010, 34 (2): 258 –265.

[423] Jung J, Jo G. Brokerage between Buyer and Seller Agents Using Constraint Satisfaction Problem Models [J]. Decision Support Systems, 2000, 28 (4): 293 –304.

[424] Kainuma M, Matsuoka Y, Morita T, et al. Analysis of Post – Kyoto Scenarios: The Asian – Pacific Integrated Model [J]. Energy Journal, 1999, 20: 207 – 220.

[425] Kesicki F, Strachan N. Marginal Abatement Cost (MAC) Curves: Confronting Theory and Practice [J]. Environmental Science & Policy, 2011, 14 (8): 1195 – 1204.

[426] Kesicki F. Costs and Potentials of Reducing CO_2 Emissions in the UK Domestic Stock from a Systems Perspective [J]. Energy & Buildings, 2012, 51 (51): 203 – 211.

[427] Klingelhöfer H. Investments in EOP – Technologies and Emissions trading – Results from a Linear Programming Approach and Sensitivity Analysis [J]. European Journal of Operational Research, 2009, 196 (1): 370 – 383.

[428] Kopp R, Smith V. Environmental Regulation and Optimal Investment Behavior: A Micro – Economic Analysis [J]. Regional Science & Urban Economics, 1980, 10 (2): 211 – 224.

[429] Krishnamoorthy A, Prasad A, Sethi S. Optimal Pricing and Advertising in a Durable – Good Duopoly [J]. European Journal of Operational Research, 2010, 200 (2): 486 – 497.

[430] Kumar S, Managi S, Matsuda A. Stock Prices of Clean Energy Firms, Oil and Carbon Markets: A Vector Autoregressive Analysis [J]. Energy Economics, 2012, 34 (1): 215 – 226.

[431] Kun G. Stabilizability, Controllability and Optimal Strategies of Linear and Nonlinear Dynamical Games [D]. Aachen: RWTH Aachen Universit, 2000.

[432] Kvrndokk S. Tradeable CO_2 Emission Permits: Initial Distribution as a Justice Problem [J]. Environmental Values, 1995, 4 (2): 129 – 148.

[433] Laitos J. Water Rights, Clean Water Act Section 404 Permitting, and the Takings Clause [J]. University of Colorado Law Review, 1989 (60): 901.

[434] Lambertini L. Advertising in a Dynamic Spatial Monopoly [J]. European Journal of Operational Research, 2005, 166 (2):

547 – 556.

[435] Lanza A, Ciorba U, Pauli F. Kyoto Protocol and Emission Trading: Does the US Make a Difference? [R]. FEEM Working Paper, 2001: No. 90. 2001.

[436] Lauermann S, Nöldeke G. Stable Marriages and Search Frictions [J]. Journal of Economic Theory, 2014, 151 (1): 163 – 195.

[437] Li S. A Differential Game of Transboundary Industrial Pollution with Emission Permits Trading [J]. Journal of Optimization Theory & Applications, 2014, 163 (2): 642 – 659.

[438] Liao C, Onal H, Chen M. Average Shadow Price and Equilibrium price: A Case Study of Tradable Pollution Permit Markets [J]. European Journal of Operational Research, 2009, 196 (3): 1207 – 1213.

[439] List J A, Mason C. Optimal Institutional Arrangements for Transboundary Pollutants: Evidence from a Differential Game with Asymmetric Players [J]. Journal of Environmental Economics & Management, 2001, 42 (3): 277 – 296.

[440] Long N. Pollution Control: A Differential Game Approach [J]. Annals of Operations Research, 1992, 37 (1): 283 – 296.

[441] Lou Y, Li W. Backward Linear Quadratic Stochastic Optimal Control Problems and Nonzero Sum Differential Games [C]. Control and Decision Conference, Shenyang: Northeast University Press, 2013: 5015 – 5020.

[442] Lukoyanov N, Reshetova T. Problems of Conflict Control of High Dimensionality Functional Systems [J]. Journal of Applied Mathematics & Mechanics, 1998, 62 (4): 545 – 554.

[443] Lukoyanov N. A Hamilton – Jacobi Type Equation in Control Problems with Hereditary Information [J]. Journal of Applied Mathematics & Mechanics, 2000, 64 (2): 243 – 253.

[444] Mackenzie, Ian A, Hanley, et al. Using Contests to Allocate Pollution Rights [J]. Energy Policy, 2009, 37 (7): 2798 – 2806.

[445] Marino M, Kemper K. Institutional Frameworks in Successful Water Markets: Brazil, Spain and Colorado, USA [M]. Washington:

World Bank Publications, 1999.

［446］ Marshall A. Principles of Economics: Unabridged Eighth Edition ［M］. Springfield: Cosimo, Inc. , 2009.

［447］ Masoudi N, Zaccour G. A Differential Game of International Pollution Control with Evolving Environmental Costs ［J］. Environment & Development Economics, 2013, 18 (6): 680 –700.

［448］ Milliman S, Prince R. Firm Incentives to Promote Technological change in Pollution Control: Reply ［J］. Journal of Environmental Economics & Management, 1991, 22 (3): 247 –265.

［449］ Montgomery W. Markets in Licenses and Efficient Pollution Control Programs ［J］. Journal of Economic Theory, 1972, 5 (3): 395 –418.

［450］ Moreaux M, Withagen C. Optimal Abatement of Carbon Emission Flows ［J］. Journal of Environmental Economics & Management, 2015 (74): 55 –70.

［451］ Munger M. The Firm, the Market, and the Law ［M］. Chicago: University of Chicago Press, 1988.

［452］ Myerson R, Satterthwaite M. Efficient Mechanisms for Bilateral Trading ［J］. Journal of Economic Theory, 1981, 29 (2): 265 –281.

［453］ Liu N, He J, Hou N, et al. Emission Permits Trade of Carbon Based on the Game Theory of Double Auction ［J］. Asian Agricultural Research, 2009, 1 (9): 43 –45.

［454］ Oelmann M. Griffin, R. C. : Water Resource Economics. The Analysis of Scarcity, Policies, and Projects ［J］. Journal of Economics, 2007, 91 (2): 203 –207.

［455］ O'neill R, Sotkiewicz P, Hobbs B, et al. Efficient Market – Clearing Prices in Markets with Nonconvexities ［J］. European Journal of Operational Research, 2005, 164 (1): 269 –285.

［456］ Ostrom E. Governing the Commons: The Evolution of Institutions for Collective Action ［M］. Cambridge: Cambridge University Press, 1990.

［457］ Otaki M. Emission trading or Proportional Carbon Tax: A Quest for more Efficacious Emission Control [J]. Environmental Systems Research, 2013, 2 (1): 8.

[458] Özgüner Ü, Perkins W. A Series Solution to the Nash Strategy for Large Scale Interconnected Systems [J]. Automatica, 1977, 13 (3): 313 – 315.

[459] Palmisano J. Air Permit Trading Paradigms for Greenhouse Gases: Why Allowances Won't Work and Credits Will [R]. Working paper, Enron Europe, 1997.

[460] Paolella M, Taschini L. An Econometric Analysis of Emission Allowance Prices [J]. Journal of Banking & Finance, 2008, 32 (10): 2022 – 2032.

[461] Papavassilopoulos G, Cruz Jr J. On the Uniqueness of Nash Strategies for a Class of Analytic Differential Games [J]. Journal of Optimization Theory & Applications, 1979, 27 (2): 309 – 314.

[462] Parry I, Pizer W, Fischer C. How Large Are the Welfare Gains from Technological Innovation Induced by Environmental Policies? [J]. Journal of Regulatory Economics, 2003, 23 (3): 237 – 255.

[463] Paul E, Frunza M, Guegan D. Derivative Pricing and Hedging on Carbon Market [M]//International Conference on Computer Technology and Development. Singapore: World Scientific Press, 2009: 130 – 133.

[464] Petrosyan L, Zaccour G. Time – Consistent Shapley Value of Pollution Cost Reduction [J]. Journal of Economic Dynamics & Control, 2003, 27 (3): 381 – 398.

[465] Petrosyan L. Stable Solutions of Differential Games with Many Participants [D]. Leningrad: Viestnik of Leningrad University, 1977.

[466] Piga C. Competition in a Duopoly with Sticky Price and Advertising [J]. International Journal of Industrial Organization, 2000, 18 (4): 595 – 614.

[467] Pigou A. The Economics of Welfare [M]. London: Palgrave Macmillan, 1920.

[468] Ploeg F, Zeeuw A. International Aspects of Pollution Control [J]. Environmental and Resource Economics, 1992, 2 (2): 117 – 139.

[469] Poorsepahy – Samian H, Kerachian R, Nikoo M. Water and Pollu-tion Discharge Permit Allocation to Agricultural Zones: Application of Game Theory and Min-Max Regret Analysis [J]. Water Re-sources Management, 2012, 26 (14): 4241 –4257.

[470] Ross S. Introduction to Probability Models [M]. Ninth Edition. New York: Academic Press, 2006.

[471] Roth A, Sönmez T, Utku Ünver M. Pairwise Kidney Exchange [J]. Journal of Economic Theory, 2005, 125 (2): 151 –188.

[472] Roth A E. Common and Conflicting Interests in Two – Sided Matching Markets [J]. European Economic Review, 1985, 27 (1): 75 –96.

[473] Roth A E. On the Allocation of Residents to Rural Hospitals: A General Property of Two-Sided Matching Markets [J]. Econometri-ca, 1986, 54 (2): 425 –427.

[474] Rubinstein A. Perfect Equilibrium in a Bargaining Model [J]. Econometrica, 1982, 50 (50): 97 –109.

[475] Sakata K, Konohira Y. Difference in Cutting Age for Highest Profit by Methods for Calculating CO_2 Emission Trading and the Price of CO_2 [J]. Journal of Forest Research, 2003, 8 (2): 0111 –0115.

[476] Sartzetakis E S. On the Efficiency of Competitive Markets for Emis-sion Permits [J]. Environmental & Resource Economics, 2004, 27 (1): 1 –19.

[477] Shaw W D. Water Resource Economics and Policy: An Introduction [M]. Cheltenham: Edward Elgar Publishing, 2005.

[478] Silva E, Zhu X. Global Trading of Carbon Dioxide Permits with Noncompliant Polluters [J]. International Tax & Public Finance, 2008, 15 (4): 430 –459.

[479] Simaan M, Takayama T. Game Theory Applied to Dynamic Duopo-ly Problems with Production Constraints [J]. Automatica, 1978, 14 (2): 161 –166.

[480] Smith K R, Swisher J, Ahuja D R. Who Pays (to solve the prob-lem and how much)? [J]. The Global Greenhouse Regime: Who Pays, 1993: 70 –98.

[481] Sørensen M. How Smart Is Smart Money? A Two-Sided Matching Model of Venture Capital [J]. Journal of Finance, 2007, 62 (6): 2725 –2762.

[482] Stanger R, Wall T. Sulphur Impacts During Pulverised Coal Combustion in Oxy-Fuel Technology for Carbon Capture and Storage [J]. Progress in Energy & Combustion Science, 2011, 37 (1): 69 –88.

[483] Stevens J. Public Trust: A Sovereign's Ancient Prerogative Becomes the People's Environmental Right, The [J]. Uc Davis L. Rev., 1980, 14: 195.

[484] Stocker F, Qin D, Plattner G, et al. IPCC, 2013: Climate Change 2013: The Physical Science Basis. Contribution of Working Group I to the Fifth Assessment Report of the Intergovernmental Panel on Climate Change [J]. Computational Geometry, 2013, 18 (2): 95 –123.

[485] Teo C, Sethuraman J, Tan W P. Gale – Shapley Stable Marriage Problem Revisited: Strategic Issues and Applications [J]. Management Science, 2001, 47 (9): 1252 –1267.

[486] Tietenberg T, Lewis L. Environmental & Natural Resource Economics [J]. Environmental & Natural Resource Economics, 2005, 27 (1): 31 –52.

[487] Tietenberg T. Emissions Trading: An Exercise in Reforming Pollution Policy [M]. Washington: Resources for the Future, 1985.

[488] Tietenberg T. Economic Instruments for Environmental Regulation [J]. Oxford Review of Economic Policy, 1990, 6 (1): 17 –33.

[489] Tolwinski B, Haurie A, Leitmann G. Cooperative Equilibria in Differential Games [J]. Journal of Mathematical Analysis and Applications, 1986, 119 (1 –2): 182 –202.

[490] Vaux H, Howitt R. Managing Water Scarcity: An Evaluation of Interregional Transfers [J]. Water Resources Research, 1984, 20 (7): 785 –792.

[491] Molle F, Berkoff J. Irrigation Water Pricing: The Gap between Theory and Practice [M]. Wallingford: CABI Publishing, 2007.

［492］Vickers A. Handbook of Water Use and Conservation ［M］. Amherst: Waterplow Press, 2001.

［493］Viguier L, Vielle M, Haurie A, et al. A Two-Level Computable Equilibrium Model to Assess the Strategic Allocation of Emission Allowances Within the European Union ［J］. Computers & Operations Research, 2006, 33 (2): 369 – 385.

［494］Von Neumann J, Morgenstern O. Theory of Games and Economic Behavior ［M］. Princeton: Princeton University Press, 1953.

［495］Wang G, Xiao H, Xiong J. Linear Quadratic Non – Zero Sum Differential Games of Backward Stochastic Differential Equations with Asymmetric Information ［R］. Eprint Arxiv, 2014: 1407. 0430v2.

［496］Weibull J. Evolutionary Game Theory ［M］. Cambridge: MIT Press, 2009.

［497］Weinberg M, Kling C L, Wilen J E. Water Markets and Water Quality ［J］. American Journal of Agricultural Economics, 1993, 75 (2): 278 – 291.

［498］Weishaar S. CO_2 Emission Allowance Allocation Mechanisms, Allocative Efficiency and the Environment: A Static and Dynamic Perspective ［J］. European Journal of Law & Economics, 2007, 24 (1): 29 – 70.

［499］Woerdman E. Implementing the Kyoto Protocol: Why JI and CDM Show More Promise than International Emissions Trading ［J］. Energy Policy, 2000, 28 (1): 29 – 38.

［500］Wolf A, Swift J, Swinney H, et al. Determining Lyapunov Exponents from a Time Series ［J］. Physica D, 1985, 16 (3): 285 – 317.

［501］Wrake M, Myers E, Burtraw D, et al. Opportunity Cost for Free Allocations of Emissions Permits: An Experimental Analysis ［J］. Environmental & Resource Economics, 2010, 46 (3): 331 – 336.

［502］Wrzaczek S, Shevkoplyas E, Kostyunin S. A Differential Game of Pollution Control with Overlapping Generations ［J］. International Game Theory Review, 2014, 16 (3): 1450005 – 1450019.

［503］Xin B, Chen T. On a Master – Slave Bertrand Game Model ［J］. Economic Modelling, 2011, 28 (4): 1864 – 1870.

[504] Xin B, Sun M. A Differential Oligopoly Game for Optimal Production Planning and Water Savings [J]. European Journal of Operational Research, 2018, 269 (1): 206-217.

[505] Yeung D. Dynamically Consistent Cooperative Solution in a Differential Game of Transboundary Industrial Pollution [J]. Journal of Optimization Theory and Applications, 2007, 134 (1): 143-160.

[506] Yeung D, Petrosyan L. Cooperative Stochastic Differential Games [M]. New York: Springer, 2006.

[507] Younsi M, Hassine A, Ncir M. The Economic and Energy Effects of Carbon Dioxide Emissions Trading in the International Market: New Challenge Conventional Measurement [J]. Journal of the Knowledge Economy, 2017, 8 (2): 565-584.

[508] Yu S, Agbemabiese L, Zhang J. Estimating the Carbon Abatement Potential of Economic Sectors in China [J]. Applied Energy, 2016, 165: 107-118.

[509] Yu W, Xin B. Governance Mechanism for Global Greenhouse Gas Emissions: A Stochastic Differential Game Approach [J]. Mathematical Problems in Engineering, 2013 (312585): 13.

[510] Yuan L, Yang Q. A Proof for the Existence of Chaos in Diffusively Coupled Map Lattices with Open Boundary Conditions [J]. Discrete Dynamics in Nature and Society, 2011, 2011 (2011): 443-450.

[511] Zetterberg L, Wrake M, Sterner T, et al. Short-Run Allocation of Emissions Allowances and Long-Term Goals for Climate Policy [J]. AMBIO, 2012, 41 (1): 23-32.

[512] Zhu H, Zhang C, Ning B. Infinite Horizon Linear Quadratic Stochastic Nash Differential Games of Markov Jump Linear Systems with Its Application [J]. International Journal of Systems Science, 2014, 45 (5): 1196-1201.

人名译名对照表

A

Aatola	阿托拉
Agarwal	阿加瓦尔
Aihman	艾曼
Akimoto	秋本
Aileen	艾琳
Arrow	阿罗
Azevedo	阿兹维多

B

Baillie	贝利
Baumol	鲍莫尔
Becker	贝克尔
Benchekroun	本奇克伦
Beneatad	贝纳塔德
Benz	奔驰
Bernard	伯纳德
Bertinelli	贝尔蒂内利
Borenstein	鲍仁斯坦
Bosello	罗森
Boyce	博伊斯
Brady	布雷迪
Brajer	布拉杰
Brennan	布伦南
Breton	布雷顿

Broek	布洛克
Burger	布尔盖
Burniaux	布尼奥
Byrne	伯恩

C

Calatrava	卡拉特拉瓦
Camacho	卡马乔
Candela	坎德拉
Cellini	赛利尼
Cetin	塞汀
Chalmers	查默斯
Chatterjee	查特吉
Choi	蔡
Ciorba	乔尔巴
Coase	科斯
Considine	可卡因
Cramton	克兰顿
Croker	克罗科

D

Dales	达莱斯
Daskalakis	扎斯卡拉基斯
Dobos	多博斯
Dockner	多克纳

E

Engwerda	英格尔达
Epstein	爱泼斯坦

F

Fare	法雷
Feichtinger	菲赫廷格
Fershtman	费什特曼
Fleming	弗莱明
Folmer	福尔默
Fowlie	福利
Fruchter	弗鲁赫特
Fudenberg	傅登博格

G

Gabel	加贝尔
Galaz	加拉斯
Gale	盖奥
Garrido	加里多
Gibbins	吉布斯
Gleick	葛雷克
Goemans	戈德曼
Goeree	戈里
Grimm	格林
Gromova	格罗莫瓦
Guegan	古根
Gupta	古普塔
Günther	金特

H

Hahn	哈恩
Hamed	哈米德
Hasnas	哈纳斯

Hass	哈斯
Hassine	哈辛
Haurie	豪丽
Heller	海勒
Hengelbrock	亨格尔布鲁克
Honjo	本庄
Howe	豪
Howitt	霍伊特

I

Isaacs	伊萨克斯
Ivanov	伊万诺夫

J

Jaffe	雅菲
Janssen	詹森
Jean	吉恩
Jo	乔
Jørgensen	杰根森
Jung	荣格

K

Kainuma	凯努玛
Kamien	卡米恩
Kemper	肯珀
Kerr	克兰顿和克尔
Klingelhofer	克林格霍夫
Konohira	科诺赫拉
Kopp	科普
Kostyunin	克斯特尤宁
Kumar	古玛
Kun	阿奎罗
Kvemdokk	克维姆多克

Karlin	卡林	Ncir	尼克尔
Kesicki	凯西基	Nebenzahl	内本扎
Krishnamoorthy	里希纳穆尔蒂	Nöldeke	格林尼

L 　　　　　　　　　　 **O**

Laitos	莱托斯	Oates	奥茨
Lanza	兰扎	O'neill	奥尼尔
Lauermann	劳尔曼和格林尼	Otaki	奥塔基
Lewis	刘易斯	Özgüner	奥兹冈纳
List	李斯特		
Long	朗茨	**P**	
Lukoyanov	卢科亚诺夫	Palestini	帕莱斯蒂尼
Lambertini	兰贝蒂尼	Palmisano	帕尔米萨诺
		Paolella	宝莱拉
M		Papavassilopoulos	帕帕瓦西洛普洛斯
Mackenzie	麦肯齐	Parry	帕里
Marino	玛丽诺	Patrick	帕特里克
Marshall	马歇尔	Paul	保罗
Martin	马丁	Pauli	保利
Martín – Herrán	马丁·赫兰	Perkins	珀金斯
Mason	梅森	Petrosjan	彼得罗
Masoudi	马苏迪	Piga	彼加
Mceneaney	麦肯尼	Pigou	庇古
Messinger	梅辛格	Plekhanova	普莱卡诺娃
Milliman	米利曼	Ploeg	普洛格
Montgomery	蒙哥马利	Prasad	普拉萨德
Moreaux	莫尔奥克斯	Prince	普林斯
Morita	森田		
Munger	孟格	**R**	
Myerson	迈尔森	Reshetova	雷斯海托娃
		Roson	罗森
N		Ross	罗斯
Narain	纳兰	Rotmans	罗特曼

Rubinstein	鲁宾斯坦	**V**	
		Vaux	沃思
S		Verschuere	凡楚埃
Sakata	坂田	Viguier	维盖尔
Samuelson	萨缪尔森	Von Neumann	冯·诺依曼
Sartzetakis	萨采塔基斯		
Satterthwaite	萨特思韦特	**W**	
Sethi	塞提	Weibull	韦布尔
Shale	谢奥	Weinberg	温伯格
Shapley	夏普利	Weishaar	魏斯哈尔
Shevkoplyas	舍夫科普拉斯	Withagen	魏则根
Simaan	司马	Woerdman	沃德曼
Sliva	斯利瓦	Wrake	沃克
Smith	史密斯	Wrzaczek	沃扎茨克
Stevens	史蒂文斯		
Strachan	斯特罗恩	**Y**	
Stanger	斯坦格	Younsi	尤恩西
T		**Z**	
Tahk	塔克	Zaccour	扎库
Takayama	高桥	Zaha	扎哈
Taschini	塔奇尼	Zeeuw	泽尤
Teo	泰奥	Zetterberg	泽特伯格
Tietenberg	泰坦伯格	Zhu	朱
Tolwinski	托尔温斯基	Zou	邹
Truck	储克		

图书在版编目（CIP）数据

嵌入生态产权要素的寡头博弈研究/辛宝贵著 . —北京：经济科学出版社，2019.10

国家社科基金后期资助项目

ISBN 978 - 7 - 5218 - 0832 - 2

Ⅰ.①嵌⋯　Ⅱ.①辛⋯　Ⅲ.①排污交易 - 产权市场 - 研究　Ⅳ.①F713.58②X196

中国版本图书馆 CIP 数据核字（2019）第 192363 号

责任编辑：周国强
责任校对：刘　昕
责任印制：邱　天

嵌入生态产权要素的寡头博弈研究

辛宝贵　著

经济科学出版社出版、发行　新华书店经销

社址：北京市海淀区阜成路甲 28 号　邮编：100142

总编部电话：010 - 88191217　发行部电话：010 - 88191522

网址：www. esp. com. cn

电子邮件：esp@ esp. com. cn

天猫网店：经济科学出版社旗舰店

网址：http://jjkxcbs. tmall. com

固安华明印业有限公司印装

710×1000　16 开　17 印张　290000 字

2019 年 10 月第 1 版　2019 年 10 月第 1 次印刷

ISBN 978 - 7 - 5218 - 0832 - 2　定价：86.00 元

（图书出现印装问题，本社负责调换。电话：010 - 88191510）

（版权所有　侵权必究　打击盗版　举报热线：010 - 88191661

QQ：2242791300　营销中心电话：010 - 88191537

电子邮箱：dbts@ esp. com. cn）